고려가요 작품론

고려가요 작품론

신재홍

도서출판 월인

차 례

머 리 말

대학원 박사 과정에서 수업을 들으며 빠져든 향가는 원래의 전공인 고전소설에 더하여 내 공부의 한 축을 이루어 왔다. 향가 연구를 삼부작의 저서로 마무리 지으려 할 즈음에 향가의 역사적 전개에 고려가요와 연결되는 지점이 있음을 알게 되었다. 삼부작의 세 번째 저서에서 〈만전춘별사〉, 〈동동〉, 〈이상곡〉을 다룬 것은 세 작품 모두 향가와의 관련성을 찾을 수 있었기 때문이다. 그 정도로 해서 고려가요에 대한 관심을 접으려고 했는데 재직하고 있는 학과의 고전문학사 수업을 매년 맡아서 하다 보니 향가 다음에 나온 고려가요의 양식적, 작품적 성격에 대한 생각을 놓을 수가 없었다. 그러다가 〈정과정〉을 본격적으로 고찰하면서 고려가요 연구에 뛰어들게 되었다.

향찰은 한자의 뜻과 음을 빌려 쓴 표기여서 향가에 쓰인 어휘의 뜻풀이가 어느 정도 가늠이 되어 해석의 실마리를 잡을 수 있었다. 이에 비해 고려가요는 한글 표기로만 되어 있어 그 어휘가 중세어 자료에 나오지 않으면 무슨 뜻인지조차 짐작하기 어려운 경우가 있다. 원문 표기와 유사한 중세어의 어휘들 중에서 작품의 문맥에 적합하다고 생각되는 것을 택하는 경우에는 어휘 몇 개가 선택지가 되어 해석이 여러 갈래로 뻗어나간다. 이러한 점들로 인해 나로서는 향찰 표기의 향가 해석에 비해 한글 표기의 고려가요 해석이 더 어렵게 여겨졌다.

고려가요를 연구하면서 작품마다 연구사를 검토하다 보니 한 작품에 대한 이해의 편폭이 너무 커서 당황할 때가 많았다. 한글 표기의 원문만 남아 있는 자료적 한계가 있다고 해도 해석의 편차가 그렇게까지 벌어질 수 있는지 의아하였다. 작품에서 잡은 약간의 단서를 가지고 역사, 민속, 상징 등 여러 분야를 넘나들며 논하면서 정작 작품 자체에 대한 논의는 자세하지 못한 경우도 꽤 보았다. 작품 원문에 대한 정합적인 해석이 우선이 되어 그것을 바탕으로 논의를 펼치는 것이 온당한 방법이지 않을까 생각하였다.

저서나 학회지에 실은 논문 제목을 이 책에 거의 그대로 가져온 것은 제목에서 고려가요에 대한 접근 방법이 나타나도록 하려는 의도이다. 어느 논의나 작품의 의미 맥락과 구조를 파악하는 데 중점을 둔 논문들이다. 각 작품에 난해한 어휘가 있으면 그것의 정확한 의미와 기능을 찾으려 했는데 그러기 위해서는 작품 전체의 의미 맥락을 따져 보는 것이 필수적인 작업이었다. 그리하여 고려가요 작품론의 방법은 구조와 맥락의 파악에 초점을 맞추고 어휘와 문법적 요소들을 정합적으로 연결하는 것이라 할 수 있다.

이 책의 차례는 방법론에 대한 또 다른 고심의 흔적이다. 〈정과정〉, 〈쌍화점〉 외에는 작자와 연대 미상으로 처리되어 온 작품들이어서 이를 어떤 체계로 묶을지 생각해 보았다. 연대 미상이라 시간적으로 묶기 어렵다면 공간적으로는 되지 않을까 싶어서 각 작품의 창작과 향유의 장소적 배경을 고려하여 차례를 매겼다. 〈서경별곡〉은 서경(평양), 〈정과정〉은 동래, 〈청산별곡〉은 유랑 지역이 배경이기에 제1~4장을 지방에서 지어진 작품들로 채웠는데 여기에 〈서경별곡〉의 주제와 연결되는 〈가시리〉를 포함시켰다. 작품 내용상 〈이상곡〉은 개경(개성) 근교, 〈쌍화점〉과 〈동동〉은 개경이 배경이라고 생각되어 제5~7장에 두었다. 〈정석가〉와 〈만전춘별사〉는 궁중에서 나온 작품으로 보아 제8, 9장에 놓았고 제10장 후렴구·여음구의 논의는 연행 현장의 것으로 삼았다. 그리하여 지방, 개경, 궁중, 연행 현장의 순으로 차례를 둔 것이다. 각 작품에 대한 나의 해석에 기반한 장소적 분류일 뿐이지만 현존 고려가요의 체계화에 대한 하나의 관점으로 참조가 될지도 모르겠다.

요즘 전문 서적의 출간이 출판사에 별로 도움이 되지 않을 텐데도 이 책의 출판을 기꺼이 허락해 주신 박성복 사장님께 감사의 인사를 드린다. 원고를 보기 좋게 잘 다듬어 주신 월인 출판사 편집부에도 감사드린다. 이 책이 고려가요의 연구와 이해에 작은 보탬이 되기를 바란다.

2025년 11월 1일

신 재 홍

01

〈서경별곡〉의 구성과 시적 정조(情調)

1. 서론

〈서경별곡(西京別曲)〉은 떠나는 님에 대한 화자의 심정이 표현되어 〈가시리〉와 더불어 고려가요 중 이별 노래의 대표작으로 거론되어 왔다. 두 작품 모두 관련 자료가 별로 없어 창작 동기와 배경을 알기 어려운데 이 작품은 그래도 서경이라는 장소성이 뚜렷하여 약간의 구체적 정황을 담고 있다. 여성 화자가 대동강을 건너 떠나가는 님을 두고 이별의 애절한 마음을 토로한 것이다.

작품에 대한 연구사는 쟁점별로 몇 차례 정리된 바 있다.[1] 2000년대 들어서는 작품의 형성 배경,[2] 서경 세력의 의식 반영,[3] 서경의 장소적 의미,[4] 성적 상징,[5] 심리학적·담론적 성격,[6] 화자의 심리 변화[7] 등에 대한 연구가 이루어졌다. 구조와 관련해서는 〈정석가〉에도 들어 있는 이 작품의 제2연을 독립 가요로 보고[8] 합성된 가사로서의 구조적 짜임새를 살피

---

1 박혜숙, 「서경별곡 연구의 쟁점」, 『한국고전시가작품론』 1, 집문당, 1992, 293–299면. ; 양태순, 「서경별곡의 종합적 고찰」, 『국어국문학』 139, 국어국문학회, 2005, 189–231면.

2 임주탁, 「서경별곡의 텍스트 독법과 생성 문맥」, 『한국민족문화』 19·20, 부산대 한국민족문화연구소, 2002, 95–138면.

3 이정선, 「서경별곡의 창작배경을 통해 본 신해석」, 『한국시가연구』 27, 한국시가학회, 2009, 5–46면. ; 이진규, 「서경별곡의 창작과 형성기반 연구」, 『국제언어문학』 40, 국제언어문학회, 2018, 5–19면.

4 김창원, 「고려시대 '평양'이라는 공간의 탄생과 고려가요의 서정–서경별곡을 중심으로 하여–」, 『국제어문』 47, 국제어문학회, 2009, 175–194면.

5 임재욱, 「서경별곡에 나오는 '대동강'과 '배' 상징성」, 『한국시가연구』 24, 한국시가학회, 2008, 261–282면. ; 임재욱, 「서경별곡 '강–배' 비유의 현대적 계승과 변용」, 『한국시가연구』 48, 한국시가학회, 2019, 1–21면.

6 조하연, 「서경별곡 '빅타들면' 구절의 사후과잉확신 편향(hindsight bias)에 대한 고찰」, 『문학치료연구』 17, 한국문학치료학회, 2010, 167–185면. ; 조하연, 「담론 구조를 통해 본 서경별곡의 성격과 그 교육적 의의」, 『고전문학과 교육』 22, 한국고전문학교육학회, 2011, 217–244면.

7 조해숙, 「서경별곡, 그 영원한 사랑의 시편을 읽는 방법」, 『관악어문연구』 46, 서울대 국어국문학과, 2021, 149–168면.

8 신은경, 「서경별곡과 정석가의 공통 삽입가요에 대한 일고찰」, 『국어국문학』 96, 국어국

려는 경향을 보인다.[9] 이러한 관점에서는 단일 화자[10]의 일관된 의식과 정서를 일정한 형식 속에 짜 놓은 작품으로 파악하기가 어렵다. 맥락에 따라 구성된 작품의 전체적인 의미와 주제에 대한 구조적인 접근에 한계가 있는 것이다. 설령 합성 가사라 하더라도 그렇게 합성한 편사자의 구조적 인식을 살펴야 할 것이다. 이보다는 의미를 구조적으로 구성하여 주제를 나타낸 한 편의 완결된 작품으로 보아야 그 문학성과 주제 의식을 깊이 있게 이해할 수 있다.

본고는 작품의 의미 구조를 분석하여 구성 면에서의 정합성과 발화 내용의 일관성을 드러내고자 한다. 그러한 구조 속에 표현된 의식과 정서는 한 작자의 것일 테니 이 작품은 어느 작자가 여성 화자를 통해 이별의 상황에서 느낀 감회를 표현한 서정시라고 할 수 있다. 그 시적 정서와 분위기를 조성하는 데 서경과 대동강의 장소성이 중요한 역할을 하고 있으므로 이 점도 주의 깊게 살펴볼 필요가 있다. 이에 먼저 작품의 어구 해석 문제를 다시 검토하고 각 연이 연결되는 의미 맥락을 짚어서 구조적인 짜임새를 고찰하겠다. 이를 바탕으로 장소성과 관련된 정서와 분위기를 살펴 서정시로서의 성격과 함께 역사적 의의까지도 논의해 보겠다.

문학회, 1986, 209-213면.

9 유효석, 「서경별곡의 편사의식」, 『고려가요연구의 현황과 전망』, 집문당, 1996, 448-454면.; 김명준, 「서경별곡의 구조적 긴밀성과 그 의미」, 『한국시가연구』 8, 한국시가학회, 2000, 62-76면.

10 허왕욱, 「서경별곡의 시적 구조와 화자」, 『문학교육학』 11, 한국문학교육학회, 2003, 17-23면에서는 화자를 서정적 자아와 구분하여 '다수 화자'가 작품을 가창하는 것으로 분석했는데 본고는 시적 화자와 서정적 자아를 같은 존재로 본다.

2. 어구의 재해석

1) '쇼셩경'

〈서경별곡〉 제1연에 나온 '쇼셩경'은 양주동이 '소성경(小城京)'으로 풀이한 이후[11] 대부분의 연구자들이 그것을 수용하여 왔다. 그런데 근래에 이 표기가 '셔셩경'처럼 들렸으리라는 가설 아래 '셔셩경(西盛京)'이라는 독법이 제시되었는데[12] 합리적인 대안이라 하기는 어렵지만 기존 해석에 대한 문제는 제기한 셈이다.

'소성경(小城京)'의 해석에는 분명히 문제점이 있다. 이는 개경을 '대성경, 큰 서울'로 전제하고 그에 대하여 서경을 '작은 서울'이라고 했으리라 추정한 것이다. 그러나 '소성경'을 '작은 성경(城京)'으로 이해한다면 '성경'이 '경성(京城)'의 이칭이라는 문증을 찾을 수 없다는 것이 난점이다. 『송도지(松都誌)』에 '성(城)'과 '경(京)'이 연결된 문장이 나오지만[13] 이는 '경도(京都)에 성 쌓기를 청하다'는 의미여서 '성'과 '경'이 한 단어를 이루지 못한다. 한편, 이를 '소성(小城) 경'으로 본다면 서경과 같은 '웅도(雄都), 신경(神京), 장성(長城)'[14]을 소성이라 했을지 의문이다. 그리하여 '소성경'을 '작은 서울'의 뜻으로 풀이하는 것은 그럴듯하기는 하나 확정 짓기에는 미흡한 점이 있다.

이에 해석의 대안을 찾아볼 필요가 있다. 작품의 문맥에 어울릴 만한

---

11 양주동, 『여요전주』, 을유문화사, 1947, 282면.

12 이등룡, 『여요석주』, 한국학술정보, 2010, 170–171면.

13 『송도지』 2, 「성곽」, 나성, 高麗顯宗時 姜邯贊請城京都(국사편찬위원회, 한국사데이터베이스).

14 『고려사』 3, 「세가」 3, 성종 9년(990) 9월, 我太祖……創置西京……憑玆平壤之雄都 固我祖宗之霸業.; 『동인지문사륙』 8, 악어(樂語), 「서도군신대연치어(西都君臣大宴致語) 윤인첨(尹鱗瞻)」(1168), 眷平壤之神京 實朱蒙之舊邑 長城一面 溶溶綠水之朝宗 雙闕東頭 點點青山之環拱(국사편찬위원회, 한국사데이터베이스).

우리말 '소성'에 해당하는 한자어를 한국사나 고전 자료에서는 찾을 수 없다. 그런데 '쇼셩'이라는 표기가 〈처용가〉 첫 행에 '新羅盛代昭盛代신라 셩딕쇼셩딕'[15]에 보인다. 이 구절에서 '昭盛쇼셩'을 주목할 수 있다. 이것은 '신라는 흥성한 시대 빛나고 흥성한 시대'로 번역할 수 있는데 여기서 '소성'은 '소성하다'의 형용사적 의미로 쓰였다. 이러한 〈처용가〉 '쇼셩딕'의 용례를 근거로 삼아 이 작품의 '쇼셩경'을 풀이할 수 있다. '소성 + 대'와 '소성 + 경'은 유사하게 합성된 말이어서 '소성하다'는 뜻의 '소성'에 '대(代), 경(京)'의 단음절 명사가 붙은 형태이다. 그리하여 '빛나고 흥성한 시대(소성대)'와 같이 '빛나고 흥성한 서울(소성경)'이라는 해석이 가능하다.

이에 더하여 서경이 목종 원년(998)에 '호경(鎬京)'으로 바뀌었다가 문종 16년(1062)에 '서경'으로 복귀한 역사적 사실을 고려할 필요가 있다. 원래 호경(서안 근처)은 무왕이 세운 주나라의 도읍이고 낙읍(낙양)은 성왕 때 건설된 도시였는데 후에 서융의 침입으로 호경에서 낙읍으로 천도하여 서주(西周)에서 동주(東周)로 넘어갔다. 주나라 시대에 종주(宗周, 호경)와 성주(成周, 낙읍)의 양경 제도가 운영되었던 것이다. 고려의 개경과 서경은 이와 같은 주나라의 양경에 비견되었다. '아득함은 봉래와 영주의 모습이 있사옵고, 규모는 호경과 낙읍의 법식과 같사옵니다(縹渺有蓬瀛之況 規模同鎬洛之儀).'[16]와 같은 표현에서 그러한 인식이 나타난다.

서경이 공식적으로 호경이라 칭해진 시기는 64년간이지만 공식 명칭이 폐기된 후에도 계속해서 관습적인 호칭으로 남았다. 숙종 7년(1102)에 왕이 서경에 행차하여 사운시 〈추일유호경남하개연(秋日遊鎬京南河開宴)〉

15 『악장가사』, 한국학문헌연구소, 1973, 57면.

16 『동인지문사륙』 8, 악어(樂語), 「서도군신대연치어(西都君臣大宴致語) 윤인첨(尹鱗瞻)」(1168)(국사편찬위원회, 한국사데이터베이스). 번역은 국사편찬위원회의 것인데 '낙양'을 '낙읍'으로 바꾸어 인용하였다. 한국사데이터베이스에서 인용하는 자료는 모두 이 번역문을 취한다.

을 지으니 신하들이 창화시를 지어 바쳤고[17] 의종 22년(1168)에도 왕이 변란을 우려하여 서경으로 이거한 후 교서를 내리면서 '호경은 만년토록 쇠하지 않는 땅(鎬京萬世不衰之地)'이라 하였다.[18] 그에 앞서 예종이 서경에 용언궁을 짓도록 하고 행차하여 연회를 베풀었을 때 김부일이 지어 바친 치어에 '호발(무발, 주 무왕)이 호경에 있었던 것은 한때의 기쁨을 취했을 뿐은 아니었습니다(虎發在鎬 非特取一時之歡).'[19]라고 하여 주 무왕의 호경과 예종의 서경이 대등한 의미를 갖도록 표현하였다. 인종도 서경에 대화궁을 짓게 하였는데 그 축하 연회에 이지저가 올린 치어에서 '임금님께서 호경에 계시며 술을 마시오니 진실로 여러 대중들과 더불어 즐거움이 많사옵니다(王在鎬而飮酒 固多與衆而歡).'라고 하였다.[20] 더 후대로 가서 김구(1211-1278)가 좌주인 김양경(1168-1235)에게 올린 계문 중에 '김지와 혁련정 같은 호걸들은 후에 호경에서 씩씩하게 달렸습니다(如金摯赫連挺之豪偉後雄馳於鎬京).'[21]라는 구절이 있다. 이러한 자료를 통해 호경이라는 명칭이 적어도 고종대까지는 이어졌음을 알 수 있다.

'호경' 외에 '호읍(鎬邑)'이라는 명칭도 보인다. 인종 13년(1135) 묘청의 난이 일어나자 왕은 반군을 섬멸하라는 조서를 내리면서 '마침 음양가가 있어 호읍에서 왔는데, 좌우에서 추천을 더하여 큰 현인으로 대우하였다. 짐이 진실로 현명하지 못하여 마침내 그 설에 현혹되어 이에 새 궁궐인 대화궁을 창건하여 나라의 중흥을 기대하였다.'[22]고 하였다. 여기서 '호

17 『고려사』 11, 「세가」 11, 숙종 7년 8월.

18 위의 책 18, 「세가」 18, 의종 22년 3월.

19 『동인지문사륙』 8, 악어(樂語), 「서경용언궁대연치어(西京龍堰宮大宴致語) 병신(丙申, 1116) 김부일(金富佾)」.

20 위의 책, 같은 곳, 「서경대화궁대연치어(西京大花宮大宴致語) 李之氐(이지저)」.

21 위의 책 15, 계(啓), 「상좌주김상국사의발계양경(上座主金相國謝衣鉢啓良鏡) 金坵(김구)」.

22 『고려사절요』 10, 「인종」 2, 인종 13년 윤2월. 이 기사는 『고려사』에도 있는데 좀 더 순탄한 번역을 택하여 '서경[鎬邑]'을 '호읍'으로 바꾸어 인용하였다.

읍'은 '호경'의 이칭으로 쓰인 것이지만 한자어 구성으로 보면 '호(鎬)' 자는 '서울 경(京)'뿐 아니라 '도읍 읍(邑)'과도 결합되어 뒷말을 수식하는 구실을 하고 있다.

서경을 '호경, 호읍'이라 칭했다는 사실에 주목하는 것은 '호(鎬)'가 중국의 지역 명칭이면서도 '빛니다, 밝다'는 뜻을 지녔기 때문이다. 이는 '소(昭)'의 뜻과 겹치는 것이어서 두 글자는 같은 의미를 공유하고 있다. 그렇다면 주나라의 낙읍과 호경에 비견하여 고려의 개경과 서경을 칭했던 역사적인 맥락을 넘어서 '호경, 호읍'이 갖는 '빛나는 서울, 빛나는 도읍'이라는 일반적인 의미가 당대인에게 인식되었을 것으로 추정할 수 있다. 그러할 경우에 '소성경'은 바로 '호경, 호읍'과 유사한 의미로 함께 쓰일 법한 용어인 것이다.

위와 같은 고찰에 따라 작품 원문의 '쇼셩경'을 '소성경(昭盛京)'으로 읽고 '빛나고 흥성한 서울'로 해석한다.

2) '네가시'

제3연의 '네가시 럼난디 몰라셔'에 대한 해석이 논란이 되어 왔다. 이 구절의 의미를 파악하는 것은 작품의 구조와 분위기를 살피는 데 중요한 의의를 지닌다. 반복구와 여음구를 제외한 제3연은 다음과 같다.

大同江대동강 너븐디 몰라셔
빅 내여 노흔다 샤공아
네가시 럼난디 몰라셔
녈 빅예 연즌다 샤공아[23]

---

23 김명준, 『악장가사 주해』, 다운샘, 2004, 부록, 22면, 110면, 188면 두루 참조.

제3행의 '네가시'에 대해 양주동은 다음과 같이 해석하였다.

> 네가시 '처(妻)'의 고어 '갓', 그 주격.
> 妻는 가시라 (『월인』 제1·21)[24]

이어지는 '럼난디'를 '외음(猥淫)의 뜻'으로 풀이한 것과 함께 '네 처가 음란한지'[25]로 풀이한 것이다. 이로써 작품 문면에 '가시'(처/아내)가 등장하는 동시에 그 인물은 음란한 성격을 부여받게 되었다. 서재극이 이에 대한 반론을 펴고 대안을 제시하였다.

> '네가시'의 '갓'을 하나의 접미사로 처리할 것을 제의한다. 이 '갓'은 『훈몽자회』에서 '물物'의 훈으로 되어 있다.……'항것'은 '주인·상전'을 뜻한다. 이것은 필경 '한것(大者·大物)'에서 온 말인 것 같다.……'항것'과 반대로 지금도 경북 영천 지방에는 '가랏것들(일종의 조례皁隷)'이라는 말을 쓰고 있다.……이외에도 '상것(常人·鄕人)'이니 '읍믈것들'이니 하는 말……여기 사공에게 '네가시'라고 했음은 '갓'이 '물物·류類·자者' 등의 내용을 지닌 이상 '너 따위가'(네 따윗 것이)라는 비칭의 것이 분명하다.……이제 본련의 '네가시' 절을 통석하고 끝을 맺을까 한다.
> 네 따위가 (남의 내증시사內證之事에 함부로 끼어들어)
> 주제넘은 줄도 모르고서
> 갈 배에 (내 임을 네 마음대로) 떠 얹어 버리기냐 사공아![26]

---

24 양주동, 앞의 책, 299면.

25 위의 책, 303면.

26 서재극, 「서경별곡의 "네가시럼난디" 재고」, 『어문학』 27, 한국어문학회, 1972, 120-123면. 본문의 한자어는 한글로 바꾸었고, 드러내는 것이 나을 경우는 '한글漢字' 식으로 인용하였다.

'가시'를 '가시 + ∅'로 분석하는 대신에 '갓 + ㅣ'로 하여 '-것이'로 보고 '항것, 가랏것, 상것, 읍것'의 예와 같이 '네가시'를 '네 따위가'로 해석하였다. 이는 사공의 아내까지 문면에 등장시킨 기존 해석을 반성하고 사공을 비칭(卑稱)으로 일컬은 말로 한정한 것이다. 이 견해는 몇몇 논자에게 인정받기는 했으나[27] 널리 수용되지는 못한 실정이다.

이렇게 대안이 제시되었지만 양주동의 '가시 = 처/아내' 설이 여러 논자의 지지를 얻어 오늘날에는 거의 정설로 굳어지는 경향까지 보인다.[28] 그러나 제3연에서 사공의 아내가 등장하는 것이 의미 맥락상 느닷없는 돌출이라는 문제점이 몇몇 논자에 의해 지적된 만큼[29] 이 설은 재고의 여지가 있다. 이 문제를 해결하는 방안으로 이미 제시된 서재극의 견해를 좀 더 숙고해 보아야 한다.

'네 따위가' 설은 '네 처가' 설이 지닌 의미상의 돌출은 상당히 피했다고 생각된다. 그러나 이 어휘가 포함된 제3연의 의미를 정합적인 논리에 따라 해석할 필요가 있다. 인용한 원문을 보면 제1, 2행과 제3, 4행은 동일한 구조, 유사한 음운의 문장으로 이루어져 있다. '-ㄴ디 몰라셔, -ㄴ다 샤공아'는 어미까지 똑같고 '빅 내여, 녈 빅예'는 같은 소재인 '빅'에 '내여, 녈'의 ㄴ음, '여, 예'의 ㅕ음이 같이 쓰였다. 앞 두 행의 문장 구조와 음운이

27 조동일, 『한국문학통사』 2, 제3판, 지식산업사, 1994, 158면. ; 최용수, 「서경별곡 고」, 『어문학』 48, 한국어문학회, 1986, 219면. ; 임주탁, 앞의 논문, 126면.

28 정상균, 『한국중세시문학사연구』, 한신문화사, 1986, 142면. ; 김창룡, 「서경별곡 연구」, 『동방학지』 69, 연세대 국학연구원, 1990, 264면. ; 유동석, 「고려가요 서경별곡에 대한 새 풀이」, 『한국민족문화』 14, 부산대 한국민족문화연구소, 1999, 20면. ; 양태순, 앞의 논문, 195면. ; 이윤선, 「서경별곡의 텍스트언어학적 고찰」, 『어문학』 114, 한국어문학회, 2011, 261면. ; 송태윤, 「고려가요 서경별곡의 텍스트성 연구」, 『한국언어문학』 82, 한국언어문학회, 2012, 78면.

29 전규태, 「서경별곡 연구」, 『고려시대의 가요 문학』, 새문사, 1982, Ⅰ-81면. '난데없이 사공의 아내를 끌어내어 간접적으로 님과의 이별 없기를 애원해 보는 것' ; 박혜숙, 앞의 논문, 295면. '사공의 아내에 대한 언급은 느닷없는 것으로 여겨진다.' ; 유효석, 앞의 논문, 450면, '다음 행과 엄청난 의미론적 괴리'.

거의 그대로 뒤 두 행에 반복되고 있는 것이다. 그렇다면 제3행의 '네가시'는 제1행의 '대동강'에 상응하는 구조적 기능과 의미를 지닐 것으로 생각된다.

'대동강'은 고유 명사이지만 조어법상 명사 '대동-'에 접미사 '-강'이 붙은 형태이다. 이에 상응하는 '네가시'도 인칭 대명사 '네-'와 접미사 '-갓'이 결합된 것이라 할 수 있다. 이러한 구조적 대응을 고려할 때, 어휘의 조어법상 두 단어인 '네 가시'보다 한 단어인 '네것'[30]이 더 적합하다고 하겠다.

앞뒤 두 행의 문장 구조가 동일하다면 의미 구조도 그것에 상응할 것이다. 이를 살피기 위해 제1, 2행의 생략된 의미를 보충하여 다음과 같이 풀이해 볼 수 있다.

大同江대동강 너븐디 몰라셔	대동강[이 보통의 강보다] 넓은지 몰라서
빅 내여 노흔다 샤공아	배 내어 놓느냐, 사공아.

'대동강이 넓다'라는 명제는 비교의 대상이 전제되어 있다. 화자는 보통의 다른 강들에 비해 폭이 넓은 대동강이기 때문에 사람이 배를 타고 건너야 한다는 사실을 인지하고 있다. 이는 역으로, 배만 띄우지 않는다면 님이 대동강을 건널 수 없다는 의미이다. 그러한 희망과 달리 사공이 배를 내어 놓는 모습을 보니 원망스럽기 그지없다.

제3, 4행은 제1, 2행의 이러한 의미 구조에 상응하는 것이어야 한다.

네가시 럼난디 몰라셔	네[까짓]것이 [보통의 사공보다] 넘난지 몰라서

30 현대어 맞춤법으로는 '네 것'으로 띄어 써야 하나 서재극이 든 단어들에서 '-것'이 접미사로 쓰인 점을 감안하여 '네것'으로 표기한다. 뒤의 '네[까짓]것'의 표기도 마찬가지 이유에서이다.

녈 비예 연즌다 샤공아　[건너]갈 배에 [님을] 얹느냐, 사공아.

‘넘나다’(하는 짓이나 말이 분수에 넘치다.)는 말도 위의 ‘넓다’처럼 비교의 대상이 있어야 한다. ‘대동강’만 말하여 보통의 다른 강들을 전제로 삼았듯이 ‘네가시’로써 보통의 다른 사공에 비해서 주제넘다고 할 수 있다. 굳이 사공의 아내를 끌어들이지 않고도 제1, 2행에 상응하는 의미가 제3, 4행에서 도출되는 것이다.

화자가 사공을 ‘네[까짓]것’이라고 낮추어 부른 것은 이별을 당한 원망의 감정을 분출한 것이다. 그런데 이렇게 역정을 내는 배경에는 사공에 대한 화자의 신분적 우월감과 비판적 태도가 작용한 듯하다. 제1연에서 보듯이 화자는 서경에서 님과 함께 살면서 길쌈을 하고 생계를 꾸린 여성이다. 양갓집 여자일 수도 있고 기녀로서 정 둔 남성과 살림을 차렸을 수도 있다. 전자라면 아래 신분인 사공을[31] 당연히 하대했을 것이고 후자라 하더라도 양반 사대부의 소실이 된 기녀이면 속신하여 양민이 되었을 테니 사공을 낮추어 볼 수 있었을 것이다. 이에 더하여 화자는 사공에게 상당히 비판적인 태도를 보이는데 이는 님과의 관계에 따른 것으로 생각된다. 이제까지 화자가 고이 모신 님, 조심히 다룬 그의 물품에 대해 사공이 함부로 손을 대어 배에 싣고 있다. 사공의 거칠고 하찮은 손을 님의 몸에 갖다 대고 님의 물건을 짐[32]으로 취급하는 데에 안타까워하며 꾸짖는다. 님에 대한 원망을 돌려 애꿎은 사공에게 비난의 말을 쏘아붙인 것이다.

이렇게 볼 때, 서재극이 제시한 ‘네 따위가’ 설은 문장 구조에 기반한

31 고려 시대 뱃사공은 잡척(雜尺)에 속한 천민이었다(박종기, 『새로 쓴 오백년 고려사』, 휴머니스트, 2020, 381면).

32 권재선, 「서경별곡 어석」, 『영남어문학(한민족어문학)』 7, 영남어문학회(한민족어문학회), 1980, 12면. ‘얹는 것이 ‘님’과 관계가 된다면 님의 짐일 것이다.’

의미 맥락 파악에 아주 적절한 견해가 된다. '네 가시'로써 사공의 아내를 문면에 끌어들이고 '넘나다'까지 '음란/발정하다'는 의미로 확대 해석하기보다는, 기록된 원문에 한정해서도 자연스런 의미 맥락을 이루는 '네[까짓]것'으로 풀이한 것이 적절하다고 본다.

3. 연(聯) 구성의 맥락

반복구와 여음구를 제외한 원문에 대한 해석은 다음과 같다.

西京셔경이 셔울히마르는	서경이 서울이지마는
닷곤 ᄃᆡ 쇼셩경 고외마른	닦은 데 소성경(昭盛京) 사랑하지마는
여ᄒᆡ므논 질삼 뵈 ᄇᆞ리시고	여의기로는 길쌈 베 버리고
괴시란ᄃᆡ 우러곰 좃니노이다	사랑하실진대 울면서 좇겠나이다.
구스리 바회예 디신ᄃᆞᆯ	'구슬이 바위에 떨어진들
긴힛ᄯᆞᆫ 그츠리잇가	끈이야 끊어지리까.
즈믄 ᄒᆡ를 외오곰 녀신ᄃᆞᆯ	천 년을 외따로 지낸들
信신잇ᄃᆞᆫ 그츠리잇가 나ᄂᆞᆫ	신(信)이야 끊어지리까.'
大同江대동강 너븐디 몰라셔	대동강 넓은지 몰라서
ᄇᆡ 내여 노ᄒᆞᆫ다 샤공아	배 내어 놓느냐 사공아,
네가시 럼난디 몰라셔	네[까짓]것이 넘난지 몰라서
널 ᄇᆡ예 연즌다 샤공아	갈 배에 [님을] 얹느냐 사공아.
大同江대동강 건넌편 고즐여	대동강 건너편 꽃을

ᄇᆡ 타 들면 것고리이다[33] 배 타 들면 꺾으리다.

작품의 연 구성에 대해서 3연인지 4연인지 이견이 있어 왔다. 현존 고려가요는 대체로 4행 1연의 구성을 보여 주면서도 2행 1연으로써 〈정석가〉 제1연의 '딩아 돌하 당금에 계샹이다 / 션왕 셩ᄃᆡ에 노니ᄋᆞ와 지이다'는 서사를, 〈만전춘별사〉 제6연의 '아소 님하 / 遠代 平生애 여ᄒᆡᆯ ᄉᆞᆯ 모ᄅᆞᄋᆞᆸ새'는 결사를 이루고 있다. 이로 보아 한 연이 2행으로 구성되어 작품의 서사 또는 결사로 기능함을 알 수 있다. 이에 이 작품의 마지막에 있는 2행을 독립된 한 연으로 결사를 삼을 수 있다.

이러한 4연의 구성에서 제2연이 의미 맥락상 다소 이질적이라는 점이 문제이다. 그래서 제2연을 '구슬 노래, 구슬사'라고 명명하여 독립 가요로서 이 작품과 〈정석가〉 제6연에 각각 삽입된 것으로 보는 경향이 우세하다.[34] 하지만 이에 대해서 재고할 필요가 있다. 제2연이 독립적으로 존재했다는 근거가 달리 없고, 그보다는 어떤 맥락에서 떨어져 나온 단편적 가사로 볼 여지가 크기 때문이다. 문면만 놓고 보아도 '구슬, 바위, 끈' 등의 소재가 비유로 쓰인 의미 맥락을 제2연 안에서는 찾기 어렵다.

여기서 〈정석가〉 제6연의 같은 가사가 지닌 그 작품 속에서의 의미 연관성을 살펴볼 수 있다. 〈정석가〉 전체 6연은 '돓(제1연)-셰몰애(제2연)-옥(제3연)-므쇠(제4연)-므쇠(제5연)-구슬(제6연)'의 광물을 소재로 하고, 서사를 제외한 전 5연은 '볗(제2연)-바회(제3연)-텰ᄉᆞ(제4연)-텰슈산·텰초(제5연)-바위(제6연)'의 작품 배경이 되는 소재들이 나오며, 제4연의 '텰ᄉᆞ'와 제6연의 '긶'이 관련되어 쓰이는 등 서로 맥락을 이루며 각 연의 의미를 형성한다. 그리고 제2~5연 마지막 제4행의 '[절대 불가능한 일이 벌어

33 김명준, 앞의 책, 부록, 20-23면, 108-111면, 186-189면.

34 신은경, 앞의 논문 이후에 이러한 이해가 널리 받아들여지고 있다.

져야만] 有德유덕ᄒᆞ신 님(믈) 여희ᄋᆞ와 지이다'라는 주제문은 제6연 제3, 4행의 '즈믄 ᄒᆡᄅᆞᆯ 외오곰 녀신ᄃᆞᆯ / 信신잇ᄃᆞᆫ 그츠리잇가'와 연결되어 영원토록 한결같이 님을 믿고 따르겠다는 다짐의 뜻을 표현한다. 이러한 점들을 살펴보면 〈정석가〉의 구조와 의미 맥락 속에 제6연은 결사의 자리에서 제 역할을 다하고 있다고 생각된다.[35] 그렇다면 이 작품의 제2연은 애초에 〈정석가〉 제6연에 있던 가사를 인용했다고 보는 것이 타당할 것이다.

전체의 연 구성에서 작품 창작의 시점은 제3연에 놓인다. 화자는 지금 대동강변에 나와 님이 떠나는 광경을 떨어져서 지켜보고 있다. 사공이 배를 대어 놓고 하인, 짐꾼과 함께 배에 짐을 싣는 중에 님을 부축하여 배에 오르게 한다. 이를 바라보면서 애타는 마음을 읊은 것이 제3연이다. 이렇게 대동강변에 나오기 전에는 이별의 문제를 두고 님과 갈등한 내력이 있었다. 그것이 제1연과 제2연에 표현되었다고 본다.

제1연의 제1, 2행에는 '-마르는, -마른'과 '(셔)경, 셔욿, (쇼셩)경(京)'이 반복해 나와 강조되어 있다. 일반적으로 대화에서 '마는'은 상대의 말을 어느 정도 받아들이면서도 발화자의 주장을 이어 갈 때 쓰인다. '서경' 다음에 나온 '서울'은 당연히 서경을 지칭한다. 그런데 이를 '소성경'으로 또 다시 강조함으로써 서울 경(京)의 의미가 더욱 두드러진다. 이러한 반복은 서경을 말하면서 나라의 서울인 개경을 염두에 두고 있다는 점을 시사한다. 고려의 앙경, 3경, 4경 제도에 따라 서경은 개경과 같은 서울로서, 작품 창작 당시는 '닷곤 ᄃᆡ'(닦은 데)에 '쇼셩경'(빛나고 홍성한 서울)이다. 수도 개경이야 권력이 집중되고 번성한 도시임은 말할 것도 없으나 화자가 사는 서경도 도시 정비와 수리가 잘 되어 있고 인구와 물산이

35 자세한 논의는 신재홍, 「정석가의 소재와 구조 고찰」, 『고전문학과 교육』 55, 한국고전문학교육학회, 2024, 178-179면, 185-187면 참조.

풍부해 흥성한 곳이어서 개경에 못지않은 곳이다.

그러한 서경을 화자가 '고외마른'(사랑하지마는)이라고 하였다. 여기서 보조사 '마는'이 대화 중에 하는 역할에 주의한다면, 서경도 '서울'이고 충분히 '사랑할' 만한 도시라고 말한 사람은 화자의 대화 상대인 '님'일 가능성이 크다. 두 사람이 이별하는 일을 두고 갈등할 때 나눈 대화에서 님이 화자에게 서경도 개경만큼 흥성한 도읍지이고 근래에 수리를 잘해서 살기 좋은 곳이니 이곳에 남아 있으면 나중에 데려가겠다는 식으로 설득하였을 것이다. 그 설득의 일부를 받아들여 화자는 서경도 개경 못지않은 서울이라는 점, 수리하여 살기 좋은 곳이라는 점의 두 가지를 긍정한 것이다. '마는'을 두 번 반복함으로써 서로 다투다가 님이 설득하는 말에 화자가 겨우 수긍하는 태도를 보여 준다. 그렇다 하더라도 님과 헤어져야 한다는 결정적인 점은 부정하고 배척할 수밖에 없다. 그래서 제4행처럼 '사랑하실진대 울면서 좇겠나이다'라며 간청하는 것이다. 이러한 맥락에서 갈등의 초점이 개경으로 떠나는 님에 대해 화자가 서경에 남느냐, 따라가느냐의 문제임을 짐작할 수 있다.

제1, 2행이 님의 말에 대한 화자의 부분 긍정이라면 제3, 4행은 화자의 본심에서 나온 주장이다. 님과 이별하기보다는 여태 살아온 서경의 살림을 정리하고 길쌈하여 짜던 베까지 버리고 님을 좇겠다고 한 것이다. '마는, 서울'과 함께 '고외다/괴다'(사랑하다)도 두 번 나옴으로써 서경에 남거나 떠나는 문제가 곧 님의 사랑을 갈구하는 것과 관련됨을 나타내었다. 서경에서의 삶도 사랑하지만 님의 사랑으로 함께할 개경에서의 삶을 갈망하는 것이다. 그리하여 님이 사랑해 주어 데려간다면 '울면서 좇겠다'고 한 것은 이와 같이 두 사람 사이의 갈등을 넘어서서 합의에 이르게 되었을 때 느낄 법한 감격을 표현한 것이다. 여기서 '울면서'는 단순히 님의 사랑에 대해 감사하는 뜻에 그치는 것이 아니라 님과 이별하는 과정에서 마음 졸이고 애태웠던 것이 해소되는 의미까지 포함한 것이라 하겠다.

제1연의 화자의 말에 대해 님이 어떤 반응을 보이고 어떤 대답을 했는지는 나와 있지 않다. 제3연의 이별 상황으로 미루어 화자를 남겨 두고 떠나야 할 사정을 말하며 설득했을 것으로 보인다. 이렇게 님의 거절과 만류가 있고 그에 대한 화자의 항의-체념-송별의 반응이 나올 자리인 제2연에 인용문을 가져온 것이 돋보이는 문학적 기교라 할 만하다.

작자는 이 대목에서 화자가 하는 말 대신에 당시 유행하였을 〈정석가〉의 가사를 인용하였다. 목걸이, 귀걸이나 팔찌의 구슬이 바위에 떨어져 깨어져도 끈은 끊어지지 않듯이 헤어진 후에 아무리 오래 홀로 살더라도 믿음만은 변치 않겠다고 다짐하는 노랫말을 인용한 후에 님을 보내는 구성을 취한 것이다. 이렇게 본다면 작자는 양갓집 여자라기보다 기녀 출신 양반 사대부의 소실, 즉 기첩일 가능성이 더 크다. 기녀로 활동할 때 궁중 속악을 연행하면서 〈정석가〉를 알고 있었기에 그 가사를 인용했다고 볼 수 있기 때문이다.[36]

인용의 말은 화자 자신의 말과는 문맥상 미묘한 의미 차이를 보인다. 님에 대한 믿음을 변치 않겠다는 다짐이긴 하나 다른 노래의 화자가 한 말을 가져왔으므로 화자 자신의 믿음과 약간의 틈이 생긴 것이다. 이 점이 제4연에서 님에 대한 화자의 의심을 드러내는 동기로 작용한다. 그리하여 제2연의 신의, 다짐과 제4연의 의심, 질투 사이에 괴리가 발생하는 것이다. 이러한 구성을 통해 시적 긴장감을 유발하고 주제는 더욱 심화하는 양상을 보인다.

제2연은 제1연에 나타난바 님을 좇고자 하는 뜻이 이제 와서 꺾인

36 이와는 달리, 작품을 속악 가사로 다듬은 편사자(編詞者)가 〈정석가〉 가사로써 원작의 일부를 대체하였을 수도 있다. 원작에서 화자의 어조가 너무 강하거나 내용이 과격해서 속악 가사로는 순화할 필요가 있었을지 모른다. 그러나 편사자보다 작자의 인용으로 보는 것이 구조적 정합성을 살피는 데 더욱 유용하다.

상황을 반영한 것이므로 그 내용이 사랑의 다짐, 신의의 확인이라 하더라도 화자로서는 아쉽고 안타까운 심정일 수밖에 없다. 이러한 원망의 마음을 품고 님이 떠나가는 대동강으로 나온 것이다. 그리하여 제3연은 이별의 진행 과정에서 하나의 정점에 이른 상황, 바로 이별 현장의 체험과 정서를 그려 내었다.

화자는 대동강변에서 님이 배 타고 떠나는 광경을 애태우며 지켜보고 있다. 그녀는 님을 배에 태우는 사공을 향해 비난을 퍼붓는다. 강폭이 넓은 대동강이니 배로 건너야 한다는 것은 누구나 알지만 하필이면 님이 떠날 시간에 맞춰 배를 대느냐고 힐난한다. 배를 댈 뿐 아니라 님을 부축하여 배에 오르게 하는 꼴을 보니 '네까짓것'이 지금 분수에 넘치는 짓을 하고 있다면서 재차 꾸짖는다. 여기서도 '-ㄴ디 몰라셔, 샤공아'를 두 번씩 반복하면서 제1연에 나타난 다툼의 어조를 이어 가고 있다. 제1연의 님 앞에서 차마 드러내지 못한 원망, 분노의 감정을 제3연에 와서 사공에게 퍼붓는 것이다.

사공이 '넘나는' 행동을 한다는 말에는 화자의 의도가 담겨 있다. 뱃사공이 손님을 배에 태우는 것은 제 분수에 맞는 일이다. 그런데도 화자가 비난하는 것은 제 일을 하는 사공으로 인해 화자와 님이 이별해야 하기 때문이다. 손님만 실어 나르면 되지 왜 남의 사랑이 깨어지도록 님을 떠나보내느냐는 의미이다. 하도 애가 타서 사공에게라도 화풀이를 해야 하겠어서 나온 말이 '럼난디'이다.

2행으로 된 제4연으로써 작품은 마무리된다. 사공에게 화풀이를 해 보았으나 본심은 떠나는 님에 대한 원망이다. 제1연에서 서로 다투던 중에 양해를 구했다 해도, 제2연에서 님의 말을 가져와 다짐을 했다 해도, 제3연에서 애꿎은 사공에게 화풀이했다고 해도 결국 님이 자기를 놔두고 떠나는 것이 문제의 핵심이다. 사실 화자는 이전부터 님과 헤어져 살면 사랑이 깨어질까 두려워하였다. 함께 살며 지켜본 님의 성격과 태도상 다른 여자를 찾을 가능성이 커서 질투심도 일어났다. 이제 그러한 염려와 질투의 본심을 끝내 참지 못하고 밖으로 표출하였다. 님이 대동강을 건너가 번화한 도시 개경에 들어가게 되면 '고즐여 것고리이다'(꽃을 꺾으리다)라고 한탄하는 것이다. 화자 자신과 비슷한 신분의 기녀를 만나 또 다른 사랑을 할 것이라는 우려와 탄식이다.

이와 같이 〈서경별곡〉 전 4연은 제3연의 이별하는 현재 시점이 중심이 되어 제1연의 이전 시점에서 이별을 두고 갈등하는 양상, 제2연의 〈정석가〉 가사를 인용한 이별의 수용과 다짐, 제3연의 대동강에서 배를 타고 떠나는 님을 바라보며 사공을 탓하는 장면, 그리고 제4연의 강을 건너가서 다른 여인을 유혹할 것이라는 우려와 질투 등의 의미 맥락으로 구성되었다. 제1, 2연이 과거, 제3, 4연이 현재를 시간적 배경으로 하면서도 제2연은 과거 상황에서 영원한 미래를 다짐하였고 제4연은 현재 상황에서 가까운 미래를 염려하였다. 그리하여 과거-현재-미래가 중층적으로 짜인 시간적 경과와 그에 따른 의미 구조를 통해 이별의 정서를 그려낸 것이다. 이러한 구조 속에 미래 상황인 제2연의 신의, 다짐과 제4연의 의심, 질투 사이의 어긋남이 시적 긴장과 주제의 심화를 가져오고 있다.

4. 시적 정조와 장소성

앞 장에서 논한 것처럼 작품의 전 4연은 일정한 시간적 배경 아래 이별의 경과와 의미가 구조적으로 짜여서 표현되었다. 이로써 이별을 당한 화자의 정서와 의식이 드러나고 작품 전반에 걸친 정서와 분위기가 형성된다.

화자는 제1연에서 서경도 사랑하지만 님을 더욱 사랑하여 따라가겠다는 뜻을 말하였다. 아마도 서경 출신의 기녀로서 양반 사대부의 소실이

되어 살림하고 있다고 여겨지는 화자가 님과 이별하는 문제로 서로 갈등하는 중에 님이 말한 대로 고향인 서경, 지금은 수리가 잘 되어 더 살기 좋은 그곳을 사랑한다는 점을 인정한다. 그렇지만 자기를 서경에 남겨두고 개경으로 떠나가려는 님을 어떻게 해서든지 따라가고 싶은 마음에 사랑해 주어 데려가 달라고 통사정을 한다. 이별의 경과 중에 갈등하며 다툰 정황을 배경으로 님에 대한 사랑과 님을 따라가 함께 살고 싶은 염원을 나타낸 것이다.

제2연에서 어쩔 수 없이 님을 떠나보내면서 다짐의 말을 하였다. 님의 설득을 받아들여 이별이 결정된 마당에 작별의 인사는 해야 한다. 그래서 서로 헤어져도 사랑하는 마음은 영원히 편치 않겠다는 노랫말을 인용하여 다짐을 하였다. 이 다짐은 사실 불안과 염려가 깃들어 있는 것이어서 말로는 맹세하지만 속으로는 앞날의 처지와 운명이 어찌 될지 몰라 걱정과 두려움이 가득한 것이다. 다짐의 말로나마 스스로 마음을 다잡는 동시에 님도 끝까지 신의를 지킬 것을 요청한 것이다.

제3연에서 대동강변에 나와 배 타고 떠나는 님을 지켜보며 애타는 마음을 표현하였다. 님은 야속하게도 나를 서경에 내버려 두고 떠나간다. 그 님이 원망스럽기 짝이 없으나 감히 님에게 직접 말하기보다 님을 건네주는 사공을 향해 분노와 비난을 쏟아 낸다. 내가 그렇게 고이 모신 님의 몸, 님의 것들을 사공인 네가 함부로 손대어 옮기느냐는 질책이다. 그렇게라도 해야 마음속 설움과 원망이 조금 풀어질 듯해서 한 것일 뿐, 사실 사공에 대해 달리 유감이 있는 것이 아니다. 화자 스스로도 그러한 애꿎음을 모르는 바 아니나 그럴 수밖에 없음은 이별 현장에서 느끼는 격렬한 감정을 주체하기 어렵기 때문이다. 신분 차이가 나는 두 사람의 관계에서 낮은 신분의 화자가 이별을 받아들일 수밖에 없었는데 그 억울함을 자기보다 낮은 신분의 사공을 대상으로 야단치는 것으로 돌려 버린 것이다.

제4연에서 제2연의 다짐에도 불구하고 속마음에 가득한 불안과 염려의 마음을 나타내었다. 나를 서경에 놓아두고 떠나가는 님은 번화한 수도 개경에 가서는 다른 여자를 유혹할 것이다. 함께 지내면서 알게 된 님의 기질과 태도로 미루어 자기를 떠나서 다른 사랑을 찾을 것이 거의 분명한 것이다. 그러한 앞날을 떠올려 보니 버려진 처지와 앞으로 닥칠 운명이 한스럽고 님의 처사가 더욱 원망스럽다.

이와 같이 작품에 나타난 정서는 애탐과 원망, 불안과 염려라고 할 수 있다. 이별이 정해지고 나서 님과의 신의를 다짐하였고 이별의 현장에서 격렬한 감정이 치솟기도 했으나 결국 이별하기로 결정했으면서도 끝내 받아들일 수 없는 화자의 억울함과 원망이 주된 정서를 이루고 있다. 여기에 앞날에 대한 두려움과 질투 섞인 염려가 더해져 이별의 정서가 더욱 애틋하게 그려졌다.

이러한 정서를 바탕으로 작품의 특징적인 정조가 형성된다. 우선, 장소성이 분위기 형성의 주요 요인으로 작용한다. 서경과 대동강이 배경이 되어 이별의 사건이 벌어졌으므로 장소가 지닌 의미는 두드러질 수밖에 없다. 작품에 표현된 서경은 개경에 못지않게 '빛나고 홍성한 서울'로 근래에 잘 '닦은 데'이다.

서경을 잘 닦은 곳, 빛나고 홍성한 도읍으로 표현한 데는 서경의 역사 중에서 매우 번영한 시기를 반영하고 있다고 보인다. 태조 때부터 서경은 왕조의 기틀로 중요하게 경영되어 왔는데[37] 특히 문종대(1046-1083)에서 예종·인종대1105-1146)까지가 가장 주목받고 번성한 시기였다.

서경의 궁궐은 오래 되어서 훼손된 것이 많으니 마땅히 장인들을 모집

37 『고려사』 2, 「세가」 2, 태조 26년(943) 4월, 其五曰 朕賴三韓山川陰佑 以成大業 西京水德調順 爲我國地脈之根本 大業萬代之地 宜當四仲巡駐 留過百日 以致安寧.

> 하여 수리하도록 하라. 또 서경에서 동서로 각각 10여 리 떨어진 지역에 다시 땅을 택하여 좌우 궁궐을 지어서 지방을 순회할 때 머무는 장소로 삼도록 하라.[38]

> 더욱이 원구·태묘·사직·적전 및 여러 원릉은 나라에서 공경하여 소중히 여기는 장소이니 담당 관원은 제때에 수리하여 훼손됨이 없도록 하라.[39]

> [인종] 10년(1132), 처음으로 궁궐을 수축하였는데 평장사 최홍재 및 문공인·임경청이 감독을 맡았다.[40]

문종이 서경의 옛 궁궐을 수리하고 좌·우궁을 짓도록 한 것, 예종이 새로 지은 용언궁(용덕궁)에 행차하여 내린 국정 쇄신 조치의 일부, 인종이 묘청의 건의를 받아들여 대화궁(임원궁)을 완공한 지 3년 후 수축하게 한 사실 등의 기록이다. 이 왕들이 서경에 궁궐을 수축 또는 신축하고 원구, 태묘 등 도읍이 갖추어야 할 건물들을 수리하게 한 것이다. 심지어 서경에 막대한 피해를 준 묘청의 난(1135)을 지난 후에도 수리 사업은 계속되었다.

> 좌승선 이지저와 전중소감 임의를 보내 조서를 내려 서경을 정벌한 장수들을 격려하였다.……또 성 안팎의 사원과 사묘를 살펴 훼손된 것들

---

38 위의 책 9, 「세가」 9, 문종 35년(1081) 8월, 西京宮闕 年久頹毁頗多 宜募工修葺 且去京東西各十餘里 更卜地 構左右宮闕 以爲省方巡御之所. 밑줄 필자. 이하 동일.

39 위의 책 14, 「세가」 14, 예종 11년(1116) 4월, 況圓丘大廟社稷籍田 及諸園陵者 國家敬重之所也 其管勾員吏 以時修葺 無使弊虧.

40 위의 책 127, 「열전」 40, 반역, 묘청, 十年 始修宮闕 平章事崔弘宰及公仁景淸 董其役.

을 모두 수리하게 하였다.[41]

> 일, 불사를 숭중하라.……옛날부터 규정하여 행해 온 법석사원과 함께, 별도로 은혜를 비는 사사 중에서 잔폐한 곳이 있으면 주무 관서에서는 곧바로 수리하도록 하라.[42]

비록 묘청의 난으로 몰락의 전환점을 맞이했으나 의종대(1146-1170)에도 왕의 서경 행차는 이어졌던 것이다.

이후 조위총의 난(1174-1176), 홍복원의 반역(1233), 최탄의 반란(1269)과 동녕부 설치(1270-1290) 등의 격랑 속에 서경은 쇠퇴해 갔다. 강도(江都)시대(1232-1270)에 서경 수리는 엄두도 못 내었을 터이고 개경 환도 후에도 예전 같은 정비 사업은 이루어지지 않았다. 그 단적인 예를 공민왕대(1351-1374)의 아래 기록으로 짐작해 볼 수 있다.

> 서경·의주·정주·이성·강계 등의 지역에 만호·천호를 두었다. 이때 삼소(三蘇)를 둘러보고 머무르겠다는 왕의 하교 때문에 민들을 동원해 길을 닦느라 곡식들이 많이 상하였다. 또한 평양·충주에서는 모두 이궁과 [노국]공주의 혼전을 건설하고 접대할 물자를 준비하였는데, 민들이 매우 고통스러워하였다.; 판사천감사 진영서가 요즈음 태백성이 낮에 나타났고 또한 흉년까지 들었으므로 가만히 있으면 길하고 움직이면 흉하다고 하자, 왕이 기뻐하면서 말하기를, "왜 이렇게 늦게 아뢰었느냐?"라고 하고 즉시 [삼소를] 둘러보고 머무르겠다는 명령을 거두어들였다.[43]

---

41 위의 책 16, 「세가」 16, 인종 14년(1136) 3월, 遣左承宣李之氐 殿中少監林儀下詔……又按行城內外寺院祠墓 曾經破毁者 並令<u>修葺</u>.

42 위의 책 18, 「세가」 18, 의종 22년(1168) 3월, 一 崇重佛事……及古來定行法席寺院 與別祈恩寺社 如有殘弊 主掌官 隨卽<u>修葺</u>.

원 간섭기에서 벗어난 공민왕대에 민력이 살아나지 못하여 평양에 이궁을 건설할 여력이 없었던 것이다.

이러한 서경의 역사를 살펴볼 때 이 작품은 서경의 번영기에 창작되었을 것으로 추정할 수 있다. 시기를 좀 더 좁혀 보기에는 다음의 자료가 참조된다.

> 제(帝)가 진(震)에서 나와 건(乾)을 탔다는 것은 비록 때의 운수에 맞았음을 말하는 것이지만 임금님께서 호경에 계시며 술을 마시오니 진실로 여러 대중들과 더불어 즐거움이 많사옵니다.……신등은 외람되게 법부에 있으니 사방에서 민요를 채집하여 임금님께 받들어 올리며 감히 구호(口號)를 드리옵니다.[44]

대화궁 준공(인종 7년, 1129) 또는 수축(인종 10년, 1132) 후 열린 연회에서 이지저가 지어 바친 치어의 처음과 끝 부분이다. '호경'이라는 명칭과 함께 '민요'를 채집하여 올린 사실이 주목된다. 여기서의 민요는 노동요 같은 민중의 노래일 수도 있으나 큰 연회에 걸맞은 노래로는 민간 가요일 가능성이 더 크다.[45] 이때 채집된 서경 지역 민간 가요의 하나가 이 작품이지 않을까 싶은 것이다. 이러한 판단은 동시대 정지상(?-1135)의 한시 〈서도(西都)〉에 그려진 번성하는 도시의 분위기를 고려한 것이기도

43 위의 책 41, 「세가」 41, 공민왕 18년(1369) 8월, 置萬戶千戶于西京義州靜州泥城江界等處 時以巡駐三蘇之敎 發民除道 多損禾穀 又於平壤忠州 皆作離宮及公主魂殿 儲峙供頓 民甚苦之. ; 判司天監事陳永緖 以爲近者 太白晝見 年又凶荒 靜吉動凶 王悅曰 何晩奏耶 卽收巡駐之命.

44 『동인지문사륙』 8, 악어(樂語), 「서경대화궁대연치어(西京大花宮大宴致語) 李之氐(이지저)」, 帝出震以乘乾 雖曰應時之數 王在鎬而飮酒, 固多與衆而歡……臣等叨居法部 傍採民謠 上奉天顔 敢呈口號.

45 이곡, 〈정조설(正朝雪)〉의 미련에 '便是新年多瑞氣 願隨椒酒進民謠'(『동문선』 15, 칠언율시, 한국고전번역원, 한국고전종합DB)라 하여 신년 하례에 '초주'와 함께 '민요'를 바친다고 하였다. 이때의 민요도 민간 가요의 의미로 쓰였다.

하다.

남쪽 길에 바람이 좀 불고 가랑비 지나는데	南陌風微細雨過
가벼운 먼지도 일지 않고 버들 그늘만 비꼈네.	輕塵不動柳陰斜
푸른 창 붉은 문에 생황과 노랫소리 흐느끼니	綠窓朱戶笙歌咽
이 모두가 교방 기녀들의 집이라네.	摠是梨園弟子家[46]

미세한 바람과 가랑비에도 길에 먼지가 일지 않는다는 표현은 그만큼 도로가 잘 닦였다는 의미로 이해된다. 교방 기녀들의 거주 지역에서 '열(咽)', 즉 목메는 듯이 우러나오는 소리를 교습한 모습도 당시 속악의 예비 목록으로서 민간 가요가 저변에 깔렸음을 시사한다. 이러한 서경의 번성함 속에 나온 민간 가요 중 하나가 〈서경별곡〉일 것이다.

위와 같은 추정은 본고에서 '쇼셩경'을 '소성경(昭盛京)'으로 재해석한 데에서 출발한 것이다. 작품 원문에 쓰인 '닷곤 딕 쇼셩경'(닦은 데 빛나고 흥성한 서울)의 표현에 주목하여 그것이 지시할 법한 시대 배경을 찾아서 창작 연대를 비정하는 데까지 나아갔다. 비록 확정적인 증거에 기초한 것은 아니지만 현존 자료를 가지고 작품과 관련된 여러 정황을 살펴서 나온 추론으로서 일정한 의의가 있지 않을까 한다.

이러한 번영기 서경에서 태어나 자란 화자는 개경에서 전입한 님과의 사랑을 이루고 살림까지 차렸다. 화자로서는 서경이 삶의 터전이었으나 외지 출신의 님과 결연함으로써 이사할 가능성도 생긴 상태이다. 이에 비해 님에게 서경은 임시로 머무는 곳이다. 제1연을 님의 말에 대한 화자의 일부 긍정으로 보는 관점을 좀 더 밀고 나간다면, 님은 개경의 관리로서 서경의 수리를 감독하러 와서 지내던 중에 화자를 만나 살림을 차렸

46 『보한집』 상(국사편찬위원회, 한국사데이터베이스). 번역은 필자가 하였다.

을지도 모른다. 자신이 감독한 만큼 튼튼하게 '닦은' 서경에 대한 자부심을 얹어 화자에게 이별의 말을 한 것으로 볼 여지가 있다.

서경을 휘둘러 흐르는 대동강은 다른 도시들, 특히 개경과 통하는 길의 출입구에 해당한다. 강을 건너서 개경으로 가고 또 강을 건너서 서경으로 온다. 서경에 살거나 그곳과 관계하는 많은 사람들이 만나고 헤어지는 장소인데 번영기를 구가하고 있으므로 날마다 사람들로 넘쳐 나는 곳이다. 그런데 작품에서는 만남이 아닌 이별의 장소로 부각되었다. 강은 물의 심상이 지배하는 장소로 물에 배가 떠서 사람과 물건이 오가기도 하고, 한 번 건너가면 당분간 또는 다시는 못 올 수도 있다. 교류와 단절이라는 물의 심상은 생활의 일상과 이별의 비일상이 교차하는 의미로써 고금의 문학에서 널리 형상화되어 왔다.

대동강변 나루터는 오가는 사람들로 북적대고 여기저기 짐들이 쌓여 있으며 출항과 귀항, 뱃일 중의 목소리들이 섞여서 어수선하면서도 활력이 넘치는 곳이다. 이러한 분위기 가운데 떠나는 님을 바라보고 있는 화자이기에 그 나루터에 유독 처량하고 애타는 사람이 되어 있다. 님이 떠나가는 일거수일투족을 보고 있는 화자의 시야에 님을 배에 태우는 사공이 들어온다. 사공이 손님을 배에 태우는 것은 평범한 일상의 한 광경이지만 이별을 당하는 화자로서는 절망적인 슬픔과 원망의 장면일 따름이다. 이렇듯 작품은 나루터의 평범하고 번잡한 일상 속에 어느 남녀의 애틋한 이별이 두드러지도록 그려 냄으로써 일상 속에 깃든 비일상, 만남의 끝인 이별의 장면에 집중하도록 한다.

서경, 대동강에 더하여 강 건너 개경으로 연결된 길이 어렴풋이 보인다. 서경을 나와 대동강변에서 이별한 님이 강을 건너 개경으로 가는 길까지 화자의 눈에 비친 것이다. 그리고 그 길을 따라 개경에 당도한 후의 님의 생활, 그중에서 다른 여성을 찾는 님의 행동을 그려 본다. 그것은 곧 화자 자신의 운명이 비참하게 된다는 뜻이기에 상상만으로 더욱 서럽고 원망스럽다. 대동강변의 이별 장면을 중심으로 서경에서 개경으로 이어지는 길의 구조를 바탕으로 하여 이별의 경과가 형상화된 것이다.

이별의 경과와 길의 구조에 따른 시상은 이별의 현장인 대동강변의 장면에 집중된다. 나루터에서 떠나는 님을 바라보며 애꿎은 사공을 탓하는 것으로써 극적인 장면이 연출되었다. 이 장면을 전후하여 이별하는 문제를 두고 갈등하고, 이별이 결정된 후 변치 말자고 다짐하며, 떠나가는 님을 바라보면서 다른 만남에 대해 염려하고 질투하는 등 화자와 님 사이의 이별 이야기가 펼쳐진 것이다. 그리하여 서사적인 시상 전개에 극적인 장면이 들어가 이별을 당하는 화자의 슬픔과 원망이 문학적으로 생동하게 그려졌다.

이와 같이 〈서경별곡〉은 대동강변에서 배를 타고 떠나는 님에 대한 화자의 애탐과 원망을 표현하였다. 서경과 대동강이라는 장소가 주는 의미와 분위기에 님이 배 타고 떠나는 모습을 지켜보는 상황이 어우러져 발화의 현장감이 살아 있다. 이별의 과정에서 양해하고 다짐까지 했으나 정작 떠나는 님을 보고는 애꿎은 사공을 탓하고 원망과 질투의 본심까지 드러내었다. 이별의 경과 속에 긴장감을 높이고 이별 상황에 처한 여성 화자의 심정을 현장감 있게 그림으로써 이별의 정서를 역동적으로 표현해 내었다.

작품 성격과 시대 배경을 종합적으로 고찰하였을 때 〈서경별곡〉은 속악 중에서 서경의 번영기를 대변하는 작품으로, 그리고 서경 쇠퇴 후에는 그 시기를 추억하는 기능을 하는 작품으로 수용되지 않았을까 한다. 묘청의 난에 스러진 정지상의 한시 〈송인(送人)〉이 후대인에게 두고두고 기억되고 칭송된 것처럼, 이 작품은 악장으로서 서경의 굴곡진 역사 속에서 살아남은 기념비적인 작품이었을 가능성이 높은 것이다.

5. 결론

본고는 〈서경별곡〉 연 구성의 정합성과 일관성, 시대와 장소에 관련한 시적 정서와 분위기를 살펴보았다. 두세 편이 조합된 것이 아니라 일성한 의미 구조를 갖춘 한 편의 완결된 작품으로 보고 접근한 것이다.

먼저, 제1연의 '쇼셩경'은 이제까지 '소성경(小城京)'으로 본 것에 문제가 있다고 보아 '소성경(昭盛京)'으로 재해석하였다. 이는 〈처용가〉 첫 행의 '新羅盛代昭盛代신라셩ᄃᆡ쇼셩ᄃᆡ'와 목종대에서 고종대에 걸쳐 서경의 이칭으로 쓰인 '호경(鎬京)'을 근거로 한 것이다. 그리하여 '쇼셩경'은 '빛나고 흥성한 서울'로 풀이하였다. 제3연의 '네가시'에 대한 해석에서 '네 처/아내가'보다는 '네 따위가' 설이 적절하다고 보았다. 제3연 제1, 2행에서 '넓다'는 비교의 대상이 전제되어 보통의 다른 강들에 비해 대동강이 폭이 넓기 때문에 배를 타고 건너야 한다는 의미이다. 이는 배만 띄우지 않는다면 님이 대동강을 건널 수 없다는 뜻이기도 하다. 이에 상응하여 제3, 4행의 '넘나다'도 제1, 2행의 '넓다'처럼 비교의 대상이 필요하므로 '네가시'는 보통의 다른 사공에 비해 주제넘기 때문에 '네[까짓]것'이라고 비칭을 사용한 것이다.

전체 4연의 구성에서 이별의 현재 상황을 그린 제3연이 중심이 된다. 제1연은 이별하게 된 사정 속에 서로 갈등하며 다투는 모습이, 제2연은 〈정석가〉 가사의 인용을 통한 이별의 수용과 다짐이, 제3연은 대동강변에서 배 타고 떠나는 님을 바라보며 사공을 탓하는 장면이, 제4연은 강을 건너가 다른 여성을 유혹하리라는 염려가 표현되었다. 제1, 2연의 과거에 제3, 4연의 현재가 연결되고 그 위에 제2연의 영원한 미래, 제4연의 가까운 미래가 설정되는 중층적 시간 구조를 보이고 있다. 이러한 구성하에 미래 상황인 제2연의 신의, 다짐과 제4연의 의심, 질투 간에 의미상 어긋남이 생기면서 시적 긴장과 주제의 심화를 가져온다.

작품에 나타난 정서는 애탐과 원망, 불안과 염려라 할 수 있다. 헤어지기로 한 다음에 님과 신의를 다짐하였고 이별의 현장에서 격렬한 감정이 일기도 했으나 이별을 수용했으면서도 끝내 받아들일 수 없는 화자의 억울함과 원망이 주조를 이룬다. 이에 더하여 홀로 남은 화자의 앞날에 대한 두려움과 질투 섞인 염려로 인해 더욱 애틋한 정서가 표현되었다.

작품의 분위기는 주로 장소성에 의해 형성되었다. 번영기를 구가하는 서경의 출입구 대동강변에 많은 사람이 북적대고 출항과 귀항으로 분주하다. 그 활력 넘치는 장소에서 처량하게도 화자는 님과 이별하고 있다. 나루터의 흥성이는 분위기와 대조되어 서럽고 애타는 심정의 화자가 초점이 된 것이다. 서경을 나와 대동강변에서 이별한 님이 강을 건너 개경으로 가는 길까지 멀리 보임으로써 더욱 애타고 원망스럽다.

이별의 경과와 길의 구조에 따른 시상 전개는 대동강변 나루터에 집중된다. 떠나는 님을 바라보며 애꿎은 사공을 탓하는 극적인 장면이 제시된 것이다. 이별을 두고 서로 갈등하다가 이별이 결정되어 변치 말기를 다짐했으나 강변에서 배에 오르는 님을 보며 애꿎은 사공을 탓하고 급기야 님이 다른 여자를 탐하리라 질투하는 등의 서사적 전개를 보이는 중에 이별 장면을 초점화하여 극적인 효과를 높이고 있다.

이상의 논의 중에 작품 원문의 '닷곤 ᄃᆡ 쇼셩경'(닦은 데 빛나고 흥성한 서울)에 주목하고 고려의 역사 속에서 '수즙, 수축, 수리' 등의 용어를 살펴서 창작 연대를 잠정적으로 인종대 초기, 1120년대로 추정하였다. 그리하여 〈서경별곡〉은 서경의 번영기를 대변하는 속악이자 서경 쇠퇴 후에는 그 시대를 기억, 추념하는 노래로서 서경의 굴곡진 역사 속에 전승된 기념비적 작품으로 보았다.

02

〈가시리〉의 이별 정서와 대중성

1. 서론

〈가시리〉는 가사가 비교적 단순하고 주제가 선명하여 이별의 정한을 노래한 고려가요의 대표작으로 이해되어 왔다. 그런데 어떠한 상황에서 누가 누구와 이별을 하고 있는지를 따지고 들면 작품 창작의 구체적인 정황이 잘 잡히지 않는다. 대체로 여성 화자가 보내고 싶지 않는 데도 '님'을 떠나보내는 정황이 그려지지만 화자와 상대방의 신분이나 처지, 이별의 이유와 상황 등은 알기가 어렵다. 그것이 오히려 이별의 보편적 정서를 담아내었다고 할 수 있어 작품의 주요 특성으로 이해된다. 그렇긴 하나 실상에 가까운 창작의 정황을 추정하여 구체성을 바탕으로 한 보편성을 드러낼 필요가 있다. 관련 자료가 전하지 않으니 작품 자체의 분석에 기대어 그러한 논의를 할 수밖에 없다.

작품에 대한 연구는 양주동의 어학적·문학적 해석을 필두로 하여 '선ᄒᆞ면'을 둘러싼 어석 문제,[1] 여성 화자의 의식과 정서,[2] 역사적·시가사적 배경과 궁중 속악화의 양상,[3] 미적 표현과 표상,[4] 문학 치료적·정신 분석

---

1 이에 대한 연구사는 임주탁, 「고려가요의 텍스트와 맥락-가시리와 쌍화점을 중심으로」, 『국문학연구』 35, 국문학회, 2017, 40-44면에 조리 있게 정리되었는데 다음 장에서 살펴보고자 한다.

2 양주동, 「평설 1. 가시리」, 『여요전주』, 정정판, 을유문화사, 1955. 424-427면. ; 강헌규, 「가시리 신석을 위한 어문학적 고찰-'가시리 평설'에의 의의(疑義)를 중심으로」, 『국어국문학』 62·63, 국어국문학회, 1973, 23-32면. ; 전규태, 「고려속요의 연구」, 건국대 대학원, 박사 논문, 1974, 31-46면. ; 임성규, 「고려 속요에 나타난 애정관-가시리를 중심으로-」, 전남대 교육대학원, 석사 논문, 1981, 11-24면. ; 정혜원, 「가시리 소고」, 『한국고전시가작품론』 1, 집문당, 1992, 283-291면. ; 강대구, 「가시리 연구」, 『청람어문교육』 14, 청람어문학회, 1995, 79-82면.

3 임주탁, 「가시리의 독법과 해석의 방향」, 『국어교과교육연구』 2 국어교과교육학회, 2001, 118-127면. ; 김진희, 「한국시가의 전통과 가시리」, 『열상고전연구』 44, 열상고전연구회, 2015, 203-234면. ; 이정선, 「가시리의 편사와 문학적 해석」, 『한국언어문화』 41, 한국언어문화학회, 2010, 231-254면.

4 윤재근, 「가시리 표현의 재고」, 『문화비평』 12, 아한학회, 1972, 161-173면.

적 해석,[5] 현대시·대중가요의 변용 양상[6] 등이 축적되었다. 한국 시가사에서 이별 노래의 대표작인 만큼 이별에 처한 화자의 심리와 시적 형상화를 살피는 것이 연구의 주된 흐름을 이루었다고 할 수 있다.

본고는 여성 화자에 대한 연구를 계승하면서 시어의 분석을 통해 작품론을 좀 더 심화해 보고자 한다. 이별의 상황에서 화자가 취하는 태도, 정서, 의식 등이 집약되어 있는 '선ᄒᆞ면, 셜온 님, 가시ᄂᆞᆫ ᄃᆞᆺ'의 세 시어에 초점을 맞추어 분석해 보겠다. 그리고 시어들의 결합으로 이루어진 의미 구조도 분석하여 작품에 형상화된 이별의 정서를 주의 깊게 살펴볼 것이다. 시어와 구조 분석으로써 창작의 구체적인 배경을 밝힐 수는 없겠으나 작품에 그려진 화자의 내·외면의 모습만큼은 찾아볼 수 있다. 이렇게 살핀 이별의 정서는 작품이 지닌 보편성과도 관련이 깊은 만큼 향유 및 전승의 기반이 된 대중성의 면모에 대해서도 논의하고자 한다. 그리하여 작품의 수준 높은 문학성과 함께 그 전반적인 성격을 드러낼 수 있기를 기대한다.

2. '선ᄒᆞ면'과 이별의 태도

〈가시리〉의 어석은 무난하게 이루어지나 제3행 '잡ᄉᆞ와 두어리마ᄂᆞᄂᆞᆫ / 선ᄒᆞ면 아니 올셰라' 중의 '선ᄒᆞ면'이 논란이 되어 왔다. 대개 '선선하

5 정운채, 「작품서사 분석을 통한 진달래꽃의 '역겨워'와 가시리의 '선하면'에 대한 이해」, 『문학치료연구』 15, 한국문학치료학회, 2010, 221-230면. ; 오수엽, 「외상과 기표, 그 변증법적 주체화로서의 가시리 고찰-트라우마의 상징화에 대한 정신분석학적 관점을 바탕으로-」, 『문학치료연구』 59, 한국문학치료학회, 2021, 285-310면.

6 염은열, 「학교 바깥 고전시가의 변용가 향유에 대한 교육적 성찰-가시리를 예로」, 『문학치료연구』 23, 한국문학치료학회, 2012, 77-101면. ; 고선미, 「고려속요 가시리의 현대적 변용 양상」, 『구보학보』 16, 구보학회, 2017, 479-510면.

다',[7] '서운하다',[8] '그악하다, 서낙하다'[9]의 세 가지 풀이 사이에서 논란이 이어진 것이다. 이 밖에도 해석의 가능성이 없지는 않으나[10] 기존에 제시된 해석 중에서 의미 맥락과 주제에 부합하는 쪽을 택하는 것이 최선으로 보인다. 그러나 논자에 따라 작품 이해의 관점에 차이가 있으므로[11] 부합의 정도를 가늠하기가 쉽지 않다.

본고는 시적 화자의 발화가 지닌 특성에 주목한다. 전체 4연은 2+2연의 구성을 통해 시상이 긴밀하게 전개되고 있다. 떠나는 님에 대한 하소연과 신세 한탄의 앞 2연에 붙잡고 싶은 마음을 억누르고 보내면서 다시 돌아오기를 바라는 뒤 2연이 연결되었다. 그런데 이 발화는 님과의 소통 없이 일방적으로 이루어지고 있다. 님이 나를 버리고 떠나가면 나는 어찌 살라고 하느냐, 잡아 두고 싶으나 '선ᄒᆞ면' 오지 않을까 염려되어 서러운 님을 보내니 가시는 듯 돌아오시라. 이러한 의미를 담아 발화하고 있으나 그 어디에도 화자의 하소연에 대한 님의 반응은 표현되어 있지 않다. 다만 님은 지금 화자를 버리고 가려는 참이고 다시 돌아올 수도 있는 존재로 설정되었을 따름이다. 곧, 님에 대한 화자의 일방적인 호소로 이루어진 것이다.[12]

이 점을 근거로 삼으면 기존 해석에서 '서운하다'를 배제할 수 있다.

---

7 양주동, 앞의 책. 365–366면.

8 김형규, 『고가주석』, 백영사, 1955, 212면.

9 지헌영, 『향가여요신석』, 정음사, 1947, 110면.; 남광우, 「고려가요 주석상의 문제점에 관하여」, 『고려가요의 언어와 문학』, 형설출판사, 1975, 64면.

10 이 밖에 '시틋하다'(박병채, 『고려가요의 어석 연구』, 이우출판사, 1980, 309면.)가 제시되었고, 17세기 것으로 추정되는 『증보고금보』의 개작된 가사 '셕ᄒᆞᆫ가도'로써 '시원한가도'(임재욱, 「고려가요 가시리와 증보고금보 소재 시조 가시리의 비교」, 『어문학』 122, 한국어문학회, 2013, 417면.)로 보기도 하였다.

11 가령, '선ᄒᆞ면'의 주체를 화자(이정선, 앞의 논문, 237–238면.) 또는 '님'(강대구, 「가시리 연구」, 『청람어문교육』 14, 청람어문학회, 1995, 79면.)으로 보는 데 따라 해석이 달라진다.

12 이러한 특성은 "'님'은 말없이 버리고 떠나는 행위로 일관하고 '나'는 순종으로 일관한다.'(정혜원, 앞의 논문, 285면.)에서 '말없이 떠나는 님'에 해당하는 양상이라 할 수 있다.

'나의 행동에 대해 님이 서운하게 여기면'이라는 말은 님의 정서적 반응을 나타낸 것이 되는데 이는 작품의 발화적 특성에 맞지 않기 때문이다. 더욱이 '서운하다'는 강원·경남·함경 방언인 '서분하다'로[13] 보아 '섭하다/섭섭하다'와 관련된 단어인데 'ㅂ>우'의 음운 변화로 이루어진 '서분->서운-'에서 'ㅂ/우' 음이 생략된다면 아예 다른 말로 인식될 가능성이 크다. 한편, '선선하다'는 이별 상황에 처한 화자의 정서에 어울리는 말이라 할 수 없다. 혹시 이 말이 떠나는 님의 태도를 표현한 것으로 보더라도 발화의 특성에 어긋난다. 이에 '그악하다, 서낙하다'가 일방적인 호소 속에 자기 인식을 담음으로써 그러한 특성에 부합한다. 화자가 님을 그악하게, 서낙하게 대하면 님이 떠나가서는 돌아오지 않으리라 염려한다는 말이다. '선ᄒᆞ면'의 음운을 고려하면 '그악하다'보다 '서낙하다'가 더 적합하다.

'서낙하다'에 대한 사전의 설명은 다음과 같다.

> 서낙하다 : 장난이 심하고 하는 짓이 극성맞다.
> 선하다 : '서낙하다'의 준말.[14]

'서낙하다'의 준말이 '선하다'로 되어 있다. 두 단어 사이에 본말-준말의 관계가 성립될 수 있는 것은 '서낙'을 '선-'에 접미사 '-악'이 붙어서 나온 파생어로 보고 그것에서 접미사가 탈락하여 줄어든 형태가 '선'이라고 이해하였기 때문이다. 음운의 축약뿐 아니라 형태소의 생략으로도 준말이 되는데 합성어 '암죽'의 준말 '암', 파생어 '막대기'의 준말 '막대'가

---

13 국립국어원, 『표준국어대사전』, 「우리말샘」 해당 항목 참조.

14 국립국어원, 『표준국어대사전』, 해당 항목 참조. '선하다'가 '서낙하다'의 준말로 기술된 것은 문세영, 『조선어사전』(1936 초간)에서 보인다고 한다(남광우, 앞의 논문, 64면.; 임주탁, 앞의 논문, 43면.).

그러한 경우이다. 이에 '서낙하다'의 어근인 '서낙'은 곧 '선+악'으로 분석할 수 있다.

이러한 '서낙'과 의미 범주가 겹치는 '사날'을 주목할 수 있다.

사날 : 제멋대로만 하는 태도. 비위 좋게 남의 일에 참견하는 일.
제사날로 : 남이 시키지 않은, 저 혼자의 생각으로.
사날없다 : 붙임성이 없이 무뚝뚝하다.[15]

사날좋다 : '넉살스럽다'(부끄러움이 없이 비위가 좋고 질긴 데가 있다.)의 방언(충청)[16]

하는 짓이나 장난이 심하고 극성맞다는 '서낙하다'와 태도가 제멋대로이고 비위가 좋다는 '사날'의 뜻이 서로 통한다. 상대를 의식하지 않고 제멋대로 하는 행동이나 태도는 상대방이나 제삼자가 보기에 심하고 극성맞은 것이다. 이에 '서낙'을 '선+악'으로 본 것처럼 '사날'도 '산+알'로 분석할 수 있다. 두 단어는 음성 모음과 양성 모음의 대립으로 어감의 차이를 나타낸 유의어로 추정된다. 이 둘은 마치 '선득/산득, 선들/산들'의 '선득'과 '산들'의 관계처럼 의미 범주를 공유한다고 할 수 있다.[17]

'서낙, 사날'의 어근인 '선'과 '산'이 의미를 공유하면서도 모음 대립에 의해 분화된 어형이라고 할 때, '선' 또는 '산'에서 더욱 근원적인 어근을

15 국립국어원, 『표준국어대사전』, 해당 항목 참조.

16 국립국어원, 『표준국어대사전』, 「우리말샘」 해당 항목 참조.

17 '사날'과 함께 '사니/산-주: 재주를 넘거나 짓궂은 동작으로 사람을 웃기며 악기로 풍악을 울리는 광대들이 조직한 조합의 우두머리.'도 생각해 볼 만하다. 이 단어는 '사날'과 의미 범주가 겹치고 '산+이'의 파생어, '산+주'의 합성어로서 어근 '산'에서 나온 것으로 보인다. 다만 '서낙'과의 관계를 설명하는 데는 '사날'이 적합하기에 이 단어는 참조어로 남겨 둔다.

찾아볼 필요가 있다.

ᄉᆞᆫ : '사내'의 옛말. 丁 ᄉᆞᆫ 뎡.≪훈몽 중:1≫ 丁 ᄉᆞᆫ 뎡.≪천자-광 24≫[18]

사내 : 한창 혈기가 왕성할 때의 남자.

정년(丁年) : 장정이 된 나이. 남자의 나이 20세를 이른다.

정남(丁男) : 나이가 젊고 기운이 좋은 남자.

정녀(丁女) : 한창 나이의 여자.[19]

뎡홍모단(丁紅牧丹)……뎡홍쟉약(丁紅芍藥).[20]

위의 예들에서 'ᄉᆞᆫ'은 한자 '丁'이 지닌 '성하다. 세다. 왕성하다. 강성하다.'[21]의 의미에 해당하는 우리말임을 알 수 있다. 이러한 'ᄉᆞᆫ'의 의미를 원천으로 하여 '서낙, 사날'의 의미가 파생하였다고 생각된다.

여기서 'ᄉᆞᆫ-'에 형용사화 접사 '-ᄒᆞ다'가 붙은 'ᄉᆞᆫᄒᆞ다*'라는 단어를 재구할 수 있다. 'ᄉᆞᆫ'에 포함된 'ㆍ'가 'ㅏ'로의 음운 변화를 겪으면서 '산ᄒᆞ다*'가 나왔고 이 단어의 양성 음성 'ㅏ'에 대립하여 음성 모음의 '선ᄒᆞ다'도 이루어졌으리라 추측된다. 현대어에 '반하다 : 번하다, 환하다 : 훤하다'의 양성 대 음성, '짠하다 : 찐하다'의 양성 대 중성이 대응하는 것과 같은 양상이라 할 수 있다. 작품에 표기된 '선ᄒᆞ면'은 이러한 음운 변화 및 모음 대립에 따른 단어 형성의 결과가 기록된 것으로 생각된다. 이로써 '선ᄒᆞ면'은 'ᄉᆞᆫ'이 지닌 '세다, (왕/강)성하다', 곧 화자가 님을 붙잡는 행동이

18 국립국어원, 『표준국어대사전』 '우리말샘' 해당 항목 참조.

19 국립국어원, 『표준국어대사전』 해당 항목 참조.

20 「한림별곡」, 『악장가사』(김명준, 『악장가사 주해』, 다운샘, 2004, 부록, 37면, 125면, 203면.).

21 민중서림 편집국 편, 『한한대자전』 제3판, 민중서림, 2013, '丁' 항목 참조.

'한창 세면/성하면'의 의미를 원천으로 삼은 말로 볼 수 있다.

요컨대, 어근 '仑'에서 '仑ᄒ다*'가 파생하였고 다시 음운 변화가 반영된 '산ᄒ다*'와 모음 대립의 '선ᄒ다'가 형성되었으며 그 흔적이 현대어에 '서낙하다, 사날'로 남은 것으로 본다. 이러한 관점에서 중세어 '仑 丁'의 의미인 '한창이다, 세다, 성하다'와 현대어 '서낙하다, 사날'의 의미인 '심하다, 극성맞다, 제멋대로이다, 비위 좋다'의 공통된 의미 범주로써 이 작품의 '선ᄒ면'을 해석할 수 있다. 그리하여 '선ᄒ면'을 '극성맞으면, 제멋대로면, 한창 세면'의 뜻으로 풀이한다.

이러한 해석을 바탕으로 제3, 4연의 의미 맥락을 연결 지어 보면 다음과 같다.

> [마음 같아서는] 잡아 두련마는
> 극성맞으면(제멋대로면/한창 세면) 아니 올세라
>
> 서러운 님 보내옵나니
> 가시는 듯 돌아서서 오소서.

님을 붙잡아 두고 싶은 마음이 간절하지만 그렇게 하는 자신의 행동이 극성맞고 제멋대로로 보이면 님이 돌아오지 않을까 염려하였다. 그래서 화자는 어쩔 수 없이 '서러운 님'을 보내는 것이다.

이렇게 해석하면 이별에 처한 화자의 태도가 집약된 말이 '선ᄒ면'이라는 점이 드러난다. 제1, 2연에서 자기를 버리고 떠나는 님에 대해 나는 어찌 살라 하고 떠나느냐며 탄식하고 절망하였다. 이러한 심리 상태에서는 님을 못 가게 잡아 두어야겠으나 그러한 행동이 극성맞고 제멋대로인 모습으로 비춰지면 님이 아예 가 버릴 수 있다. 재회의 여지를 없애는 태도를 보여서는 안 되기에 제3, 4연에서 잡아 두려는 마음을 꾹 참고 님을 보내니 이 마음을 알고 얼른 다시 돌아오라고 한 것이다.

이처럼 '선ᄒᆞ면'에는 탄식과 절망 속에서도 인내와 절제의 태도가 표현되어 있다. 이러한 태도를 나타낸 점이 이별 노래로서 작품의 품위를 지켜 주는 것이라 생각한다. 마음 같아서는 한바탕 속에 품은 말도 다하고 붙잡는 행동도 내키는 대로 하고 싶지만, 정말로 참기 힘든 그 마음을 애써 억누르면서 님을 보내는 것이다. 이러한 절제의 태도는 이별을 당하여 자기가 하고 싶은 대로 울고불고 매달리거나 극성맞게 붙잡거나 하는 것이 무익하다는 점을 인식한 화자의 이지적(理智的) 행동이라 할 수 있다. 나아가 님이 그러한 화자의 인내와 절제를 알아주어 다시 만나기를 바라는 것이다. '선ᄒᆞ면'은 이별에 처한 화자의 의지적이면서 이지적인 태도가 잘 나타난 시어라고 하겠다.

3. 의미 구조와 이별의 정서

이별의 상황에서 지어진 〈가시리〉는 당연히 이별의 정서가 그려져 있다. 그런데 '선ᄒᆞ면'으로 나타난 화자의 이지적 태도에 비추어서 작품에 표현된 정서가 감정적인 면에만 치우쳐 있다고 보기는 어렵다. 흔히 이별의 정한(情恨)을 표현한 시가라고 하지만 이는 자칫 작품의 주제를 한의 감정에 국한시킬 우려가 있다. 이보다는 이지와 감정의 균형을 바탕으로 표출된 정서가 서정적 깊이를 지니고 있다고 생각된다. 의미 구조의 분석을 통해 이 점에 대해 살펴보고자 한다.

가시리 가시리잇고 나ᄂᆞᆫ
ᄇᆞ리고 가시리잇고 나ᄂᆞᆫ

날러는 엇디 살라 ᄒᆞ고
ᄇᆞ리고 가시리잇고 나ᄂᆞᆫ

잡ᄉᆞ와 두어리마ᄂᆞᄂᆞᆫ
선ᄒᆞ면 아니 올셰라

셜온 님 보내ᄋᆞᆸ노니 나ᄂᆞᆫ
가시ᄂᆞᆫ ᄃᆞᆺ 도셔 오쇼셔 나ᄂᆞᆫ[22]

각 연의 후렴구 '위 증즐가 大平盛代대평셩ᄃᆡ'를 제외하면 2행씩 전 4연의 형식으로 되어 있다. 앞 2연은 '님'이 '나'를 버리고 간다고 하니 살길이 막막하고 절망적이어서 깊이 탄식하였다. 이별을 당하여 님과 함께했던 때에서 완전히 뒤바뀐 자신의 처지에 어쩔 줄 몰라 하며 한탄한 것이다. 뒤 2연은 님을 잡아 두고 싶은 마음이 간절하나 내 뜻만 앞세워 극성맞게 군다면 아예 떠나버릴 수도 있기에 억지로 참고 보내는 것이니 곧 다시 돌아오기를 간청하였다. 앞뒤 2연이 화자의 태도 면에서 절망과 탄식 대 절제와 간청의 대비를 이루며 이별에 처한 심정을 절절히 그려 낸 것이다.

의미의 대비는 연의 구성에서 그치지 않고 시어 간의 대립을 통해서도 드러난다. 전체적으로 보아 제1, 2연과 제3, 4연은 '가다'와 '(돌아)오다'의 대립으로 이루어져 있다. 제1, 2연의 '버리고 가다'는 제3연의 '잡아 두다'와, 제3연의 '잡아 두다, 아니 오다'는 제4연의 '보내다, 돌아서서 오다'와 각각 대립한다. 제4연 제1행의 '보내다'는 같은 연 제2행의 '돌아서서 오다'와 대립한다. 전체적으로 '가다'와 '(돌아)오다'가 대립하는 중에

22 『악장가사』(김명준, 앞의 책, 부록, 28–29면, 116–117면, 194–195면.).

제4연 제2행의 '가다'와 '돌아서서 오다'가 그 대립을 집약하고 있다. 이렇듯 '가다, 오다'의 동사에 '버리다, 돌아서다'가 수식적으로 사용되고 '잡아 두다, 보내다'의 동사가 화자의 행동을 표현하면서 시상이 전개되는 양상이다. 평이한 시어들 몇 개가 대립적으로 구성됨으로써 이별의 상황, 그에 처한 심정, 이별 극복의 의지 등이 심도 있게 함축된 것이다.

대립적 의미 구조는 주제를 표현하는 기본 틀을 이룬다. 님이 떠나가는 '가다'의 이별 상황에 님이 돌아오는 '오다'의 이별 극복 의지를 대비시킴으로써 후자 쪽을 바라는 화자의 의식을 나타내었다. 상황과 의지 사이의 대립에서 나아가 화자 내면과 외면의 대립을 '잡아 두다'와 '보내다'로 표현하였다. 님을 잡아 두고 싶은 마음이 간절하지만 다시 만나기 위해서는 그를 보내야 한다. 속과 겉, 마음과 행동 사이의 어긋난 모습을 나타내어 속마음의 진정성을 님에게 전하려는 것이다. 그리하여 의미의 대립은 이별의 현실을 부정하고 극복하려는 뜻과 의지에 의해 구성된 것이라 할 수 있다.

대립하는 의미는 시상의 순차적인 전개에 따라 시적 형상으로 그려진다. 제1, 2연은 님의 행동에 대한 나의 정서와 의식을 표현하였다. 님은 내게서 떠나가려 하고 나는 버려졌다고 느끼며 절망하고 탄식한다. 이러한 이별의 상황에서 제1연 제1, 2행은 '가시리'라는 단어를 단위로 하여 aa′ba′ 의 구성을, 그보다 상위의 제1, 2연은 '가시리 가시리잇고'의 구절을 단위로 하여 AA′BA′ 의 구성을 취하고 있다.[23] 구송과 암기에 편리한 구성 방식을 작은 단위에서 큰 단위에 걸쳐 중층적으로 구사한 것이다. 이를 통해 지금의 상황이 님이 나를 버리고 떠나가는 것임을 반복적으로 인식시키고 그에 상응하여 나는 버려진 처지가 되어 홀로 살아갈 길이

23 김진희, 앞의 논문, 224면에서 제1연 제1·2행, 제1·2연, 제1·2·3·4연을 '마치 프랙탈 구조처럼, 한국시가의 특징적인 'aaba' 병렬 구조를 중층적으로 지니고 있다.'고 하였다. 본고는 a와 a′, a와 A, b와 B, 제1·2연과 제3·4연의 차이를 통한 시상의 심화 양상에 주목한다.

막막함을 호소하고 있다.

이러한 구성 방식은 제1, 2연의 시상을 묶어 줌으로써 이어지는 제3, 4연의 시상 단위와 구분되게 만든다. 제1, 2연에서 님이 떠나면 나 혼자서는 살 수가 없다고 반복적으로 호소한 다음, 제3, 4연에서 그래서 내가 지금 취할 수 있는 행동이 무엇인지를 말한다. 앞 두 연이 뒤 두 연의 행동에 대한 정황적이고 정서적인 근거를 마련하는 것이다. 이에 따라 작품 전체의 의미는 2+2연, 곧 4+4행의 2단으로 구조화된다.

제3, 4연은 결국 내가 님을 보내지만 그것은 다시 돌아오기를 바라서 그렇게 한다는 뜻을 나타낸 것이다. 여기에는 속마음과 겉 행위가 어긋날 수밖에 없는 이별의 상황이 원망스럽다는 의미도 담겨 있다. 이를 표현하면서 '잡아 두다-선하다-서럽다-보내다'로 이어지는 시어의 구성을 통해 화자의 내면을 표출하는 것에 더하여 자기 행동에 대한 반성적 사고를 보여 줌으로써 시적 긴장감을 높인다.

제3연 제1행에서 화자는 님을 잡아 두고 싶은 본심을 강하게 드러낸다. 제 마음대로 님을 붙잡는다면 그 행동이 님에게 어떻게 비칠까 염려된다. 객체 존대 선어말 어미 '-숩-'이 포함된 '잡ᄉᆞ와'로써 지위, 신분, 처지가 님보다 못한 입장을 나타내었으므로 화자는 님을 붙잡는 행동이 분에 넘칠 수 있음을 의식하고 있다. 그래서 제2행에 '선ᄒᆞ면'이라고 표현하여 화자가 붙잡는 행동이 님을 너무 세게 다그치고 얽매게 할 수 있다는 자기 인식을 드러낸다. 님이 자기를 '선ᄒᆞ'게 여기면 떠나가서 아예 돌아오지 않을 수 있기 때문에 스스로 행동을 조심하고 절제할 수밖에 없다.

'선ᄒᆞ면'이 주는 긴장감은 제4연 제1행의 '셜온'으로 연결되어 의미를 심화한다. 두 단어는 '선'과 '셜'로써 'ㅅ, ㅓ/ㅕ, ㄴ/ㄹ' 음의 유사성을 띠는데다 '선-ᄒᆞ다'와 '셜-ᄫᅳ다'의 조어법상 형용사화 접사가 'ᄒᆞ다'에서 'ᄫᅳ다'로 대체됨으로써 형용사적 의미가 깊어지고 있다. '선ᄒᆞ면'으로써 겉으로 드러나는 모습을 표현하며 자기 반성적 사고를 담은 데 이어서 '셜븐>셜ᄫᅳᆫ>셜온'으로써 내면의 심리 상태를 말하며 이별 상황에서의 감정을 토로한 것이다. 외면의 모습에서 내면의 상태에 대한 표현으로 옮기면서 이별에 처한 화자의 의식에서 정서의 표출로 넘어가는 양상이다. 그리하여 이별의 결정적인 장면에서 님을 잡아 두려는 행동이 '극성맞게' 보일까 봐 염려하는 자신의 모습을 돌아보니 참으로 처량하고 '서러운' 것이라는 의미를 나타내었다. 떠나가는 님이 원망스러워 극성맞게라도 붙잡아야 하는 상황에 놓인 것도 서러운데 붙잡으려는 마음을 꾹 참고 님을 보내야 하는 처지가 더욱 서러운 것이다. 이렇듯 '선ᄒᆞ면'에서 '셜온'으로의 의미가 하나의 맥락을 이루면서 서정성이 심화된다.

음상과 의미 면에서 '선ᄒᆞ면'과 관련되는 '셜온'이 '님'을 수식하고 있는 점은 더욱 의미심장하다. 서러운 감정은 실제로 화자가 느끼는 것이지만 그 말을 님의 수식어로 표현함으로써 님과의 관계 전반에 걸친 화자의 느낌을 대변하도록 만들었다. 님이 화자를 버리고 가는 것도 서럽고 홀로 남아 어찌 살아갈지 아득하여 서럽다. 님을 정말 잡아 두고 싶으나 그리하면 님이 극성맞게 여길지 몰라 서럽다. 자기 마음을 억누르고 보내야 하니 서럽고 떠나가는 님을 보고 있자니 서럽다. 님과의 이별은 온통 서러운 것투성이라서 화자가 느끼는 모든 슬픔을 님에게 덮어씌워 '서러운 님'이라고 표현한 것이다. 이렇게 '셜온 님'이 주는 정서와 의미의 깊은 울림이 주제와 분위기를 휘감고 있다. 그리하여 '선ᄒᆞ면'에서 '셜온 님'으로 이어지는 의미 맥락이 작품의 서정적 깊이를 오롯이 담아내었다고 할 수 있다.

화자의 반성적 사고는 인내와 절제의 행동을 취하도록 이끈다. 그래서 잡아 두려는 마음을 억누르고 님을 보내는 것이다. 그러면서도 자기의 본심은 알려 주어야 할 것이기에 님이 다시 돌아오기를 당부하는 말을 해야만 한다. 제4연 제2행 '가시ᄂᆞᆫ ᄃᆞᆺ 도셔 오쇼셔'가 이러한 의미를 표현한 것으로 여기서 작품의 주제가 선명해진다. 그런데 이 구절은 화자의 본심을 드러낸다는 점에 그치지 않고 이별 극복의 의지를 미묘하게 형상화하고 있다는 점에 더욱 주목할 필요가 있다.

'가시는 듯 도셔 오쇼셔'에서 '듯'이 중요한 역할을 한다. '듯(이): 유사하거나 같은 정도의 뜻을 나타내는 말.'[24]의 중세어인 '듯'은 그 앞의 '가다'와 뒤의 '돌아서서 오다'를 매개하고 있다. 그런데 '가다'와 '오다'는 서로 대비되는 말이지[25] 유사한 말이 아닌데도 '듯'으로 연결한 점이 특별하다. 이는 두 가지로 해석해 볼 수 있다. 첫째, '듯'을 유사성에 따른 비유로 보면 뒤의 '돌아서다'가 수식어로 기능하여 '가다'와 '오다'의 서로 반대되는 말을 유의어로 연결하는 접점이 될 수 있다. 서로 사랑하다가 갑자기 '돌아서서' 가는 님에 대해 문득 떠났다가 다시 '돌아서서' 오기를 바라는 것이다. 이렇게 보면 돌연한 이별을 당한 화자의 당혹감과 절망감이 녹아 있는 표현이 된다. 둘째, '듯'을 '~는 듯 마는 듯'의 의미로 보면[26] 그 앞의 '가다'를 부정하는 말로도 이해된다. 화자가 보내는 님이 가는 듯 했다가 가는 것을 그만두고 돌아서서 오기를 간청한 것이다. 이는 이별을 수동적으로 당하기만 하는 것이 아니라 이별 자체를 부정하는 의지가 담긴 표현이 된다.[27] 앞의 '선ᄒᆞ면'에 나타난 반성적 사고, 절제의 태도와도 연결되면서 화자의 의지적인 모습을 드러낸다. 두 가지 해석이 모두 가능하므로 '듯'은 상당히 함축적인 의미를 지니고 화자의 정서와 의식을 미묘하게 표현한 시어라고 할 수 있다.

이와 같이 〈가시리〉는 붙잡고 싶은 마음을 억누르고 극성맞게 보일까 절제하며 님을 보내면서 가는 듯 돌아오라고 하여 이별을 당한 당혹

24 국립국어원, 『표준국어대사전』, 해당 항목 참조.

25 김진희, 앞의 논문, 233면에서는 역설적인 표현으로 보았다.

26 염은열, 『공감의 미학-고려속요를 말하다』, 역락, 2013, 90면.

27 오수엽, 앞의 논문, 303면에서 여성 화자의 능동적 주체성에 대해 언급한 바 있다.

감과 이별을 부정하는 의지를 겹쳐서 드러내었다. 앞 2연의 이별에 따른 절망과 탄식에서 뒤 2연의 반성적 사고와 부정적 의지로 나아가며 화자의 절박하고 애절한 심정을 그려 내었다. 이별의 상황에 처해 온통 서러운 감정뿐이지만 그렇다고 이별의 정한에 매몰되지 않고 절제된 행동을 취하면서 현실 부정의 의지까지 나타낸 것이다. 이지와 감성의 균형 속에서 애절함의 서정성을 깊이 있게 표현한 이별 노래라 할 수 있다.

4. 대중 문학적 성격

〈가시리〉는 『악장가사』, 『시용향악보』, 『악학편고』 등에 실려 전해지고 있다. 이 문헌들은 궁중에서 속악이 연주될 때 불린 노랫말을 옮겨 적은 것인데 그중에 고려 시대의 속악 가사가 여러 편 포함되어 있다. 애초에 민간의 가요였던 것이 어떤 요인에 의해 궁중의 속악 가사로 편입되었을 것이다. 원작에 대해서 대체로 민요였으리라 추정하지만 그렇게 보는 근거는 그리 명확하지 않다. 민요에 일반적인 aaba의 가사 구성을 들 수 있으나 앞 장에서 논했듯이 a와 a′, a와 A의 차이에 주의한다면 이것만으로 민요적 특성을 말하기는 어렵다. 설사 그렇게 본다 해도 어느 개인이 민요의 구성 방식을 빌려와 지었을 수도 있다. 이에 비해 앞에서 살핀 것처럼 '선ᄒᆞ면, 셜온 님, 가시는 ᄃᆞᆺ' 등의 시어에서 구체적인 시적 상황과 함께 화자의 복잡 미묘한 심정이 드러나는 점을 중시하면 개인 창작의 서정시일 가능성이 더 높다고 할 수 있다. 그렇지만 누군가 지었다고 하더라도 그의 신분, 출신지, 상대와의 관계 등을 밝힐 길이 없어 작자 추정은 막막할 따름이다.

이러한 문제는 있으나 민간 가요에서 궁중 속악으로 편입된 데에는 작품이 사람들 사이에 널리 불리어 알려졌기 때문이라는 전제는 충분히 인정될 수 있다. 근현대의 대중 문학과는 규모, 매체, 향유층 등의 면에서 차원이 다르긴 하지만 당대에도 대중적인 인기와 관심은 작품의 향유와 전승에서 중요한 의의를 갖는다. 그러나 이 점도 대중적 수용의 양상을 짚어 볼 자료가 달리 없어 추정에 그칠 수밖에 없다. 다만, 대중의 흥미를 끌 만한 요인이 작품 자체의 성격에 있다고 보고 이에 대해 논할 수는 있을 것이다. 작품이 지닌 대중성으로 인해 민간에 유행하였고 그것이 어느 시기, 어떤 요인으로 궁중 속악에 편입되었을 것으로 보는 것이다. 이에 작품에서 다음과 같은 대중 문학적 성격을 찾아볼 수 있다.

첫째, 작품의 문학성이 감동을 이끌어 낼 수 있다는 점이다. 형식 면에서 1행 3음보로써 2행씩 1연을 이루어 각 연이 주는 메시지가 비교적 선명하고 전체 4연의 시상 전개가 청중에게 익숙한 기승전결로 구성되어 있다. 그러면서도 의미 구조상 앞 2연과 뒤 2연이 대립하면서 이별에 처한 화자의 절망과 탄식에 이어서 이별 극복의 의지를 나타내어 어려운 상황에 무기력하게 매몰되지 않고 그 속에서도 의지적으로 행동하는 면모를 보여 준다. 이러한 형식과 내용의 짜임새 있는 구성과 시상 전개가 우리말 음운의 유려한 흐름으로 발화되어 정서적으로 큰 울림을 준다.

또한, 평이한 시어들이 구사되어 의미 전달이 분명한 한편으로 '선ᄒᆞ면'과 같은 복잡성을 띤 말이 쓰임으로써 의미가 심화되고 있다. 내포된 의미가 단순한 듯하면서도 깊이가 있고 시상의 흐름이 완만한 듯하면서도 전(轉)의 대목에 이르러서 확 꺾이는 느낌을 준다. 표면에 나타나는 심상과 의미의 이면에서 구체적인 상황에 처한 화자의 내면이 깊이 있게 표현된 것이다. 그리하여 얕은 듯 깊고 가벼운 듯 무거운 시적 감흥을 일으켜 문학 텍스트 자체의 구성과 시어들에 흥미를 끌게 만든다.

둘째, 보편적인 내용으로 널리 공감을 얻을 수 있다는 점이다. 회자정리(會者定離)라는 말이 있듯이 인간은 살아가면서 만남과 이별을 필연적으로 경험한다. 시대마다 이별을 야기하는 원인은 여러 가지였으나 특히 외적의 침입으로 전란이 잦았던 고려 시대에는 누구나 이별의 상황에 놓일 수 있었다. 만났던 사람과 헤어지며 느끼는 감정은 아쉽고 서운한 것에서 애달프고 고통스런 것까지 대체로 슬픔이 지배하는 양상을 띤다. 이러한 실존적, 역사적, 정서적 보편성을 지니고 있기에 이별 주제의 문학은 동서고금을 막론하고 광범위하게 향유되어 왔다.

이별은 대개 한쪽 사람(들)이 남고 다른 쪽 사람(들)이 떠나는 상황에서 벌어지는 일이다. 관계, 형편, 성격 등에 따라 다를 수 있겠으나 이별에서 남는 쪽은 떠나는 쪽에 비해 정서적 충격이 더 크다고 할 수 있다. 떠나는 사람은 나름의 떠나는 이유가 있고 어쩌면 다른 만남이 기다리고 있을지 모르나 남는 사람은 애초의 만남이 이루어진 상태에 있다가 이별을 당한 것이어서 만남과 이별의 연속선상에서 만남과 대비된 이별을 경험하게 된다. 이별시의 화자가 남는 쪽의 인물이 대부분인 점은 정서적 충격의 정도가 더 심각하기 때문이 아닐까 싶다.

여기에 성별의 문제가 개입한다. 중세 사회에 남녀의 활동 영역은 밖과 안의 구별이 뚜렷하였다. 그러한 시대 배경하에 대개 떠나는 사람은 남자이고 남는 사람은 여자이므로 여성 화자가 발화하는 경우가 많다. 외적 영역에서 활동하는 남성에 비해 주로 집 안, 마을 안에서 생활하는 여성이 이별을 당하면 내면의 슬픔은 더욱 깊어지고 어찌할 수 없는 상황은 더욱 절망적으로 느껴질 것이다. 이 작품의 화자는 그러한 중세의 사회 환경 속 여성의 처지에 있는 동시에 그로부터 벗어나려는 의지도 드러내었다. 이별의 주제가 가진 보편성에 더하여 작품에 설정된 상황의 구체성과 시적 화자의 개성이 어우러져 공감의 영역을 확대하였던 것이다.

셋째, 작자의 익명성이 전파를 용이하게 할 수 있다는 점이다. 현전 고려가요는 대부분이 작자 미상이다. 예종의 〈벌곡조〉(유구곡), 정서의 〈정과정〉이 작자가 기록된 예인데 그들은 왕, 상층 귀족이어서 대중성의 측면에서는 일정한 제한이 있다. 군신 관계를 주제로 삼아 궁중 연향에서 연행되고 향유된 것이니 일반 민중에게 전파되기에는 주제나 연행의 범위에서 한계가 있는 것이다. 물론 〈유구곡〉의 경우는 '속칭(俗稱) 비두로기'[28]라는 기록으로 민간에 전파된 흔적을 남기고 있는데 이때는 이미 작자에 대한 인식이 희미해진 채로 수용되었을 것이다. 이에 비해 작자 미상의 작품들은 형식이 익숙하고 내용상 공감대가 형성된다면 신분과 계층의 한계를 넘어 향유될 수 있었을 것이다.

작자 미상이라 하더라도 시적 화자의 발화 내용이나 태도를 통해 화자와 작자를 일치시켜 볼 여지는 있다. 〈이상곡〉은 불륜 관계에 있는 여성, 〈쌍화점〉은 일상적인 일을 하는 기녀 혹은 여종, 〈정석가〉는 사경·옥경·동경 등 경쇠를 연주하는 전문 악사, 〈서경별곡〉은 서경에 거주하는 기첩, 〈청산별곡〉은 유랑하는 가인(歌人) 등의 추정이 가능하다. 이에 비해 〈가시리〉는 화자의 정체를 짐작하기가 아주 어려운 작품이다. 이별을 당한 여성이라는 점만 알 수 있을 뿐 그 밖의 것에 대해서는 추측조차 힘들다. 그리하여 대부분의 고려가요가 작자 미상인 데에서 더 나아가 이 작품의 익명성은 두드러진 바가 있다.

이러한 익명성은 작품이 대중에게 전파되는 데에 도움이 되었다고 생각된다. 현전 작품들이 궁중의 속악에 편입되어 향유된 것이지만 그 배경에는 민간에서의 유행이 중요한 원인이 되었다. 그럴 경우 민간의 유행 가요는 작품의 공감대가 형성되면 그만이지 누가 어디서 누구를 위해 지었는지 등의 부대 사항은 주된 관심거리가 아니다. 오히려 작자 정보가 누락됨으로 인해 계층적 제한 없이 대중 사이에 전파될 수 있었을 것이다.

넷째, 연행을 위해 시형(詩形)의 변용이 가능하다는 점이다. 이 작품은 각 연의 끝에 '위 증즐가 大平盛代대평셩ᄃᆡ'가 붙은 채 기록되었는데 이

28 『시용향악보』, 대제각, 1988, 48면.

후렴구는 본사와 주제상, 정서상 상당한 거리가 있다. 본사는 이별의 애절한 정서를 전달하는 데 반해 후렴구는 태평시절을 송축하고 있다. 이는 애초의 노래가 가창의 현장에서 변형되면서 나타난 현상이라 할 수 있다. 가창의 자리에 왕과 귀족들이 참여했으니 청중으로서는 송축의 분위기에서 연향을 즐기게 된다. 노래 가사의 내용이 애달프기 그지없다 해도 청중이 놓인 환경은 유흥으로 넘쳐났을 터이니 이러한 연행의 현장이 기록에 반영된 것이다.

이는 연행의 성격, 상황 등에 따라 변형될 소지가 작품 자체에 있었기 때문에 가능했다고 할 수 있다. 시가사적으로 보아 이 작품은 8행 향가 한 편에 해당하는 형식이고, 예종의 〈도이장가〉를 '단가 2장'으로 인식한 관점에서 본다면 4행 2연의 형식이기도 하다. 그런데 후렴구가 들어감으로써 2행씩 1연을 이루는 형식을 취하게 되었다. 8행 단연, 4행 2연, 2행 4연 등으로 변형의 여지가 있었는데 속악의 가사로서는 세 번째 형태로 기록된 것이다. 청중의 기호에 따라서 첫 번째와 두 번째 형태로 연행될 수도 있을 터이니, 형식의 측면에서 적어도 세 가지 선택지를 지니고 전승된 작품이라 하겠다.

이러한 변형 가능성이 작품의 대중적 전파를 더욱 촉진하였을 것이다. 작품 자체가 변형될 여지가 있는 형식으로 구성됨으로써 연행 상황에 맞추어 시형을 조정하여 연주할 수 있었다. 이로 인해 작품은 다양한 현장에서 연주되는 중에 경우에 따라 변형된 모습을 취함으로써 널리 향유될 수 있었을 것이다.

5. 결론

본고는 고려가요 중에서 이별 노래의 대표작인 〈가시리〉에 대해 좀 더 깊이 있는 해석을 해 보고자 하였다. 작품에 나타난 이별의 태도와 정서를 드러내기 위해 '선ᄒᆞ면, 셜온 님, 가시는 ᄃᆞᆺ'에 초점을 맞추어 살펴보았다.

논란이 되어 온 제3연의 '선ᄒᆞ면'은 어근 'ᄉᆞᆫ'에서 파생한 'ᄉᆞᆫᄒᆞ다*'가 음운 변화를 겪은 '산ᄒᆞ다*'의 모음 대립 어형 '선ᄒᆞ다'의 기록으로 보았다. 중세어 'ᄉᆞᆫ 丁'의 '한창이다, 세다, 성하다', 현대어 '서낙하다, 사날'의 '심하다, 극성맞다, 제멋대로이다, 비위 좋다'에 공통된 의미 범주를 적용하여 '선ᄒᆞ면'을 '극성맞으면, 제멋대로이면, 한창 세면'으로 풀이하였다. 제1, 2연에서 님이 나를 버리고 가니 어찌 살라고 하느냐며 탄식하고 절망하면서도 제3, 4연에서 님을 잡아 두고 싶지만 그러한 행동이 극성맞고 제멋대로로 비춰지면 아예 가 버릴 수 있어서 꾹 참고 님을 보내니 이 마음을 알고 다시 돌아오라고 하였다. 이러한 의미 맥락에서 '선ᄒᆞ면'은 탄식과 절망 속에서도 인내와 절제의 태도를 표현한 말로 이해된다.

전체 4연의 앞 2연과 뒤 2연은 화자의 태도 면에서 탄식과 절제의 대비를 이룬다. 시어의 구성에서도 '가다 : (돌아)오다'의 대립을 기조로 하여 '버리고 가다 : 잡아 두다, 잡아 두다 : 보내다, 아니 오다 : 돌아서서 오다, 보내다 : 돌아서서 오다' 등이 대비되었다. 몇 개의 평이한 시어들이 대립적 의미를 구성하여 이별의 상황, 그에 처한 심정, 이별 극복의 의지 등이 심도 있게 표현된 것이다.

대립적 의미는 순차적인 시상 전개를 통해 형상화되었다. 제3연의 '선ᄒᆞ면'은 제4연의 '셜온'으로 연결되어 마음 같아서는 극성맞게, 제 뜻대로 붙잡고 싶으나 그 마음을 꾹 참고 보내는 것이니 서러울 수밖에 없음을 나타내고 있다. 그런데 '셜온'이 '님'을 수식하도록 표현함으로써 화자가 느끼는 서러운 감정이 님과의 관계 전반에 걸친 것임을 나타내었다. 님과의 이별은 온통 서러운 것뿐이어서 화자가 느끼는 모든 슬픔을 님에게 걸리게 한 것이다. 이렇듯 '셜온 님'은 작품의 정서와 분위기를 대변함으로써 서정시로서의 깊이를 담아내고 있다.

주제가 뚜렷해지는 마지막 행 '가시는 듯 도셔 오쇼셔'에서 '듯'의 시적 역할이 의미 있다. '가다'와 '오다' 사이에 들어 있는 '듯'은 뒤의 '돌아서다'를 매개로 한 유사성의 비유로서 갑자기 돌아서서 가는 님이 다시 돌아서서 오기를 바라는 뜻이거나, '-는 듯 마는 듯'으로서 그 앞의 '가다'를 부정하여 님이 가는 듯 했다가 그만두고 돌아서서 오기를 간청한 것으로 해석할 수 있다. 전자에서 갑작스런 이별을 당한 화자의 당혹감과 절망감을 엿볼 수 있고, 후자에서 수동적으로 이별을 당하지 않고 이별 자체를 부정하는 의지를 살필 수 있다. 이처럼 함축된 의미가 깊고 복합적인 '듯'을 통해 작품의 수준 높은 문학성을 인식하게 된다.

작품이 속악 가사로 편입된 것은 민간에서 널리 유행하였기 때문일 텐데 이는 작품 자체가 대중 문학적 성격을 지녔기에 가능한 일이다. 첫째, 작품의 문학성이 감동을 이끌어 낼 수 있다. 둘째, 보편적인 내용으로 널리 공감을 얻을 수 있다. 셋째, 작자의 익명성이 전파를 용이하게 할 수 있다. 넷째, 연행을 위해 시형의 변용이 가능하다. 이러한 문학성, 보편성, 익명성, 변용성 등이 대중 사이에 널리 전파될 수 있는 요인으로 작용한 것이다.

〈가시리〉는 이별에 따른 절망과 탄식 속에서도 반성적 사고와 이별 극복의 의지를 보여 주는 작품이다. 이별의 상황에서 서러운 감정에만 휩싸이지 않고 절제된 행동을 통해 현실 극복의 의지를 전달한 것이다. 이지와 감성의 균형 속에서 애절한 정서가 표현된 점에서 고려가요 가운데 이별 노래의 대표작으로 평가받기에 충분하다고 하겠다.

03

〈정과정〉의 시적 문맥과 정서(情緒)

1. 서론

고려가요 〈정과정(鄭瓜亭)〉은 작자와 창작 배경이 분명하여 다른 작품에 비해 이해하기가 비교적 수월하다. 작자 정서(鄭敍)는 조정의 권력 다툼에서 밀려나 고향인 동래로 유배 가서 20년을 보낸 후 복권된 인물로, 떠날 때 곧 부르겠다던 임금의 약속을 믿고 기다리며 유배지에서 이 작품을 지었다. 〈정과정〉은 충신연주지사로서,[1] 형식은 10행 향가를 일정 정도 이어받고[2] 주제와 정서(情緖)는 〈원가〉와 비교될[3] 뿐 아니라 후대의 미인가(美人歌)계 가사와도 연관되는[4] 작품으로 시가사에서 중요한 위치와 의의를 지닌다. 현대에 와서도 교육 과정기에 따라 부침은 있었으나 교과서에 수록되어[5] 고전 시가를 배우는 학생, 중등 교육 과정을 거친 일반인에게도 고려가요의 대표작으로 익히 알려져 있다.

〈정과정〉은 악곡과 가사가 함께 전승되어 고려 후기와 조선 시대를 지나며 사대부들이 학습하고 한시로 감상을 나타내었다. 전승의 역사가 뚜렷하고도 줄기차게 이어졌다고 할 수 있는데 그 주된 요인은 아마도 충신연주의 주제에 대한 공감과 음악의 곡조가 주는 감동이 아닐까 한다.[6] 그런데 주제가 효과적으로 전달되려면 화자와 청자 사이의 정서적

---

1 정경주, 「정서의 생애와 충신연주지사로서의 정과정」, 『부산한문학연구』 8, 부산한문학회, 1994, 270–277면.

2 양태순, 『고려가요의 음악적 연구』, 이회문화사, 1997, 277–297면.

3 이형대, 「원가와 정과정곡의 시적 인식과 정서」, 『한성어문학』 18, 한성어문학회, 1999, 105–117면.

4 윤덕진, 「정과정의 성립 과정–악곡 구조와 가사 배열을 통하여 봄」, 『한국시가문화연구』 34, 한국시가문화학회, 2014, 270면.

5 최홍원, 「고전문학 제재의 교과서 수용과 교육적 인식에 대한 통시적 고찰–정과정의 교과서 수용사 탐색을 중심으로」, 『국어문학』 65, 국어문학회, 2017, 403–423면. 〈정과정〉은 제1~3차 교육 과정기에 실리다가 제4차(1981–1987)부터 빠졌는데, 2012 개정 『국어2』 '문학의 전통' 단원에 실렸고, 2009 개정 『문학』(천재교과서)의 '형식과 갈래 바꾸기' 활동에 활용되었다고 한다.

공감대가 필요하고, 곡조 역시 연주자와 청중 사이에 정서의 교감이 있어야 감동이 일어난다. 시가가 주는 감동은 정서적 호소력에 힘입는 바가 지대한 것이다. 이와 관련해서는 이미 『고려사』 「악지」에 '사극처완(詞極悽惋)'이라 하였거니와 '처완'의 정서에 대한 이해가 작품 해석에 필수적이다.

노랫말이 조선 전기 음악서 『악학궤범』에 '삼진작(三眞勺)'이라는 제목에 한글로 기록되어 전한다. 원문의 'ᄆᆞᆯ힛마리신뎌, ᄉᆞᆯ읏븐뎌, 도람드르샤' 등이 아직까지 논란이 되어 작품에 대한 이해를 어렵게 하고 있다. 주제와 정서를 제대로 이해하기 위해서 난해 구에 대한 정합적인 해석이 절실한 실정이다.

본고는 해석의 연구사를 살펴 진척도를 점검한 다음, 난해 구에 대한 재해석을 시도하겠다. 이를 바탕으로 의미 맥락을 정리하고 작품에서 표출된 정서의 구체적인 면모를 살펴볼 것이다. 그리하여 작품이 지닌 시가사적 전승의 생명력과 오늘날까지 미치는 시적 호소력의 원천을 드러내고자 한다.

2. 작품 해석의 연구사

고려가요 전반이 그렇지만 〈정과정〉에 대한 본격적인 해독은 양주동에서 이루어졌다. 그 전에 김태준의 주석서가 나왔으나 'ᄆᆞᆯ힛마리신뎌, ᄉᆞᆯ읏브뎌'를 미상으로 처리하고 어학적 분석 없이 '도람드르샤'를 '도리

---

6 작품이 주는 감동을 '노랫말보다는 그 곡조로 말미암은 감동'(여기현, 「정과정의 향유 양상과 '접동새'의 문학적 변용」, 『반교어문연구』 27, 반교어문학회, 2009, 99면 주9.)으로, 작품에 대한 '정서적 체험은 본질적으로 공간적'(이경희, 「정과정의 정서와 공간」, 『고려시가의 정서』, 개문사, 1985, 186면.)이라고 보기도 하였다.

켜생각하사'로 풀이하였다.[7] 양주동에서 현재까지도 논란이 이어지는 '믈힛마러신뎌', '슬읏브뎌', '도람드르샤'에 대한 설명을 인용하면 다음과 같다.[8]

> 본조는 혹 '물핫마러신뎌'의 오각이 아닐까. '믈'과 '물'은 자형으로나 어음으로나 혼동되기 쉬운 자요, '핫'(ㅏ)이 '힛'(ㅣ)으로 오각 혹은 각완(刻刓)됨은 근고 판본에 흔히 그 예를 본다. …… 만일 여상의 억견이 허용된다면 '물핫마러신뎌'는 곧 '중참언(衆讒言)이러신뎌'의 의(義)로 해석된다. …… 이상으로 '물핫말'이 '물할말'의 전(轉), 곧 '중참언(衆讒言)'의 의(義)인 것을 설하였으나, 아직도 남은 문제는 '물핫말'과 '러신뎌' 새에 설명격조사 'ㅣ'가 결여한 점이다. …… 이상은 무론 『악범(樂範)』 현행본의 본조가 각오(刻誤)인 것을 가정한 일 시론(試論)에 불과하다. –중략–
>
> '슬'은 '슬'이 정상한 철(綴)이오, 그 원형은 '슳'(悲)이다. 그러나 '슬' 형은 『월인(月印)』에도 용례가 보인다. 고븐 님 그리며 슬읏 우니다니(『월인』 제8·기246) '슬읏'은 곧 '슬'에 용언 첨미어 '읏'을 첨가한 자이니, …… 요컨댄 '슬읏브'는 '슬+읏+브'의 구성으로서 '슳브'(슬프)에 '읏'이 개입한 형이다. –중략–
>
> 문헌에 용례가 보이지 않으나, 이 말은 현행어, 특히 전라도의 방언에 '잔사설'의 의(義)로 쓰이며, 서도의 방언은 '두남둔다' 하여 대략 '편애'의 뜻으로 쓰인다. 이 말의 구성을 방증키 위하여는 이와 방불한 '보람'을 볼 것이다. …… 이에 방(仿)하여 '도람'은 '돌+암'의 구성이니, '돌'은 '회향(廻向)'의 의임으로 '도람'은 '돌 것·돌릴 만한 것', 즉 '생각이 돌 만한 것, 의견을 회향시킬 만한 재료'의 의이다. 이 말이 '자세한 사연·잔사설'

---

7 김태준 교주, 『고려가사』, 학예사, 1939, 59–60면.

8 가독성을 위해 원전의 한자어는 한글로 바꾸고 맞춤법, 띄어쓰기, 문장 부호도 현재 통용하는 것으로 바꾸어 인용한다.

즉 '간곡한 언사·충곡' 등의 의로 해석됨은 대개 착오가 없겠다.[9]

'믈힛'의 용례를 찾을 수 없기에 '물핫' 오각 설을 제기한 것이다. '숣읏'의 경우, 용례는 있으나 그것에 '브'가 붙은 어형이 없어서 '숣브'에 '읏'이 개입한 형태라는 설명에 그쳤다. '도람'이 전라도 방언으로 '잔사설'의 뜻이라는 것은 근거를 제시하지 않았고 서도 방언의 '두남두다'(잘못을 두둔하다. 애착을 가지고 돌보다.[10])와 관련지은 것은 자의적이다. '보람'(보+ㄹ+암)과 '도람'(돌+암)은 동사 기본형에 결합하는 문법 형태소가 다른 데도 같은 구조로 파악한 점도 설득력을 떨어뜨리고 있다. 이렇게 시론적인 논의였으나 '믈힛말'을 '중참언'(뭇사람의 헐뜯는 말)으로 해독한 관점, 즉 화자가 반대파의 말이 참언이라고 님에게 항변하는 뜻이 이 구절에 담겼으리라는 관점은 지금까지도 영향을 끼치고 있다.

양주동과 같은 시기에 나온 지헌영의 해독은 구절마다 간단한 언급에 그쳤다. '마러신뎌-'를 '마르(涸渴)오이다.'로, '숣읏브뎌'는 '살의(告白,奏)고 싶도다. 아뢰(奏)고 싶도다.'로 풀이하였다.[11] 김형규는 "니'는 행(行)의 뜻을 가진 말이나 다른 동사와 직결될 때는 행동을 말함보다는 시간적 진행을 나타내는 일이 많'다고 하였고, '-들'을 '줄'로 본 양주동에 비해 '줄'과 '-ㄴ들' 둘 다 가능하고 오히려 후자로 보는 것이 '옳지 않다 하시고 거칠다 하시더라도 자기 진심은 잔월효성이 아실 것이니'로서 언외의 전제 없이 문맥을 살릴 수 있다고 하였다. '믈힛마러신뎌'는 "물'(衆) '핫'(讒) '마러'(勿) '신뎌'(感嘆詞)의 오각일 것'이라 하여[12] 양주동의 견해를 수용하

9 양주동, 『여요전주』, 을유문화사, 1947. ; 양주동, 『여요전주』 7판; 을유문화사, 1963, 216-223면.

10 국립국어원, 『표준국어대사전』 해당 항목.

11 지헌영, 『향가여요신석』, 정음사, 1947, 54면.

12 김형규, 『고가주석』, 백영사, 1955, 142면, 147면.

면서도 '마러'를 '말(勿)-'로 수정하였다.

강길운은 제3행의 생략된 주어를 님이 곧 부르겠다는 말로 보아 '아무 것도 아니신 (즉) 허황하신 줄'로 해석함으로써 존칭의 '-시-'를 살려 놓았고, '믈힛'은 '무릇·대저'(凡)로 풀이하였다.[13] 서재극은 '벼기다'의 어원을 '벅다'로 상정하여 우기다보다 훨씬 강한 뜻으로 보았고, '믈힛'에 대해서는 ① 믈(衆), ② '몰-'과 몰(沒), ③ 모로기(頓), ④ 말키(말끔, 모조리) 등을 두루 검토한 끝에 경상도 방언인 ④의 '믈킷/믈깃'에 해당하는 표기로 비정하였다.[14] 박지홍은 '믈히'는 '믈리'의 원말로 보고, '마러-'의 '말-'은 '말아넣다, 모략하다'의 뜻으로 보아 '믈힛마러신뎌'를 '종신(宗臣)들의 모략입니다'로 해석하였다.[15]

박병채에 와서 자료가 보강됨으로써 표기상의 의문점이 상당히 해소되었다.

> 봉좌문고(蓬左文庫)본 『악학궤범』에 의하면 '믈힛마리신뎌'로 표기되어 있어 이것이 노래 내용으로 보아 정철(正綴)이라 믿을 수 있어 오각의 흔적은 찾아볼 수 없다.[16]

당시 새로 발견된 이본의 '믈힛마리신뎌', '슬웃븐뎌'를 제시하였다. 이로써 양주동의 '마러신뎌'에 대한 의문이 해소되었으나 '믈힛'에 대한 논란은 계속되었다. 박병채에서 작품의 문맥과 관련하여 '충신의 좁은 도량이 드러나 충신연주지사로서의 흠이 됨을 면치 못할 것'을 고려하여

---

13 강길운, 「정과정의 노래 신석」, 『현대문학』 68, 현대문학사, 1960. 8., 149면, 152-153면.

14 서재극, 「정과정곡 신석시도-주로 '믈힛'을 중심으로」, 『어문학』 6, 한국어문학회, 1960, 92-99면.

15 박지홍, 「주석 고려가요」, 『현대문학』 75, 현대문학사, 1961. 3., 281면.

16 박병채, 『고려가요어석연구』, 선명문화사, 1968, 185면.

이제현의 한역시 중 '위시위비인막문(爲是爲非人莫問)'과 관련지어 '(그 누가 옳고 그른 것이) 아니며 (모든 것이) 거짓인 줄을'[17]로 풀이하였다. 작품의 어조가 완곡어법인지 직설법인지를 따질 경우 전자의 입장에 선 것이다.

전규태는 '믈힛마러신뎌'는 박지홍의 견해를 수용하여 '[간신들의] 모함입니다.'로, '도람'은 강길운과 같이 '다시'의 뜻으로 보았다.[18] 김태규는 '믈힛'을 서재극의 설에 동조하여 '말큼/말끔'(모든 변명은)으로, '드르샤'는 '받아드리셔서'로 해석하였다.[19] 권영철은 '거츨-'을 동래의 옛 지명으로 보아 '아니시며 거츠르신둘'을 '(서울에) 안 있으며, (여기) 동래에 (와서) 있다 하더라도'로, '믈힛'은 '남을 못되게 자리에 몰아넣다'는 뜻의 '몰다'가 들어간 '몰힛'의 변이형으로 풀이하였다.[20]

남광우에서 해석의 진전이 이루어졌다. 이미 알려진 용례인 '숄읏'을 '슬픠'가 아니라 '사라져, 사라지게'로 봄으로써 '숄읏븐뎌'를 '사라지고만 싶은 것이여! 죽고만 싶은 것이여!'[21]로 해석하였다. '숄-'을 '숄다'(銷), '슬다'(消, 銷)에 비정한 것으로 '슬프다'(悲)에 경도된 기존 해석을 반성하는 의의가 있다. '믈힛마리신뎌'에 대해서는 박지홍의 견해를 따랐다.[22] 신경숙 역시 남광우의 견해를 지지하여 '숄다>사라지다(銷)에 어감을 돕는 '읏'과 형용사로 만드는 접미사 '브'와 감탄형 어미 'ㄴ뎌'가 합쳐진 것'[23]으로 설명하였다.

한편, 엄국현은 '믈힛'은 'ᄆᆞᄅᆞ다'(乾), '숄읏'은 '숄다'(燒)와 관련된 말로

---

17 위의 책, 180-181면.

18 전규태, 『고려가요』, 정음사, 1968, 78-79면.

19 김택규, 「정과정의 발상」, 『어문학』 30, 한국어문학회, 1974, 78-80면.

20 권영철, 『정과정가 신연구』, 형설출판사, 1974, 148-151면.

21 남광우, 「고려가요 주석상의 문제점(1)-학자간에 이견 있는 것을 중심으로」, 『어문연구』 33, 한국어문교육연구회, 1982, 97-99면.

22 남광우, 「고려가요 주석상의 문제점(3)-학자간에 이견 있는 것을 중심으로」, 『어문연구』 35, 한국어문교육연구회, 1982, 439-441면.

23 신경숙, 「정과정 연구」, 『한성어문학』 1, 한성대학교, 1982, 115면.

풀이하고 '도람'은 노랫말의 일부로써 노래 전체를 나타낸 수사라고 하였다.[24] 정무룡은 박병채의 완곡 표현 설과 달리 직설적 항변의 노래로 보아 제3행을 '(님이 저를 벌하심이) 잘못이며 경솔했던 것을'로 풀이하였다.[25] 양태순은 '믈힛말'을 '헐뜯는 말'로, '도람'을 '잔사설'로 보았다.[26]

김완진은 '슬읏븐뎌'에 대해 남광우의 논의에 동조하면서도 '-브-'가 붙기 위한 조건으로 '읏-'이 동사 어간이 되어야 한다고 하여 '긏-'의 'ㄱ' 탈락으로 보았다. 그 앞의 '슬-'은 '슬'(消)보다는 '슬'(燒)이어야 '사라져 끊어지는 듯하다, 스러져 끊어지는 듯하다'는 의미가 문맥에 맞는다고 하였다.[27]

최철·박재민은 '믈힛말'을 '허황한 말씀' 정도의 의미가 아닌가 하였고 '슬읏'은 '슬피·서럽게'의 의미가 분명하다고 보았다.[28] 유동석은 '믈힛말'을 '믈ㅎ+잇 말'로 분석하여 '므올힛말'(里巷之語)로 해석하였고, 이를 수용한 황병익도 '항간에 떠도는 믿지 못할 소문'의 뜻으로 보았다.[29] 유인선은 제1행의 '우니다니'를 '울면서 가더니', 즉 작자의 동래행으로 풀이하였다.[30]

이상과 같이 해독자들의 고심에 찬 탐색이 이어져 왔으나 난해 구는 아직 해소되지 못한 채 작품 이해에 장애 요인으로 작용하고 있다.

---

24 엄국현, 「정과정 연구」, 『한국문학논총』 15, 한국문학회, 1994, 69-73면.

25 정무룡, 「정과정 평석」, 『문화전통논집』 4, 경성대학교 향토문화연구소, 1996, 226-231면.

26 양태순, 앞의 책, 399면.

27 김완진, 『향가와 고려가요』, 서울대출판부, 2000, 208-212면.

28 최철·박재민, 『석주 고려가요』, 이회문화사, 2003, 328면.

29 유동석, 「고려가요 정과정의 노랫말에 대한 새 해석」, 『한국문학논총』 26, 한국문학회, 2000, 248-250면; 황병익, 「고려시대 부산문화의 중핵, 정과정」, 『항도부산』 20, 부산시 시사편찬위원회, 2004, 127면.

30 유인선, 「정과정 어휘 해석에 대한 소고」, 『제29차 동북아시아문화학회 국제학술대회 발표자료집』, 동북아시아문화학회, 2014, 97면, 100-101면.

3. 원문의 재해석

『악학궤범』 5권 「학 연화대 처용무 합설」에 실려 있는 〈정과정〉의 가사는 다음과 같다.[31]

前腔 내 님믈 그리ᅀᆞ와 우니다니
中腔 山 졉동새 난 이슷ᄒᆞ요이다
後腔 아니시며 거츠르신 ᄃᆞᆯ 아으
附葉 殘月曉星이 아ᄅᆞ시리이다
大葉 넉시라도 님은 ᄒᆞᆫᄃᆡ 녀져라 아으
附葉 벼기더시니 뉘러시니잇가
二葉 過도 허믈도 千萬 업소이다
三葉 ᄆᆞᆯ힛 마리신뎌 四葉 ᄉᆞᆯ웃븐뎌 아으
附葉 니미 나ᄅᆞᆯ ᄒᆞ마 니ᄌᆞ시니잇가
五葉 아소 님하 도람 드르샤 괴오쇼셔

음악 용어를 기준으로 하면 전체가 11행으로 구분되지만 시가 율격을 우선시한다면 삼엽(三葉)과 사엽(四葉)을 합쳐 10행으로 정리할 수 있다. 이는 1행 3음보라는 고려가요의 율격적 특징, 향가의 10행 형식과의 관련성 등을 고려한 시가사적 관점에서의 분절이다. 제9행 첫머리에 감탄사가 있는 향가에 비해 제10행 앞에 '아소 님하'가 나오고 중간 행들의 끝에 '아으'가 붙어 형식상 변화가 나타나는 점에서 10행 향가의 잔존 형태 또는 해체·모색기 형태로 볼 수 있다.

---

31 성현 외, 『악학궤범』, 영인본; 대제각, 1988. 단, 박병채, 앞의 책, 185면에서 제시한 봉좌문고본의 두 군데 표기로 교체하여 인용하였다.

작자 정서(鄭敍)는 고려 인종대(1122-1146)를 지나 명종대(1170-1197)까지 살았던 인물이다. 그의 아버지 정항(鄭沆, 1080-1136)의 생몰 연대를 참조하면 1100년대에 태어났으리라 짐작된다. 인종이 승하하고 1146년 의종(1127-1173)이 즉위한 후 왕족에 대한 의심으로 정국이 불안하던 차에 1151년 동생인 대령후 왕경(王暻, 1130-?)을 추대하려는 음모가 있다는 무고를 받아들여 왕경 및 그와 교유한 신하들을 처벌한다. 이 사건에 연루되어 정서는 고향인 동래로 유배되었다가 나중에 거제도로 이배되었다. 20년의 유배 생활 끝에 무신 정변이 일어나 의종이 폐위된 1170년(명종 1)에 풀려났다. 〈정과정〉은 대령후 사건으로 동래로 유배된 시기에 지은 것으로 추정된다.[32]

먼저 작품의 구조부터 살펴볼 필요가 있다. 향가의 잔존 형태라는 점에 주목할 때 10행 향가가 3구의 의미 구조로 짜여 있듯이 이 작품도 그와 같은 구성이라고 할 수 있다.[33] 제1구(제1~4행)는 유배의 처지에서 님을 그리워하는 화자의 현재 심정, 제2구(제5~8행)는 님과 함께한 과거를 기억하며 느끼는 정서, 제3구(제9·10행)는 님에 대한 불안과 바람으로

---

32 정재호, 「정과정에 대하여」, 『고려시대의 가요문학』, 새문사, 1982, Ⅰ·184-Ⅰ·185면.

33 기존에 4단(제1~4행, 제5·6행, 제7~9행, 제10·11행(김명준, 「정과정과 향가의 거리」, 『우리문학연구』 14, 우리문학회, 2001, 145-150면.)) ; 제1~4행, 제5·6행, 제7~10행, 제11행(송태윤, 「정과정의 텍스트성 연구」, 『인문학연구』』 30, 조선대 인문학연구소, 2003, 233-235면. ; 이호섭, 「정과정(진작)의 노랫말과 음악의 결합양상」, 『한국시가연구』 42, 한국시가학회, 2017, 88-90면.)), 5단(제1·2행, 제3·4행, 제5~7행, 제8~10행, 제11행(김택규, 앞의 논문, 73면.) ; 제1·2행, 제3·4행, 제5·6행, 제7~9행, 제10·11행(유해춘, 「정과정가의 의미와 형상화」, 『문학과 언어』 11, 문학과 연어연구회, 1990. 217-218면.)), 6단(제1·2행, 제3·4행, 제5·6행, 제7·8행, 제9·10행, 제11행(이수곤, 「정과정의 창작 성격에 대한 시론적 고찰」, 『한국문학이론과 비평』 33, 한국문학이론과 비평학회, 2006, 123면.)) 등으로 나누었다. 3단으로 본 경우도 전강~부엽(제1~4행), 대엽·부엽(제5·6행), 2엽~5엽(제7~11행)으로 분단하였다(황병익, 앞의 논문, 134-137면.). 이러한 다양한 분단은 연구자마다 작품의 의미 맥락과 구조를 보는 관점이 다른 데서 연유하지만 그만큼 작품 해석의 가능성이 열려 있다는 점도 작용한 것이다. 본고는 시가사적 관점에서 향가의 잔존 형태라는 점을 가장 중요한 근거로 삼아 분단해 보았다.

이루어졌다. 제1구에서 제3구까지 시상의 주된 흐름은 현재-과거-미래로 전개되면서도 제1구에 과거·현재, 제2구에 미래·과거·현재, 제3구에 과거·미래가 결합하여 각 구의 내부에서는 시제가 복합되어 있다.

서두의 '내 님을'은 제9행의 '님이 나를'과 대응하여 작품의 주제가 나와 님 사이의 관계에 있음을 분명히 보여 준다. 서두에서는 화자인 내가 주체가 되었으나 결구에 와서는 님이 주체가 되는 역전적 구성을 통해 님을 그리워하는 현재의 심정을 호소하여 님에게 사랑받고자 하는 뜻을 드러내었다. 나와 님의 관계가 어그러진 것, 즉 님이 나를 벌하여 유배 보낸 것이 창작 동기가 되고 관계를 회복하려는 것이 주제를 이룬다.

제1구는 제1, 2행과 제3, 4행이 자연물을 이끌어 와 현재 심정을 토로하는 방식으로 반복, 대응하는 구성이다. 제1행 '우니다니'의 '-니-'는 지속의 의미를 지녀 이제현의 한역시 중 '억군무일부점의(憶君無日不霑衣)'의 '~하지 않는 날이 없다'는 뜻에 부합한다. 유배 와서 지금까지 울었다는 것인데 매일 그랬을 뿐 아니라 낮이고 밤이고 그랬다는 것이다. 그러기에 밤에 구슬피 우는 산속의 접동새 소리를 들을 수 있고 매일 밤 듣다 보니 감정 이입이 되어 그 새와 자신이 '비슷합니다'라고 말할 수 있다.

그런데 님을 그리워할수록 반대파의 참소를 듣고 님이 나를 내친 사실이 생각나기에 고통스럽다. '아니시며 거츠르신'에서 '-시-'는 그 앞에 생략된 주어를 무엇/누구로 상정하느냐에 따라 비존칭[34] 혹은 존칭[35]으로 볼 수 있다. 반대파가 님에게 아뢴 말이 '아니다[非], 거칠다[荒]'로 보면 중세어 용법에서 사물이나 1인칭에도 붙는 범용의 존칭, 즉 비존칭이지만 님이 한 일이 '아니다, 거칠다'로 보면 주체 존대 선어말 어미로 이해된다. 이는 문맥 파악의 관점에 따라 선택할 사항인데 본고는 작품 전체

34 양주동, 앞의 책, 209면, 185-186면.

35 김선기, 『고려가요의 해석과 이론』, 역락, 2013, 26-31면.

의 의미 맥락으로 보아 전자의 입장에 선다.[36] 화자가 님이 과거에 했던 말이나 행동에 대해 직접적으로 발화한 것은 제2구에 나타난다고 생각되므로 여기 제1구 제3행의 주어를 님으로 보면 이중으로 님에게 항변하는 문맥을 이루어 중복 표현이 되기 때문이다. 그리하여 제3행은 '[저들의 말이] 잘못이며 허황한 줄을'로 풀이한다.

화자의 이러한 주장을 보증하는 것이 '잔월효성'(지는 달과 새벽 별)이다. 반대파의 말을 믿고 있는 님을 설득하여 마음을 돌리게 하려면 무엇인가 절대적 근거를 마련해야 했는데 그것이 하늘의 이치에 따르는 달과 별이다. 천체로서 달과 별은 하늘의 떳떳한 운행을 증명하는 사물이고 더욱이 밤새껏 님을 그리워하는 화자의 모습을 접동새와 함께 지켜보았으므로 자신의 심정을 속속들이 아는 존재이다. 이와 같이 제1구는 화자의 현재 심정을 자연물에 의탁하여 표현하면서 님이 들은 참소의 말이 잘못이고 허황함을 호소하고 있다.

제2구는 제1구의 호소에서 더 나아가 과거의 아픈 기억을 불러내 미래의 소망과 현재의 심정을 구체화하였다. 제5행 첫머리의 '넋이라도'는 제2행 '접동새'의 한자어 '망제혼(望帝魂), 촉혼(蜀魂)'의 '혼'에 이끌려 나온 말이다. 몸은 유배지에 있으나 넋만이라도 님 곁에 있고 싶다는 간절한 원망(願望)의 표현이다. 이것이 미래 지향적 의지이긴 하지만 님과 'ᄒᆞᆫᄃᆡ녀'던 과거까지도 떠올리게 하니 또다시 고통이 밀려온다. 그래서 님과 함께하던 시절에 나를 참소하면서 '우기던 이'들이 '누구더이까?'라고 묻는다.

36 '-시-'를 화용론적 관점에서 설명한다면 화자가 존칭을 써야 할 청자에게 실질적 존칭과 의례적 존칭을 모두 '-시-'로 말한 것이라 할 수 있다. 임금이 대상이기에 작품 전체가 존대법으로 이루어져 '-시-'가 많이 사용되었으나, 임금에게 직접 해당하거나 하늘과 같은 절대자와 관련된 용언에는 실질적 존칭의 '-시-'가, 임금과는 간접적으로 관계되는 용언에는 의례적 존칭의 '-시-'가 쓰였다고 보는 것이다.

제6행 '벼기더시니'의 '벼기-'를 '우기-'로 풀이하는 데는 별로 이의가 없다. 문맥상으로도 제5행에서 화자가 바라는 바를 말한 다음에 제6행에서 아직도 화자의 소망 성취를 방해할뿐더러 님 곁에서 내쳐질 때에 끝까지 참소하여 자신을 유배 가게 만든 사람들을 상기하는 것이 자연스럽다. 노래를 짓는 지금 반대파가 참소하며 자기네 주장을 우기던 그때를 기억하노라니 더욱 고통스러워지는 것이다. 제1구 제3행에서 반대파가 참소한 내용을 비판한 데서 나아가 여기서는 참소를 한 당사자에 대한 적개심을 표출하여 화자의 호소를 강화하고 있다.

이어지는 제7, 8행에 작품의 핵심적인 정서와 의미가 표현되었다. 제7행의 '과(過)도 허물도 천만 없소이다.'라는 부르짖음이 제3행의 '잘못이며 허황한 줄을'의 의미를 강화한 것으로, 반대파의 주장이 잘못이라 하고 다시 자신은 잘못이 없다고 한 말로 보아도 시상의 흐름은 연결된다. 그래서 기존의 해석에서도 이러한 의미 맥락에 이의를 제기하지 않았을 것이다. 그러나 이는 같은 내용이 반대파와 자신에게 번갈아 해당하는 모양새라서 아무래도 제7행은 중복된 표현으로 생각된다. 여기서 문맥 파악을 달리 모색할 필요가 생긴다.

제7행의 해석에 중요한 단서가 되는 것이 임춘(林椿, 의종대-명종대)의 〈차운정시랑서시(次韻鄭侍郎敍詩)〉에 보이는 다음 구절이다.[37]

禦魅二十年	산도깨비 막기를 이십 년
愆過懲於昔	허물과 과(過)로 예전에 벌받았으니

산중 생활을 하며 산도깨비에게 홀리지 않기 위해 애쓰며 산 20년

37 임춘, 『서하집』 1, 「고율시」 소재(『한국고전종합DB』). 이 자료가 소개된 것은 〈정과정〉의 작가 연구인 정경주, 앞의 논문, 239-242면에서였다.

세월이 정서(鄭敍)의 유배 기간이다. 그 유배는 '건과(愆過)'라는 이유로 벌을 받고 동래로 내쳐진 시점부터 시작되었다. 징벌을 내리는 주체는 임금, 즉 님인데 그 님이 정서에게 '허물'이 있다, '과'가 있다 하여 유배를 보낸 것이다. 정서의 한 세대 뒤 사람인 임춘은 〈정과정〉의 '過도 허믈도'를 익히 들었을 것이고 그 말이 정서의 인생에 얼마나 처절한 의미를 지니는지를 곡조와 노랫말로 느끼고 알았으므로 위와 같이 표현했을 것이다. 이를 역으로 〈정과정〉 해석에 적용하면, 반대파의 우기는 말을 인정한 님이 나에게 '과'와 '허물'이 있다고 하며 벌준 일을 떠올리고는 '과도 허물도 천만 없소이다.'라고 항변한 표현으로 풀이할 수 있다. 자신을 벌주면서 했던 임금의 말을 기억하여 처절한 심정으로 반박한 것이다.

이러한 의미 맥락에서 제8행 'ᄆᆞᆯ힛 말'을 새롭게 해석할 수 있다. 앞 행의 '과'와 '허믈'을 반대파의 참소를 용인한 님이 내게 한 말로 본다면 'ᄆᆞᆯ힛 말'은 뭇 사람이 아니라 님에게 해당하는 구절이어야 문맥이 자연스럽다. 여기서 'ᄆᆞᆯᄒ-'의 이형태로 보이는 중세어 'ᄆᆞᆲ-'에 주목할 만하다.

ᄆᆞᆯᄫᆞᆫ : 슬픈 → ᄆᆞᆲ다

ᄆᆞᆯ·아 : 슬퍼[ᄆᆞᆯ와] → ᄆᆞᆲ다

ᄆᆞᆲ·다 : 슬프다 *도틀 동여 두고 매로 티니 ᄆᆞᆯᄫᆞᆫ 소리 긋디 아니ᄒᆞ얫거든(目連經에 縛猪棒打 哀聲未絶『月23:73』) 글난 가마에 오로 녀허 데티니 ᄆᆞᆯᄫᆞᆫ 소리 긋디 아니ᄒᆞ얫거든(目連經에 熱湯煺身 哀聲未絶『월23:75』) ᄀᆞ장 ᄆᆞᆯ아 너비 濟渡ᄒᆞ시리 아니시면(自非大哀曠濟『法화序16』) ᄆᆞᆯᄫᆞᆫ 父母ㅣ 나ᄅᆞᆯ 잇비 나ᄒᆞ시니라(哀哀父母 生我劬勞『三강孝15』)[38]

ᄆᆞᆯᄫᅵ : 애닯게. 간곡하게. 王이 ᄆᆞᆯᄫᅵ 너기샤 니ᄅᆞ샤ᄃᆡ『월석11:10』

---

38 유창돈, 『이조어사전』, 연세대출판부, 11판; 1995, 해당 항목.

ᄆᆞᆯ이 : →ᄆᆞᆯᄫᅵ. 이 쟉도ᄂᆞᆫ 이 우리 아ᅀᆞ믜 짓 거시니 뎨 즐겨 주디 아니커늘 내 ᄆᆞᆯ이 닐어 비러 오니…ᄂᆞᄆᆡ 것 ᄒᆞ야ᄇᆞ리디 말라(這桀刂刀是我親眷家的 他不肯 我哀告借將來…休壞了他的『노번,상:19』)

ᄆᆞᆲ다 : 애닯다. 슬프다.

ᄆᆞᆲ- : ‘ᄆᆞᆲ다’의 ㅸ 벗어난줄기. 도ᄐᆞᆯ 동여 두고 매로 티니 ᄆᆞᆯᄫᆞᆫ 소리 긋디 아니ᄒᆞ얫거든 ᄇᆡᄅᆞᆯ ᄠᆞ고『월석-중23:73』

ᄆᆡ이 : →ᄆᆞᆯᄫᅵ. 뎨 즐기디 아니커늘 내 ᄆᆡ이 닐너 비러 오니(他不肯 我哀告借將來『노해-초,상:17』)[39]

ᄆᆞᆯᄫᅵ : 애달프고 슬프게. 王이 ᄆᆞᆯᄫᅵ 너기샤 니ᄅᆞ샤ᄃᆡ『월석11:10』 ᄯᅩ ᄃᆞ외야 죽거든 산 거시 ᄆᆞᆯᄫᅵ 너기며『월석12:17』

ᄆᆞᆲ다 : 애달프고 슬프다. 도ᄐᆞᆯ 동여두고 매로 티며 글ᄂᆞᆫ 가마애 오로 녀허 데티니 ᄆᆞᆯᄫᆞᆫ 소리 긋디 아니ᄒᆞ얫거든『월석-중23:75』[40]

애모프다 : [방언] 성화를 받거나 뜻대로 되지 아니하여 애타고 안타깝다(함북).[41]

중세어 ‘슬프다, 고ᄫᆞ다/골프다/골ᄫᆞ다, 아ᄫᆞ다/알ᄫᆞ다’는 각각 ‘슳다, 곯다, 앓다’의 동사 어간에 형용사화 접사 ‘-브/ᄇᆞ-’가 붙어 형성된 형용사이다. 이렇게 전성되는 경우 외에 ‘다히~다ᄫᅵ’의 예와 같이 ‘ㅎ’과 ‘ㅂ’이 호전하여 이형태로 나타나는 단어가 있다. 현대어에서도 ‘애닳다~애닯다’는 둘 다 ‘애달프다’와 통용되는 말이다. ‘서럽다’의 충북 방언으로 ‘슲다’, ‘뚫다’의 강원 방언에 ‘뚤브다’가 있어서 ‘슳다~슲다, 뚫다~뚧다’의

39 한글학회,『우리말큰사전』, 어문각, 4판; 1995, 해당 항목.

40 국립국어원,『표준국어대사전』, 해당 항목.

41 위의 사이트,「우리말샘」, 해당 항목.

이형태를 상정할 수 있다. 이 단어들처럼 'ᄆᆞᆶ다~ᄆᆞᆲ다'를 이형태로 볼 여지가 있다. 그런데 위의 인용 중 마지막 단어는 '애+몷+브+다→애몰프다>애모프다'로 분석할 수 있다. 여기서 '몷-'이 'ᄆᆞᆶ-'의 'ㆍ'음이 'ㅗ'로 바뀐 형태라고 한다면 'ᄆᆞᆶ다'는 '슳다, 슬프다' 등과 마찬가지로 'ᄆᆞᆯᄑᆞ다'라는 형용사의 형태도 있었으리라 추정된다.

이상에서 거론한 단어를 형태별로 나누어 보면 다음과 같다.

'-ㅀ'형	'-ㄼ'형	'-(ㄹ/ㅀ)브/ᄇᆞ'형
슳다	슯다	슬프다
곯다	·	고ᄑᆞ다/골프다/골ᄑᆞ다
앓다	·	아ᄑᆞ다/알ᄑᆞ다
ᄃᆞᇂ다*	답다	·
애닳다	애닯다	애달프다
뚫다	뚧다*	뚤브다
ᄆᆞᆶ다	ᄆᆞᆲ다	(애)모프다

같은 어근이 위의 둘 또는 세 형태로 조어되어 품사로는 동사 혹은 형용사로 쓰인다. 대개 '-ㅀ'형이 동사, '-ㄼ'형과 '-(ㄹ/ㅀ)브/ᄇᆞ'형이 형용사에 해당하지만, 재구한 단어 'ᄃᆞᇂ다*, 뚧다*'는 품사 구분이 어렵고 '애닳다'는 '애닯다'처럼 형용사, 방언인 '뚤브다'는 '뚫다'와 마찬가지로 동사이므로 일률적으로 규정하기는 어렵다. 그렇지만 어휘 형태가 취하는 품사의 대체적인 경향만큼은 알 수 있다. 중세어에서 현대어에 걸쳐 '-브/ᄇᆞ-' 또는 '-ㅂ-'이 형용사화 접사로서 기능한다는 점이 비교적 뚜렷한 것이다. 이에 따라 동일 어근에서 나온 'ᄆᆞᆲ다'가 형용사적 성격을 지니는 데 비해 'ᄆᆞᆶ다'는 동사적 성격을 띠는 단어라고 추정할 수 있다.

이로써 'ᄆᆞᆯ힛 말'은 'ᄆᆞᆶ(동사 어간)+ㅣ(사동의 선어말 어미)+ㅅ(관형격 촉음)'의 관형어가 '말'(명사)을 수식하는 구절로 분석된다. '-ㅅ'은 '녀닛 景'(〈만전춘별사〉, 『악장가사』)의 '-ㅅ'과 같은 용법으로 생각된다. '녀니-'(동사 어간)와 '景'(명사)이 결합할 때 관형사형 어미 '-ㄴ/ㄹ'에 해당하는 형태소로서 '-ㅅ'을 써서 '다니는 광경'의 뜻을 표현한 것이다. 이와 마찬가지로 'ᄆᆞᆯ히-'가 '말'을 수식할 때 관형사형 어미의 기능을 하는 '-ㅅ'을 쓴 것으로 보인다. 이렇게 형태를 분석하고 'ᄆᆞᆶ-'의 의미는 'ᄆᆞᆶ다'의 이형태인 'ᄆᆞᆲ다'에서 가져오면, 이 구절은 '슬프게 하는 말, 애달프게 하는 말'로 풀이할 수 있다. 'ᄆᆞᆶ다/ᄆᆞᆲ다'는 보통의 애달프다, 슬프다는 뜻을 훨씬 넘어선다. 위의 『월인석보』 예문에서 잘 드러나듯이, 꽁꽁 묶여 몽둥이질 당하고 펄펄 끓는 가마솥에 던져진 돼지의 울음소리에서 느껴지는바 죽기 직전의 극단적인 슬픔을 표현하는 말이다.

이어지는 'ᄉᆞᆯ읏븐뎌'도 논란이 된 단어이다. 현재로서는 'ᄉᆞᆯ(焚) + 긋(切) + 브 + ㄴ뎌'로써 '사르고 끊는 듯하다'라는 해석이 유력하여 『표준국어대사전』 「우리말샘」에 아래와 같이 풀이되어 있다.

ᄉᆞᆯ-읏 : 사르고 끊듯. 鴛鴦이 놀애ᄅᆞᆯ 블로ᄃᆡ 고ᄫᆞ니 몯 보아 ᄉᆞᆯ읏 우니다니 님하 오ᄂᆞᆳ나래 넉시라 마로리어다 ᄒᆞ야ᄂᆞᆯ〈월석8:102〉 번역: 원앙이 노래를 부르되 "고운 이를 못 보아 사르고 끊듯 울며 다니었더니 임이시여 오늘날에 넋이라 하지 않겠습니다."라고 하거늘

ᄉᆞᆯ읏브다 : 사르고 끊듯 하다. ᄉᆞᆯ읏븐뎌 아으 니미 나ᄅᆞᆯ ᄒᆞ마 니ᄌᆞ시니잇가 아소 님하 도람 드르샤 괴오쇼셔〈악학, 정과정〉 번역: 사르고 끊듯 하구나 아아 님이 나를 벌써 잊으셨습니까 아십시오 님아 돌아 들으시어 사랑하소서[42]

그런데 이러한 설명에는 문제가 있다고 본다.[43] 첫째, 'ᄉᆞᆯ-읏'을 표제

42 같은 곳, 각 해당 항목.

43 '아소, 도람' 등 논쟁적 단어의 뜻풀이를 고정시킨 것도 문제인데 여기서는 논의를 생략한다. 뒤에 가서 이 단어들의 풀이를 제시할 것이다.

어로 삼은 것은 'ᄉᆞᆯ-'과 'ᄀᆞᆺ-'의 두 동사 어간이 합성된 단어임을 나타내기 위함일 텐데 합성어의 동사 어간만으로 부사가 될 수 있는지 의문이다. 그보다는 '-ᄋᆞᆺ'을 '느즛(遲), ᄆᆞᆯᄀᆞᆺᄆᆞᆯᄀᆞᆺ(淸), 그릇/그ᄅᆞᆺ(非)' 등에 들어간 부사화 접미사로 파악하는 것이 옳다고 여겨진다. 둘째, 앞에 생략된 말을 '애'(腸)로 보면 'ᄉᆞᆯᄋᆞᆺ브다'의 'ᄉᆞᆯᄋᆞᆺ-'은 '애-사르다'와 '애-끊다'가 합성된 의미를 지니는데 작품의 문맥상 이러한 의미 결합이 가능할까 싶다. 애를 사르면 다시 애를 끊을 수 없으므로 이러한 풀이는 애를 사르거나 애를 끊는다는 양자택일적 의미여야 된다. 화자의 절박한 심정을 토로하면서 '-거나, -든지'로 결합된 의미의 단어를 사용하였을지 의문이다.

'ᄉᆞᆯᄋᆞᆺ'의 용례가 있는 이상 'ᄉᆞᆯᄋᆞᆺ븐뎌'도 그 단어의 뜻에 준하여 해석해야 한다. 'ᄉᆞᆯᄋᆞᆺ'을 'ᄉᆞᆯ(燒/銷/消, 동사 어간) + ᄋᆞᆺ(부사화 접사)'으로 보아 '살게/타게, 녹게, 사라지게'로 풀이한다면 'ᄉᆞᆯᄋᆞᆺ븐뎌'도 'ᄉᆞᆯᄋᆞᆺ + 브 + ㄴ뎌'로써 '사는/타는(녹는, 사라지는) 듯하구나(지경/정도구나)'로 해석할 수 있다. 이렇게 했을 때 'ᄉᆞᆯᄋᆞᆺ-'과 '-브-'의 결합이 문제가 된다. '-브/ᄇᆞ-'는 동사 어간에 붙어 형용사로 전성시키는 형태소여서 'ᄉᆞᆯ-'에 붙지만 'ᄉᆞᆯᄋᆞᆺ-'에는 붙지 못하는 것이 일반적이기 때문이다. 여기서 '어엿브다>어여쁘다(憐)'의 부사형 '어여삐'에 해당하는 북한어 '어엿'이[44] 주목된다. 이는 '어엿브다→어엿(부사) + 브(형용사화 접사) + 다'로 분석할 근거를 제공한다. 비록 이 한 예만 보이지만 '-브-'가 부사 또는 부사형에도 붙었을 가능성을 찾을 수 있는 것이다.

이상의 논의로써 제8행 'ᄆᆞᆯ힛 마리신뎌 ᄉᆞᆯᄋᆞᆺ븐뎌'는 '[죽도록] 슬프게 하는 말이시구나. [애] 사는/타는 듯하구나.'로 해석된다. 화자가 '[죽도록] 슬프게' 된 것은 님이 나를 내치며 하신 '과'와 '허물'이라는 말 때문이다. 님이 하신 말은 벌받던 그때를 기억하면 할수록 폐부를 찔러 죽을 만큼

44 국립국어원, 『표준국어대사전』, 「우리말샘」, 해당 항목.

애달프게 느껴진다. 반대파의 참소는 제3행에서 강력하게 부정하였는데, 여기서는 그들의 말과는 비교가 안 될 만큼 슬프고 한스러운 님의 말을 떠올리며 애태우고 있다.

제3구는 제1, 2구의 현재 심정과 과거 회상을 아울러 현 상황에서 님에게 간구하는 내용이다. 제3행에서 반대파의 참소를 단호히 반박하고, 제7행에서 님이 용인한 과와 허물을 절대적으로 부정해 보았으나 상황은 화자에게 불리하다. 과와 허물을 물어 벌을 내리긴 했으나 '머지않아 마땅히 소환하리라(不久當召還).'[45]던 님의 언질만 철석같이 믿고 현재를 견디고 있다. 하지만 아무리 기다려도 소환의 기미가 없다. 그리하여 멀리 개경에 있는 님을 향해 제9행에서 '님이 나를 벌써 잊으셨습니까?'라고 묻는다.

제7, 8행처럼 님이 내칠 때 들었던 말이 죽을 만큼 슬픈데 이제 유배의 시간 동안 아무 소식이 없으니 그 슬픔은 화자의 일상 곳곳에 스며들어 버렸다. 이러한 상태에서 벗어나게 해 줄 이가 님뿐이기에 화자는 제10행에서 '아소 님하'(그러지 마소서 님이시여)라고 한탄한다. 나를 잊지 말아 달라는 탄식의 호소이다. 그러고서 작품의 끝에서 '도람 드르샤 괴오쇼셔'라는 간구의 말을 한다. '도람 드르샤'도 해독의 편차가 큰데 본고는 이를 님의 언질인 '소환(召還)'과 관련지어 해석하고자 한다.

'도람'은 '도로+아+ㅁ→도로암>돌암>도람'으로 분석할 수 있다. 여기서 '도로-'는 '도로다'('돌리다'의 옛말)의 어간으로, '-ㅁ'은 명사형 어미로 파악된다. '-아-'가 문제인데 이에 대해서는 다음과 같은 사전의 설명을 참조할 만하다.

(끝음절의 모음이 'ㅏ, ㅗ'인 어간 뒤에 붙어)(주로 타동사 어간 뒤에 붙

45 차주환 역, 『고려사 악지』, 을유문화사, 5판; 1986, 294면.

어)(다른 어미 앞에 붙어) 말투를 한층 세게 하여 서술어가 나타내는 동작이나 상태가 이미 확정된 것이거나 완료된 상황임을 나타내는 어미.

大箭 ᄒᆞᆫ 나태 突厥이 <u>놀라ᅀᆞ바니</u> 어듸 머러 威不及ᄒᆞ리잇고.(『용가』 47장)
太子ㅣ 구쳐 <u>ᄑᆞ라ᄂᆞᆯ</u> 須達이 깃거 象애 金을 시러 여든 頃 ᄡᅡ해 즉자히 다 ᄭᆞᆯ오.(『석상』 6:25)
如來ㅅ 威力이론 고ᄃᆞᆯ <u>아라라</u>.(『석상』 9:28)[46]

사전에 설명된 '-아-'의 용법에 따라 밑줄 친 단어들을 직역하면 '놀랐으니, 팔았거늘, 알았어라'가 된다. '놀라다, 팔다, 알다'의 완료형 표현인 것이다. 위 설명의 형태소 활용 조건을 참조할 때 '도람'은 어간 끝음절의 모음이 '도로-'의 'ㅗ'이고, 타동사 어간 '도로-' 뒤에 붙었고, 명사형 어미 '-ㅁ' 앞에 붙어 있어 '-아-'의 세 가지 조건을 모두 충족한다. 그러므로 '-아-'가 지닌 확정, 완료의 의미론적 용법으로써 '도람'에 포함된 '-아-'를 설명하기에 적합하다. 위의 용법으로 보면 이 단어의 뜻은 '돌리었음, 돌렸던 것'으로서, 님이 과거에 '[머지않아 너를] 돌리겠다/돌리리라/돌린다'고 말했던 사실을 상기하는 표현으로 생각된다. 이미 님의 약속은 말로 발화된 것이므로 완료형의 '-아-'가 들어간 표현을 쓴 것이다. 그렇다면 '도람'은 '돌린다던 것(약속, 말)'으로 풀이할 수 있다. '도로암'이 아니라 '도람'이 쓰인 것은 1행 3음보 율격에 맞추기 위해 축약형을 썼기 때문으로 보인다.

'드르샤'는 '듣다'의 활용형, '듣+으+시+아'로 분석되어 이 단어의 뜻 중에서 '들어주다'에 해당하는 의미를 지닌다. 이에 '도람 드르샤'는 '돌린다던 것(약속, 말)[을] 들어주시어'가 된다. '내가 개경을 떠날 때 님이

46 국립국어원, 『표준국어대사전』, 「우리말샘」 해당 항목.

머지않아 돌리리라고 말했던 약속을 이제는 들어주시어'의 의미이다. 이어지는 '괴오쇼셔'(사랑하소서, 사랑해 주소서)라는 간구의 말은 님이 했던 약속이 지켜지면 자연히 따라오는 상태를 상정하여 나온 말이다. 머지않아 돌린다던 소환의 약속을 님 스스로 들어주어 예전의 좋은 관계가 회복되기를 간구한 것이다.

4. 의미 맥락과 정서

앞의 논의를 종합하여 〈정과정〉을 현대어로 옮기면 다음과 같다.

> 내 님을 그리워하여 울더니
> 산 접동새 난 비슷합니다.
> 아니며 거친 줄을, 아아
> 잔월효성이 아실 것입니다.
> 넋이라도 님과 함께 가고 싶어라. 아아
> 우기던 이 누구였습니까?
> '과'도 '허물'도 천만 없소이다.
> 슬프게 하는 말이시구나. 애타는 듯하구나. 아아
> 님이 나를 벌써 잊으셨습니까?
> 아아 님이여, 돌린다던 것 들어주시어 사랑하소서.

문맥적 의미를 보충하면 다음과 같다.

> 내 님을 그리워하여 [밤낮으로] 울더니
> [산속의 집 근처] 산 접동새[와] 난 비슷합니다.

[저들의 말이] 아니며(잘못이며) 거친(허황한) 줄을, 아아
잔월효성(지는 달과 새벽 별)이 아실 것입니다.
[촉혼 같은] 넋이라도 님과 함께 가고 싶어라. 아아
[자기네 주장을] 우기던 이[가] 누구였습니까?
[우기는 것을 용인하여 님이 내게 하신 말인] '과'도 '허물'도 천만 없소이다.
[죽도록] 슬프게 하는 말이시구나. 애타는 듯하구나. 아아
[머지않아 소환하리라던] 님이 나를 벌써 잊으셨습니까?
아아 님이여, 돌린다던 것(약속, 말)[을] 들어주시어 사랑하소서.

이 작품은 말을 둘러싼 기억과 논쟁을 제재로 하고 있다. 화자와 반대편에 있는 이들의 말, 그 말을 수용한 님의 말과 화자에게 약속한 말, 그리고 지금 화자가 시로써 발화하는 말, 이렇게 세 주체의 말 사이의 긴장 속에 의미가 구성되었다. 화자는 저들의 말이 '잘못이며 허황한 줄을'(제3행) 비난하였고, 자기네 주장을 끝까지 '우기던 이'(제6행)에게 적개심을 보였다. 그런데 님은 '잘못이며 허황한' 저들의 말을 용납하여 나를 내치면서 내게 '과'가 있다, '허물'이 있다(제7행)고 질책하였다. 그것은 화자를 '[죽도록] 슬프게 하는 말'(제8행)이다. 그렇지만 유배를 떠나올 때 님이 했던 '돌린다던 약속'(제10행)의 말을 믿고 지금껏 견디어 왔다. 이러한 상황에서 화자는 '넋이라도 님과 함께 가고 싶어라.'(제5행) 토로하고, 약속을 '들어주시어 사랑하소서'(제10행)라고 호소한다. 이처럼 세 층위의 말이 서로 얽히면서 한 편의 서정시가 이루어졌다.

권력 다툼 속 논쟁에서 화자의 말과 반대파의 말이 충돌하는 것은 필연적이다. 그런데 논쟁의 심판자인 님이 저들의 말을 용인하고 화자를 배척하였다. 그러면서 했던 님의 말은 화자에게 치명적인 상처를 주었다. 그러므로 저들의 말을 참소로 규정하며 반박한 제1구(제1~4행)에 분노의

정서가 넘친다면, 참소를 받아들여 내게 했던 님의 말을 기억하는 제2구(제5~8행)에는 비애의 정서가 가득하다.

세 층위 언설의 구성과 함께 시상 또한 긴장감 있게 전개되었다. 화자의 현재 상황을 그리는 데서 출발한 시상은 반대파의 말이 참소임을 달과 별에 기대어 명확히 하였다. 화자와 반대파의 입장을 선악의 구도로써 선명히 부각한 것이다. 그런데 갈등의 심판자인 님이 참소의 당사자들을 용인하고 화자에게 죄를 물어 내쳤다는 것, 화자와 반대파의 갈등보다 화자와 님의 관계가 파탄 난 것이 더욱 심각한 문제이다. 이에 화자는 자신이 내쳐지던 과거를 회한에 찬 심정으로 떠올리며 님에게 항변하였다. 그런 다음에 님이 했던 약속을 상기하고 관계를 회복해 줄 것을 간절히 호소하였다. 화자의 현재 처지, 반대파와의 갈등, 님의 징벌, 님의 약속, 화자의 바람 등의 시상이 현재, 과거, 미래가 얽혀 있는 시제를 배경으로 밀도 있고 입체적으로 전개되었다.

이러한 구성과 시상 전개, 그에 따른 정서 표출에서 정점에 있는 것이 제7, 8행이다. 님이 말하신 그 '과'도 '허물'도 전혀 없다고 부르짖는 것이다. 노랫말이 '지극히 처완(悽惋)하다'고 한 평가는 제7, 8행에 표출된 정서로 말미암은 바 크다. 화자가 느끼는 처절한 슬픔과 원망(怨望)은 반대파의 참소나 유배의 고통 때문이 아니라 내쳐질 때 들었던 님의 말, '너에게 과와 허물이 있다.'는 말 때문이다. 벌받던 때 님의 면전에서 반박할 수는 없었으나 지금 생각하면 '천만 없소이다.'라고 외쳤어야 했다. 통렬한 회한의 심정으로 이제 노래를 지어 그때 못다 한 말을 하면서 울부짖고 있다.

이러한 맥락에서 정서 표출을 강화해 주는 감탄사 '아아'가 제3, 5, 8행에 나오는 것도 주의해 볼 만하다. 반대파의 말에 대한 분노에 찬 반박, 현재 화자가 지닌 간절한 바람, 그리고 님의 말로 인한 처절한 슬픔 등 언설의 세 층위에 대해 화자의 탄식이 터져 나온 것이다. 이러한 정서 표출의 정점이 제7, 8행이라면 너무나 감정에 북받친 나머지 3음보 1행의 구성조차 깨뜨릴 만하다. 이에 화자의 처절한 슬픔을 강조하고 음미하기 위해 제8행을 두 부분으로 나누어 삼엽(三葉)과 사엽(四葉)에 배당한 것이 아닐까 한다.[47] 그 여파로 제8행 뒤의 감탄사 '아아'가 10행 향가의 제9행 첫머리에 공식구로 나오는 감탄사의 역할을 대신하였고, 이곳에 올 감탄사는 문맥에 어울리는 '아소 님하'라는 형태로써 제10행으로 밀려나게 되었다.[48] 그리하여 10행 향가에서 제9행 첫머리의 감탄사라는 견고한 형식에 변형이 가해졌다. 확대 해석은 경계해야겠으나 이 작품을 두고 볼 때, 수백 년간 공고히 유지되어 온 10행 향가의 형식에 균열이 생긴 것은 무엇보다도 고려 중기의 역사적 상황에서 형성된 당대적 정서의 틈입 때문일지 모른다는 생각이 든다.

5. 결론

본고는 〈정과정〉의 기존 해석에서 논란이 되었던 구절을 재해석하여 작품의 문맥을 다시 파악해 보았다. 그리고 시적 문맥을 통해 드러나는 '처완(悽惋)'한 정서가 구체적으로 어떤 것인지를 논하였다.

작품의 의미 구조는 10행 향가의 3구 구성과 유사하다. 제1구(제1~4행), 제2구(제5~8행), 제3구(제9·10행)로 이루어져 주로 현재의 심정, 과거

---

47 양태순, 앞의 책, 259면에서 3엽과 4엽이 '악곡과 노랫말의 양면에 걸쳐 분명하게 구분되는' '독립성'을 갖는다고 하였다. 본고는 한 행의 노랫말이 독립된 악곡의 두 엽에 배치된 것으로 이해한다.

48 '아소 님하'가 감탄사로 쓰인 고려가요로는 〈이상곡〉, 〈만전춘별사〉, 〈사모곡〉 등이 있다. 이 중에서 〈이상곡〉이 〈정과정〉과는 10행 향가의 잔존 형태라는 점과 함께 감탄사 위치가 같다는 공통점이 있다. 이에 대한 정밀한 비교가 필요하지만 본고는 〈정과정〉의 감탄사에 국한하여 대략적인 논의를 펼친 것이다.

회상, 미래의 소망을 표현하였는데 그중 제7, 8행이 중심된 의미와 정서를 드러내고 있다. 제7행 '과도 허믈도 천만 업소이다.'는 님이 화자를 내칠 때 했던 말인 '과'와 '허물'을 부정하는 것이다. 이렇게 보아야 제8행 '믈힛 마리신뎌'를 '[죽도록] 슬프게 하는 말이시구나.'로, '슬읏븐뎌'를 '[애] 사는/타는 듯하구나.'로 해석하는 것과 자연스럽게 연결된다. 제3구는 화자의 바람을 나타내었는데 제10행 '도람 드르샤 괴오쇼셔'는 '돌린다던 것(약속, 말)[을] 들어주시어 사랑하소서.'로 풀이할 수 있다.

이렇게 해석하면 노랫말에 슬퍼하고 한탄하는 정서가 담겼다는 당대의 기록이 무슨 뜻인지 이해가 간다. 제1구에서 반대파에 대한 분노의 정서도 드러냈으나 제2구에 님이 했던 말, 너에게 과가 있다, 허물이 있다던 말이 죽을 만큼 슬프고 한스러운 것임을 토로하였다. 화자는 반대파의 참소나 유배의 고통 때문이 아니라 님이 했던 말로 인해 처절한 슬픔에 잠겨 있는 것이다.

〈정과정〉은 의미 구조, 시상의 전개, 시적 문맥, 표출된 정서 등 여러 면에서 충신연주지사의 전형이 될 만하다. 고려 중기에 창작된 작품이 조선 시대까지 애창, 음미, 공감되었던 것은 이러한 작품 내적 생명력이 충만하였기 때문이다. 왕조 시대는 아니지만 오늘날의 우리도 작품에서 충성스럽고 진실하고 애절한 정서를 느끼기에 충분하다고 본다.

04

〈청산별곡〉의 주제와 의미 맥락

1. 서론

〈청산별곡(靑山別曲)〉은 고려가요의 대표작으로 연구 초창기부터 지금까지 많은 연구가 이루어졌다. 그러나 어구의 해독에 풀리지 않는 문제가 남아 있어 작품에 대한 정확한 파악이 어려운 실정이다. 원문 해독에서 견해가 갈리니 문학적 해석도 여러 방향으로 뻗어나가 한 작품을 두고 이렇게까지 상반되게 이해할 수 있을까 의아할 지경이다. 현실 도피[1]와 현실 참여[2]의 어느 한쪽으로 보는 것은 삶 자체가 지닌 도피와 참여의 양면성을 생각하면 그래도 하나의 논리로 묶을 만하다. 작품의 구조를 2단,[3] 3단,[4] 4단[5] 등으로 단락을 지어 파악하는 것도 시각에 따라 주안점을 어디에 두느냐의 문제로 보아 참조할 만하다. 그러나 청년의 실연[6]과 피난민의 비애,[7] 남성 화자와 여성 화자[8] 등의 문제에서 어느 한쪽을 택하면 주제와 성격이 전혀 달라져 같은 작품이라 하기 어렵다. 아무리 해석의 다양성을 인정한다고 해도 작품이 지닌 의미의 자장이 미치는 한계

---

1 서수생, 「청산별곡 소고」, 『교육연구지』 1, 경북대 사범대, 1963, 40면.

2 이승명, 「청산별곡 연구」, 『고려시대의 언어와 문학』, 형설출판사, 1975, 134면.

3 김상억, 「청산별곡연구」, 『국어국문학』 30, 국어국문학회, 1965. 136–138면. ; 박진태, 「청산별곡과 서경별곡의 구조–대칭·대립성을 중심으로」, 『국어교육』 46, 한국국어교육연구회, 1983, 138면.

4 박미영, 「청산별곡에 나타난 유랑민의 정서」, 경남대 교육대학원, 석사 논문, 1995, 20–42면. ; 서철원, 「청산별곡의 구성 방식과 향가와 속요의 전통」, 『비평문학』 38, 한국비평문학회, 2010, 10면.

5 나정순, 「청산별곡 연구–그 해석의 새로운 관점」, 『국어국문학』 110, 국어국문학회, 1993, 95면. ; 전병민, 「청산별곡 연구」, 서원대 교육대학원, 석사 논문, 2000, 43–50면. ; 송정헌, 「청산별곡 구조와 통석」, 『개신어문연구』 21, 개신어문학회, 2004, 61–62면.

6 양주동, 『여요전주』, 을유문화사, 1947, 307면 ; 김형규, 『고가주석』, 백영사, 1955, 181면.

7 김학성, 『한국고전시가의 연구』, 원광대출판국, 1980, 246면. ; 박노준, 「청산별곡 재조명」, 『한국학논집』 7, 한양대 한국학연구소, 1985, 53면.

8 김완진, 「청산별곡에 대하여」, 『고전문학을 찾아서』, 문학과지성사, 1976, 158면, 162면. ; 성현경, 「청산별곡 고」, 『국어국문학』 58·59·60, 국어국문학회, 1972, 242면.

는 있기 마련이다.

작품 해석이 일정한 의미 범주로 수렴하지 못하고 있는 가장 큰 이유는 원문의 난해 구가 풀리지 않았기 때문이다. 이제까지 적용된 의미론적, 구조적, 역사적, 제의적, 민속적 접근 등이 작품에 대해 다각도의 이해를 도모했지만 원문이 불명확한 상태에서는 정곡을 찌르는 논의가 나오기 쉽지 않다. 관련 자료가 달리 없는 바에 무엇보다 정확한 해독에 힘을 쏟아 원문에 대한 이해만큼은 의견이 모아질 필요가 있다. 이렇게 되려면 논란이 된 제3, 7, 8연에 대한 해독이 관건이 될 것이다.

그런데 해독을 하더라도 그것의 정확성을 입증하는 근거가 작품밖에 없다는 것이 난점이다. 각 주장은 대개 전 8연의 의미 맥락에 대한 정합적 해석의 결과로 제시된 것이다. 그런데도 작품의 이해가 모아지지 않고 있는 것이 문제이다. 본고는 의미 맥락의 정합성을 구축하기 위해 먼저 작품의 주제를 무엇으로 볼지에 대해 검토하고자 한다. 주제 파악의 연구사를 정리하면서 기존 논의에서 주제와 관련하여 수렴할 수 있는 지점을 찾아보고 이로써 해석의 방향을 정하고자 한다. 그런 다음 제3, 7, 8연의 난해 구가 해당 연뿐 아니라 작품 전체에서 합리적이고 현실적인 문맥을 이룰 수 있도록 다시 해독하고, 이를 바탕으로 작품의 전체적인 의미 맥락을 정리해 보겠다.

2. 주제 파악의 연구사

〈청산별곡〉을 본격적으로 해독한 양주동은 '짝사랑의 애상을 중심으로 하여 맘 둘 곳 없는 '생'의 비애를 노래한 것'을 해독의 전제로 삼았다. 이를 계승한 김형규는 '젊은이가 사랑에 실패함인지 또는 그 당시 혼란하고 부패한 사회에 싫증이 남인지, 속세를 떠나 청산이나 바닷가로 헤매면서 자기의 애달픈 심정과 생에 대한 비애를 노래한 것'이라고 하였다.[9] 개인적 실연과 함께 사회적 염증까지 언급하여 창작 동기를 확대 추정한 것이다. 서수생은 '평민 은일 문사가 고종 전후의 혼란하고 파란중첩하며 부패한 사회에서 신흥 귀족들이나 어떤 대상 인물에게 버림받아 …… 애수와 번뇌 속에서 생의 비애를 조금이라도 줄여 보고자 산해를 찾았다. …… 산림처사 사슴의 자연 음악을 들으면서 애달픈 심정과 생에 대한 비애를 풀어 본다. 끝내는 농주나 마시면서 모든 것을 잊어버리'[10]는 것으로 내용을 정리하였다. 고종 무렵 평민 계층의 문사인 작자가 사회적 관계에서 버림을 받아 지었다고 본 것이다.

이렇듯 1940년대 후반에서 1960년대 전반의 연구는 생의 비애라는 정서를 공통으로 추출하고 실연, 염세, 버림 등의 창작 동기를 추정하였다. 서정시로서의 정서와 의식을 애정 또는 사회관계의 실패를 경험한 화자의 애상, 번뇌 등으로 설명한 것이다. 그런데 김완진이 여성 화자설을 주창하여 전환의 계기를 마련하였다. 그는 제7연을 '어떤 여인(?)이 어딘가(=에정지)를 가다가 저편에서 재주 부리는 산대 잡희배들의 떠들썩한 소리에 귀를 돌린다. '사슴'으로 분장한 이가 높은 장대에 올라 해금을 켜며 뭇 구경꾼들의 환성을 받고 있는 장면이 보인다.……'나'가 여성으로 전제되었을 때에는 '비조라'의 주어로는 그 '나'가 가장 합당할 것'[11]이라고 하였다. 성현경은 이를 수용하여 '닫혀진 세계 속에 있는 여인의 한과 절대 고독'을 주제로 보았고, 이인모는 제3연을 "가던 새'가 남자, 작자는 여자 …… 만일 청산의 남자와 사랑을 이루었더라면, 머루랑 다래

9 양주동, 앞의 책, 307면 ; 김형규, 앞의 책, 181면.

10 서수생, 앞의 논문, 40면.

11 김완진, 앞의 논문, 155면, 162면(이 논문은 「청산별곡의 '사슴'에 대하여」, 『낙산어문』 1, 서울대 국문과, 1966. ; 「청산별곡의 결연에 대한 일고찰」, 『장암지헌영선생화갑기념논총』, 간행위원회, 1973.을 묶어 수록한 것이다.).

랑 먹고 청산에서 살았을 것이로다.'라고 해석하여 이 설을 보강하였다.[12] 이렇게 보면 애상, 번뇌의 정서가 여성의 것이 되어 이전까지 남성 화자를 전제로 한 해석이 도전받게 되었다.

1960년대 후반에서 1970년대 전반의 여성 화자론을 뒤이어 1970년대 후반에는 정병욱의 독자적인 '술 노래' 설이 나온다. 그는 작품이 지닌 문학성을 밝히고 '고민 속에서 허덕이는 고려 지식인들이 순간적 향락 추구의 한 표현으로 '술 노래'를 부른 것'[13]이라고 결론지었다. 연구사 초기부터 주목한 화자의 고민에다가 향락 추구라는 파격적인 주제를 더하였고 그 주체를 문사에서 지식인으로 약간의 중심 이동을 하였다. 이 주장은 주제에 대한 논란을 일으켜 주제론을 심화하는 계기가 되었다.

1980년대 전반은 기존의 설에 대한 비판과 대안 모색이 이루어졌다. 김학성은 '민란에 가담한 하층군상……청산으로 바다로 쫓기면서, 혹은 거점을 옮겨 피신하면서 끈질긴 생의 욕구와 평상인처럼 안정되게 살고자 하는, 아니면 최소한 산이나 바다에서라도 정착해서 살아 보고자 하는 강한 욕망을 절박하게 표출'한 것이며 '극한적 상황이 전란기에 처한 민중이 겪어야 하는 고통과 시련을 말해 준다.'고 하였다. 신동욱은 '삶의 터전으로서의 농토를 잃고 유랑하며 생활했던 고려 시대의 민중이 그들의 슬픔을 다소간은 체념적으로 또는 자포자기의 태도로 혹은 자조적으로 노래'하였다고 보았으며, 박노준은 '난리를 피하기 위하여 헤매던 고종 시대의 한 양민이 그의 지친 삶의 모습을 8개의 연을 통해서 읊은 작품……전란에 시달린 한 양민이 자기 상실, 자기 해체를 맛보기까지의 과정, 의식의 풍화 작용과 삶의 좌절을 시간과 공간의 변동에 따라 읊은 노래'라고 하였다.[14] 이들 논의는 고려 후기의 시대 상황에서 민중 혹은

---

12 성현경, 앞의 논문, 242면; 이인모, 「청산별곡 내용의 재검토」, 『국어국문학』 61, 국어국문학회, 1973, 119-120면.

13 정병욱, 『한국고전시가론』, 신구문화사, 1977, 112면.

양민이 유랑하며 겪은 시련과 생의 욕구, 슬픔과 상실 등을 주제로 본 것이다.

이러한 해석은 1960년대 후반에 나온 서재극의 '사래'(이랑) 설[15]에 근거를 두고 있다. 제3연을 화자가 이끼 묻은 쟁기를 가지고 예전에 갈던 밭이랑을 보는 것으로 풀이함으로써 이전까지의 주제론을 재검토하는 토대를 마련했던 것이다. 초기에 크게 문제되지 않던 정서와 내용에 대한 해석이 화자나 작자의 설정에 따라 달라지고, 한두 어구를 새롭게 해독함으로써 주제 파악이 바뀔 수 있음을 보여 준다.

한편, 정병헌은 청산과 바다의 수직적, 수평적 이미지에 주목하고 '이상을 향한 긴 방황의 과정에서, 드디어 현실 속에서 이상을 추구할 수 있는 장소로의 귀환을 노래한 것'[16]으로 보았다. 제7, 8연의 '기적' 설에 대한 비판도 제기되어, 윤강원은 '달리 설명할 방도가 보이지 않으므로 궁여지책으로 기적에 의지해 보려는 '막다른 골목'적 발상……기적의 내용이나 의미가 무엇이길래 사슴이 짐대에 올라가 해금을 켜는 형국으로 나타났어야 할 필연성을 가진단 말인가', 김재용은 '돌연한 기적도 당혹스러운 것이지만, 술의 발견을 기적이라고 보는 것은 더욱 수긍하기가 어렵다.'고 하였고, 박병욱은 위의 비판에 수긍하면서도 제7연을 왕과 신하들을 풍자하는 우언으로 보았다.[17] 이러한 비판을 통해 주제 파악에서 제7, 8연의 해독이 얼마나 중요한지를 새삼 느낄 수 있다.

1980년대 후반에서 1990년대는 1980년대 전반에 제기된 민중의 유랑

---

14 김학성, 앞의 책, 137면, 246면. ; 신동욱, 「청산별곡의 평민적 삶의식」, 『고려시대의 가요문학』, 새문사, 1982, Ⅰ·36-37면. ; 박노준, 앞의 논문, 53면.

15 서재극, 「여요 주석의 문제점 분석-동동·청산별곡을 중심으로-」, 『어문학』 19, 한국어문학회, 1968, 8면.

16 정병헌, 「청산별곡의 이미지 연구 서설」, 『국어교육』 49, 한국국어교육연구회, 1984, 107면.

17 윤강원, 「청산별곡 연구-그 올바른 이해와 완전한 향수를 위하여」, 대유공전출판부, 1981, 87면. ; 김재용, 「청산별곡의 재검토」, 『서강어문』 2, 서강어문학회, 1982, 163면. ; 박병욱, 「청산별곡의 신연구」, 경기대 대학원, 석사 논문, 1985, 44-45면, 56면.

이라는 사회적 주제에서 '민중'에 중점을 두는 것과 함께 '유랑'의 면을 부각하는 경향을 보였다. 전자로는 김쾌덕이 '고난스러운 생활 조건과 그 환경을 견디다 못해 이를 잊고 그의 암울한 심정을 위무받기 위한 방편으로 청산을 설정'하였고 '고려 후기의 시대 상황 속에서 좌절하지 않고 그 속에 몸담고자 하는 민중들의 현실 집착 의지와 적극적인 생활상'[18]이 결구되었다고 보았다.

후자는 떠나고 돌아옴, 가고 머묾의 의미 맥락에 주목한 것이다. 이미 김재용이 '유랑 생활'을 전면에 내세워 주제를 살핀 바 있다. 정재찬은 '전연에 걸쳐 지배적인 것은 다만 '길 떠남'의 이미지일 뿐'으로, '술에 주저앉듯 결국 기나긴 여로를 통해 현실로 되돌아온 것처럼 보이지만 그의 여로에도 역시 종착역은 없다. 현실은 여전히 부정적일 수밖에 없고, 그것을 번연히 알면서도 '청산'과 '바다'의 세계로부터 회귀하는 것, 그것은 슬픈 여로'라고 하였다.[19] 성호경은 제7연의 '에정지'를 '갈래/갈림길'로 풀이하면서 '속세에서 출발하여 이상향으로서 청산을 찾고 다시 바다를 찾은지라, 그 '돌아가는 갈림길'이란 곧 '속세'로 도로 돌아가는 갈림길'이라 하였고, 나정순은 '어떤 개인에 의해 단절된 곳으로 떠나야만 하는 심경……유배 문학적 성격을 지닌 노래'라고 보았으며, 강명혜는 '벼슬을 하다가 모함에 빠져 잠시 현실에서 이탈했지만 그곳을 향한 강한 동경 때문에 도로 복구하는, 혹은 몹시 복구를 원망하는, 현실 안주의 노래'이면서도 '어떤 절대자나 신적 존재와의 융합을 꾀하거나 바라는, 또는 축원하는 그러한 이면적 의미'를 지닌다고 하였다.[20] 김대행은 돌아

---

18 김쾌덕, 「고려속가의 사회배경적 연구」, 부산대 대학원, 박사 논문, 1987, 113면.

19 김재용, 앞의 논문, 166면. ; 정재찬, 「청산별곡에 대한 시교육적 접근」, 『고전문학 어떻게 가르칠 것인가』, 집문당, 1994, 279면.

20 성호경, 「청산별곡의 '에정지'에 대하여」, 『한국시가의 유형과 양식연구』, 영남대출판부, 1995, 112면(이 논문은 『영남국어교육』 1, 영남대 국어교육과, 1988.에 실렸다.). ; 나정순, 앞의 논문, 101면. ; 강명혜, 「현실안주의 노래로서의 청산별곡」, 『온지논총』 3, 온지학회,

옴보다 떠남에 중점을 두어 '내 지금 사는 곳을 떠나 이 세상 그 어디엔가 저 먼 딴 곳에 가서 살고 싶다는 뜻', 즉 '피안 지향성'[21]으로 이해하였다.

이러한 경향은 최미정이, '눈에 띄는 것은 '살다'와 '가다'라는 동사에 따른 장면과 상황의 변화인데, '살다'와 '가다'는 정착과 이동을 나타낸다는 면에서 벌써 대조적이다.……수동적 삶의 진행 과정은 정신적 삶을 육체적 생존보다 우위의 가치에 두고 모든 것을 포기하나 그것의 중압을 견뎌내지 못하고 강요된 현실에 주저앉고 마는 상태에 귀착된다.'[22]고 한 논의로 이어진다. 원문의 두 동사만큼은 달리 해독할 여지가 없는 만큼 작품 해석의 든든한 바탕이 되기에 가는 것과 사는 것, 유랑과 정착의 주제가 논의의 중심이 될 수 있다.

이 시기에 또 다른 방향의 모색도 이루어졌다. 최용수는 제5, 6연 교체 설과 여성 화자 설을 받아들여 전·후반부를 남성·여성 화자로 보고 '현실 적응에의 몸부림'[23]을 주제라고 하여 이전의 설을 수용, 절충하였다. 이와 달리 기존과 다른 접근을 시도하기도 하였다. 김복희는 '모든 것과 융합하고 합일하는 신화적 삶을 지향'하는 작품으로 보았고, 엄국현은 '주체가 시름이 많고 고독한 점, 접신 상태에서 경험하게 되는 환상적인 이야기가 나타난다는 점, 무의에서 흔히 나타나는 극적 장치가 있다는 점 등으로 미루어볼 때' '낙원을 찾아가는 샤만의 접신 여행과 관련된 노래'라 했으며, 강명혜는 이면적 의미를 찾으면서 영매인 새와 사슴, 솟대인 짐대, 무가와의 상관성 등을 언급하였고, 조법종은 각 연이 '산악숭배, 보조 신령, 새가 하소연 전달, (4연 해석 생략), 투석 놀이, 하천 신앙, 사슴 탈 사제의 종교 의식, 강신주'를 소재로 하여 '전통 신앙 대상물을

1997, 124면, 134면.

21 김대행, 「고려시가의 문학적 성격」, 『고려가요연구의 현황과 전망』, 집문당, 1996, 25면.

22 최미정, 『고려속요의 전승 연구』, 계명대출판부, 1999, 87-89면.

23 최용수, 「청산별곡고」, 『어문학』 49, 한국어문학회, 1988, 292-300면.

통해……혼란과 위기를 극복하기를 희구'한다고 보았다.[24] 이들 논의는 작품에서 신화적, 무속적, 민간 신앙적 요소를 찾아서 의미를 부여한 것이다.

2000년대는 1990년대의 문제의식을 이어받아 심화, 확장하려는 논의가 펼쳐졌다. 먼저, 떠나고 돌아옴, 이동과 정착의 주제는 계속해서 논의되었다. 정기철은 "현실 속에 사는 개인의 정서 표출(2·3연)'과 이러한 정서의 원인이 되는 '속세 상황(4·5연)', 그리고 이를 동인으로 '속세를 떠나고 싶음'(1·6연)으로 2~5연을 감싸고' '떠나고 싶으나 떠나지 못하는 현실의 자각(7·8연)'이 대단원……'속세를 떠나고 싶은 마음과 그러한 마음의 동인으로 작용하는 현실 상황'을 표출한 전반부(1~6연)와 '떠나려 하나 결국 떠날 수 없다는 자각'을 나타낸 후반부(7·8연)의 2분단으로 파악하였다. 이미영은 '유랑하는 시적 화자의 거처 상실의 불안과 방황'을 주제로 보았으며, 임주탁은 "청산'·'바룰'에서 자연적인 산물을 먹고사느냐, 아니면 '믈 아래'·'바룰'로 향해 가느냐는 선택의 문제를 놓고 겪는 갈등이 핵심'으로 보고 "청산'·'바룰'에서의 삶은 산성·해도 중심의 임시체제 안에 머묾을 의미'하며 그곳을 '떠나지 않고 그 안에 안주하기를 의도'한 것이라고 하였다.[25]

다음으로, 작품에 대한 민속학적 접근이 좀 더 확장되었다. 이종덕은 '삶의 터전을 상실하고 임과 사별한 처지에서 비탄에 젖어 고통의 나날을 보내다가, 제의적 행위에 의지하여 죽은 임과의 교감을 시도하는' 내용으

24 김복희, 「청산별곡의 신화적 의미」, 『고려시가의 정서』, 개문사, 1986, 52면. ; 엄국현, 「청산별곡 연구」, 『인제논총』 12, 인제대, 1996, 13면. ; 강명혜, 앞의 논문, 125-133면. ; 조법종, 「청산별곡에 나타난 새와 사슴의 한국고대 종교문화적 전통」, 『한국고대사연구』 14, 한국고대사학회, 1998, 481-486면.

25 정기철, 「청산별곡 5·6연의 뒤바뀜 문제에 대한 연구」, 『한국언어문학』 45, 한국언어문학회, 2000. 296면. ; 이미영, 「고려속요의 정서와 교육」, 숙명여대 교육대학원, 석사 논문, 2003, 35-40면. ; 임주탁, 「청산별곡의 독법과 해석」, 『한국시가연구』 13, 한국시가학회, 2003, 78-79면, 89면, 100-102면.

로 보았고. 엄경흠은 경상도 상엿소리와 비교하여 '만가나 장송곡의 성격'을 지녔다고 했으며, 민찬은 제3연의 '새'를 학무와 관련지어 '새로 분장한 사람(기녀)'으로, '믈'은 무대 위에 마련된 소품인 지당판, '장글란'은 장고로 보면서 당대의 '현실적 문맥을 강조'하였다.[26]

한편, 연구사 초기부터 제기된 주제론을 심화하는 논의도 이어졌다. 송정헌은 작자가 '소극적인 자기 기피'로 '은둔을 생각했고 은둔처로서는 자연을 택했'으나 '남은 길은 인간 사회에의 복귀'였는데 이는 '지극히 선량한 인간적인 사고의 순환성', '건실한 생의 추구'라고 하였고, 최정윤은 상층 문인의 '내면 의식'을 살펴서 '도가적 은일과 풍류, 유가적 현실 집착이 함께 나타난다.'고 하였다.[27] 은둔의 주제와 문인 작자에 대한 논의를 계승, 심화한 것이다.

이와 함께 작품의 당대성보다 보편성을 강조함으로써 이해를 넓히려는 논의가 나왔다. 정재호는 '시대를 초월하는 고전으로서의 의미'를 찾아서 '세상살이의 어려움, 가다가 겪은 경험, 이상 세계 희구, 생산과 관계된 것' 등 네 계열의 주제가 '우리의 삶과 모두 직결된 것'이라 하였고, 허남춘은 '현실의 고뇌를 해결하고자 이상 세계를 지향하지만 해결하지 못하고 현실로 되돌아오는 정서'가 지닌 현재성을 강조하였다.[28]

2010년대는 해석의 관점에 따라 여러 층위의 논의가 이루어져 주제론이 좀 더 확산하는 경향을 보인다. 서철원은 '주체의 강인한 의지를

---

26 이종덕, 「청산별곡의 한 해석」, 『한말연구』 11, 한말연구학회, 2002, 236–237면. ; 엄경흠, 「경상도 상여소리와의 비교를 통한 청산별곡의 이해」, 『한국시가연구』 16, 한국시가학회, 2004, 6면. ; 민찬, 「청산별곡 3연의 새와 학무」, 『한국언어문학』 66, 한국언어문학회, 2008, 100–105면.

27 송정헌, 앞의 논문, 77면 ; 최정윤, 「청산별곡의 의미와 향유 의식」, 『한국문학이론과 비평』 33, 한국문학이론과 비평학회, 2006. 150면.

28 정재호, 「청산별곡의 새로운 이해 모색」, 『국어국문학』 139, 국어국문학회, 2005, 150면, 177–178면. ; 허남춘, 「청산별곡의 당대성과 현재성」, 『한국언어문화』 28, 한국언어문화학회, 2005, 510면.

먼저 보이고 그 계기가 된 '시름'을 구체화시키며(1~3연), 시름과 울음을 드러낸 다음(4~5연), 다소 무리한 방식으로 그 해결을 시도하다가 끝내 체념하고 다른 방식으로 승화시키는(6~8연) 일련의 활동을 단일한 주체의 목소리로 보여'[29] 준다고 하여 화자의 정서 표출 방식에 중점을 두고 논의하였다. 황병익은 제8연에서 '강술'을 수식하는 '설진'을 '屑塵'(가루)으로 풀이하고 '청산과 바다를 꿈꾸던 화자가 긴 장대에 올라 해금을 연주하는 연희에 눈길을 빼앗기고, 배부른 독에 가득한 가루 강술을 사양하지 못함으로써 유토피아를 꿈꾸던 화자의 발걸음은 다시 현실에 머문다.'[30]고 하였다. 박재민도 '설진 강술'을 대상으로 했는데 '설지-'를 '皺'(주름 추)의 뜻으로 보아 '자글자글 익어 가는 된술'로 풀이하고 "현실의 부정(1·5연)'에서 출발하여 '삶의 비탄 제시(2·6연)', '환각과 환청을 통한 자신의 운명 자각(3·7연)', '청산[바다]에 안착(4·8연)'이란 여로를 따'[31]른다고 하였다. 이들 논의는 원문의 어휘를 다시 해독하여 기존의 주제론을 좀 더 구체화한 것이다.

한편, 이정선은 공간에 주목하여 '공간 이동에 따른 기록이 아니라 견디기 어려운 현실에서 비롯된 공간(산과 바다)을 열망하며 현실의 무게를 소멸시켜 보려는 시도'이고 제6연에서 "아서라!' 심사가 발동……체념으로 급반전'한다고 보았다.[32] 염은열은 작품의 화자가 '끊임없이 새로운 공간을 향해 떠나고 있다는 점에서 유목민과 같다. 그리고 유목민들이 경험하곤 하는 삶의 비애와 방황을 술로 위로받고자'[33] 한다고 하였다.

---

29 서철원, 앞의 논문, 18면.

30 황병익, 「청산별곡 8연의 의미 재론」, 『민족문화논총』 45, 영남대 민족문화연구소, 2010, 42면, 60면.

31 박재민, 「청산별곡의 어석에 대한 재고」, 『한국시가연구』 32, 한국시가학회, 2012, 204-206면, 216면.

32 이정선, 「청산별곡의 공간과 구조를 통해 본 현실인식」, 『한국언어문화』 48, 한국언어문화학회, 2012. 332면, 328면.

33 염은열, 『공감의 미학, 고려속요를 말하다』, 역락, 2013, 201면.

최홍원은 텍스트의 추상성과 모호성으로 인해 작품 감상이 '은폐와 감춤의 텍스트를 두고서 끊임없이 부재 요소를 의미화하는 과정의 연속'임을 지적하고 '정착하고자 하지만 머무르지 못하고 끝없이 떠돌아야만 하는 인간의 근원적인 삶을 보여'[34] 준다고 하였다. 임재욱은 '임과 헤어진 여인의 노래로 보는 관점, 곧 남녀 간의 사랑을 노래한 것으로 보는 관점을 택'한다고 하고 원문의 몇몇 어휘를 육체적 관계의 비유로 풀이하였다.[35] 이 논의들은 다양한 편차를 지닌 기존의 주제론에서 작품 이해의 당혹감을 드러내는 한편, 그중 하나를 더 밀고 나가는 시도를 한 것이다.

이상의 검토를 통해 몇 가지 논점을 확보할 수 있다. 첫째, 떠나고 돌아옴, 가고 머묾의 주제가 여러 방향의 주제론을 수렴하는 역할을 할 수 있다. 둘째, 제5·6연 교체 설, 제7·8연 기적 설 같은 가설은 현전 원문의 의미 맥락을 정합적으로 구성할 수 있다면 재고되어야 한다. 셋째, 원문의 해독이 정립되지 않는 한, 작품의 주제에 대한 논의는 여러 방향으로 뻗치게 될 가능성이 크다.

3. 작품 주제와 난해 구의 해석

아래는 『악장가사』에 실려 있는 원문에서 후렴구만 제외한 것이다. 작품의 시상 전개를 살펴보기 위해 8연을 나란히 인용한다.[36]

---

34 최홍원, 「고전문학 텍스트의 경험적 자질 탐색-청산별곡을 대상으로」, 『국어교육』 147, 한국어교육학회, 2014, 210면, 222면.

35 임재욱, 「남녀상열지사로 본 청산별곡」, 『어문연구』 46, 한국어문교육연구회, 2018, 142면, 148-155면.

36 『악장가사』, 한국학문헌연구소, 1973.

살어리 살어리랏다
青山청산애 살어리랏다
멀위랑 ᄃᆞ래랑 먹고
青山청산애 살어리랏다

우러라 우러라 새여
자고 니러 우러라 새여
널라와 시름 한 나도
자고 니러 우니로라

가던 새 가던 새 본다
믈아래 가던 새 본다
잉 무든 장글란 가지고
믈아래 가던 새 본다

이링공 뎌링공 ᄒᆞ야
나즈란 디내와손뎌
오리도 가리도 업슨
바므란 ᄯᅩ 엇디호리라

어듸라 더디던 돌코
누리라 마치던 돌코
믜리도 괴리도 업시
마자셔 우니노라

살어리 살어리랏다
바ᄅᆞ래 살어리랏다
ᄂᆞᄆᆞ자기 구조개랑 먹고
바ᄅᆞ래 살어리랏다

가다가 가다가 드로라
에정지 가다가 드로라
사 ᄉᆞ미 ᄶᅵᆷ대예 올아셔
奚琴ᄒᆡ금을 혀거를 드로라

가다니 ᄇᆡ브른 도긔
설진 강수를 비조라
조롱 곳 누로기 ᄆᆡ와 잡ᄉᆞ와니
내 엇디ᄒᆞ리잇고

전 8연에 걸쳐 전개된 시상에서 일정한 의미 범주를 찾기 위해서는 출현 빈도가 높고, 해독에서 논란의 여지가 없고, 의미상 중요성이 큰 단어들을 고를 필요가 있다. 이러한 기준에서 볼 때, '살다, 우-니다, 가다, 지내다, 어찌하다'가 삶의 의지, 비애, 유랑, 탄식 등의 뜻을 지녀 의미의 한 계열을 이룬다. '니다, 가다, 지내다'가 근간이 되고 '울다, 어찌하다'가 그것을 수식하는 모양새다. 이로써 주제를 어림잡으면 유랑의 삶에서 느끼는 비애와 탄식 정도로 볼 수 있다. 유랑 생활을 하면서 얻은 경험과 정서가 표현된 작품으로 보이는 것이다. 논란 중인 난해 구들도 이러한 대강의 주제에 비추어 해석하는 것이 온당한 방향이라고 생각한다.

먼저, '청산'과 '바다'는 그 내포적 의미가 무엇이든지 간에 유랑의 여정 끝에 놓인 장소가 된다. 떠돌아다니다가 마지막에 닿게 되는 곳이 제1연의 산속일 수도, 제6연의 바닷가일 수도 있다. 그런데 제1연과 제6연의 후속 연들에서 산 또는 바다로 가다가 얻은 경험과 정서가 산이나 바다와 긴밀히 연관되어 나타나지 않는다는 점이 주목된다. 제2, 3연에 나온 '새'가 산으로 가는 길에 만난 대상일 수 있어서 어느 정도 관련되지만, 나머지 제4, 5연, 제7, 8연은 산, 바다와 상관없이 유랑 생활의 경험이 그려져 있을 뿐이다. 이로써 보면 제1연과 제6연에서 화자는 산으로, 바다로 꼭 가겠다는 뜻이 아니라 산으로 갈걸 그랬나, 아니면 바다로 갈걸 그랬나 하고 유랑 중 방황하는 심정을 표현한 것이라 할 수 있다.

이를 염두에 두고 제3연 '잉 무든 장글란', 제7연 '에정지 가다가, 사ᄉᆞ미 짒 대예 올아셔', 제8연 '설진 강수를, 조롱 곳 누로기'를 살펴보고자 한다.

제3연의 '잉'을 'ᄋᆡᇫ'의 오기로 보아 'ᄋᆡᇫ 무든'으로 '이끼 묻은'이라고 풀이하는 것이 온당하다. 그런데 이 독법이 다소 주저된 데에는 뒤의 '장글란'과 연결되어 '이끼 묻은 쟁기'가 의미상 불합리한 구절이 되었기 때문이다. 쇠로 만들어진 쟁기에 녹이 슬면 슬었지 이끼가 낄 수는 없는 노릇이다. '장글란'은 'ᄌᆞᆱ + 을 + 란'으로 분석되어 'ᄌᆞᆱ + 이/애>잠기/잠개>장기/쟁기'로 변한 어근 'ᄌᆞᆱ'을 농기구 또는 무기로 달리 보았다.

본고는 기존의 해독처럼 '장길랑/쟁길랑'으로 풀이하지만 '장기/쟁기'의 문맥적 의미에 대해서는 좀 더 따져 보아야 한다. '장기'의 '장-', 동의어 '잠개'의 '잠-'이 지닌 의미 범주와 관련하여 다음 용례를 찾을 수 있다.

장-닭 : (일부 속담이나 관용구에 쓰여) '수탉'을 이르는 말.

장-털 : 수탉의 꼬리털.

장끼 : 꿩의 수컷. = 수꿩.

장목 : 꿩의 꽁지깃.

장-깃 : → 칼깃.

연장 : 1. 어떠한 일을 하는 데에 사용하는 도구.

2. 남자의 성기를 속되게 이르는 말.

칼-깃 : 새의 날갯죽지를 이루는 빳빳하고 긴 깃. 날개를 들 때는 모로 서서 공기가 빠지게 하고 내릴 때에는 가로서서 빽빽하게 막아 공기가 빠지지 못하게 한다. ≒ 풍절우(風切羽).

잠데 : '쟁기'의 방언(제주).

잠지 : 남자아이의 성기를 완곡하게 이르는 말.[37]

장- : '수-'의 방언(경상).

장귀 : '수쇠'의 방언(제주).[38]

위에서 보듯이 '장/잠-'은 '수컷'의 의미를 지닌 접두어이다.[39] '장기/잠개'가 연장이나 무기의 뜻인 데에는 '장/잠-'의 남성성의 의미가 작용했을 것이다. '연장'의 '-장'도 이러한 의미 범주에 속하는 말로 보인다. '장깃'이 '칼깃'의 다른 말인 것은 무기의 대표가 '칼'이라서 성립하지 않았을까 싶다. 또한, '장-'은 새 종류인 닭, 꿩 등에 붙을 뿐 아니라 '장털, 장목, 장깃' 등 새의 깃털을 지시하는 말에도 붙는다.

'장-'이 남성성의 의미와 함께 새와 연결될 때에는 주로 깃털에 붙는

37 국립국어원, 『표준국어대사전』, 해당 항목.

38 위의 사이트, 「우리말샘」 해당 항목.

39 '장'을 한자어 '장(長)'으로 볼 수도 있으나 그러면 '잠'과의 관련성이 멀어진다.

다는 점은 시사하는 바가 크다. 남성성에는 강함, 공격성의 의미도 있으나 노동, 생계, 부양의 성격도 포함한다. 새가 지닌 부리, 발톱, 날개 등의 연장은 양쪽에 다 해당한다. 여기서 '장길랑'의 '장기'를 '연장'으로 해석하고 그것을 '새'와 연결할 때, '장-'이 새의 깃털에 붙은 단어들을 고려하여 새의 연장 중 '날개'를 뜻한 것으로 볼 수 있다.[40] 곧, '장기'는 '연장'을 지시한 말이지만 내포적 의미로 '날개', 좀 더 한정지어 '날갯죽지'를 시사한 말로 이해된다.[41] 그렇다면 '장기'는 중의적 표현이라 하겠다.

[날아]가던 새 가던 새 보았느냐?
물아래(下流)[로] 가던 새 보았느냐?
이끼 묻은 연장(날개)을랑 가지고
물아래[로] 가던 새 보았느냐?

화자는 누군가에게 날아가던 새를 보았느냐고 묻고 있다. 날아가는 방향은 물아래, 즉 하류 지역이고, 새의 특이점은 날개, 정확히는 날갯죽지에 이끼가 묻어 있다는 것이다. 날갯죽지에 이끼가 묻은 새라면 그늘진 곳에서 잠을 자고 나서 이끼를 털지 못한 채 날아간 상황을 말해 준다. 화자는 유랑하다가 어느 그늘진 곳에서 하룻밤을 지내게 되었다. 그런데 부근에 새 또는 새 무리가 있어서 움직이거나 지저귀면서 화자의 벗이 되어 주었다. 그러다가 잠이 들었는데 아침에 일어나 보니 새/새들은 하

---

40 본 논문을 학회에서 발표했을 때, 지정 토론자인 조하연 교수는 "연장'이라는 단어가 환기하는 도구들[은]……대체로 강하고 공격적인 성격이 강해 보이는데, 날개나 악기의 경우는 오히려 그 반대의 이미지를 가지고 있다.'고 하였고, 조희정 교수는 연장을 도구와 날개 양쪽의 지시어로 봄으로써 둘을 혼동했다고 하였다. 이러한 지적을 고려하여 수정하였다.

41 권재선, 「청산별곡 어석고」, 『한국사회사업대학논문집』 7, 한국사회사업대학, 1977. 213면에서 '장구 치듯이 나래를 치면서'라 하여 제3연에서 '나래'를 명시한 해석을 보여 주었다.

류 지역으로 날아간 뒤였다. 하룻밤 외로움을 달래 주었던 존재가 사라지자 상실감과 함께 더 큰 외로움이 밀려온다.

이 맥락에서 보면, 화자가 제2연에서 '자고 일어나 울어라'고 말을 건넨 새가 제3연의 날아가 버린 새일 가능성이 크다. 자신과 '시름'을 공유한다고 생각한 새를 향해 시름의 표출인 울음을 지쳐 쓰러질 때까지 하지 말고 잠이라도 자고 나서 울더라도 울라는 뜻으로 말을 건넸다. 권유에 응한 듯이 새가 잠이 들어 울음소리를 내지 않자 화자도 안도하여 잠을 청할 수 있었을 것이다. 이렇게 해서 겨우 잠이 들었는데 깨어나 보니 어젯밤 말을 건넨 새/새들은 먹을거리가 많은 하류 지역으로 날아가 버렸다.

이렇듯 '이끼 묻은 연장(날개)'이라는 해석은 제3연의 시적 상황이 상당히 함축적으로 표현되었음을 보여 준다. 뿐만 아니라 제2연과는 '새'라는 소재 이상으로 화자의 처지와 깊이 연관됨을 드러낸다.

제7연 '사 ᄉᆞ미 짒 대예 올아셔'는 이어지는 '히금을 혀거를 드로라'와 함께 '사슴이 장대에 올라서 / 해금을 켜는 것을 들어라'로 풀이는 되지만, 이것이 무엇을 말하는 것인지에 대해 논란이 이어졌다. 이 구절에 대한 해독의 실마리는 '에정지'라고 생각된다. '정지'는 '부엌' 또는 '정주(鼎廚)'의 방언인 '정지'로 볼 수 있으나 '에-'가 무슨 말인지를 해명해야만 '-정지'와 결합된 말의 뜻을 추정할 수 있다. '에'의 용례 중 다음 단어가 주목된다.

> 에우다 : 1. 사방을 빙 둘러싸다. 다른 길로 돌리다.
>
> 2. 장부 따위에서 쓸데없는 부분을 지우다.
>
> 3. 다른 음식으로 끼니를 때우다.[42]

---

42 국립국어원, 『표준국어대사전』, 해당 항목.

에 : 짬. 틈. 여가 잇거든 에 보와 못 오읍시리잇가.(『언간』127) 믈러나 飮 食 쟝만ᄒᆞ고 에 나거든 셰답ᄒᆞ며.(『가언』2:28)[43]

'에우다'의 3번 뜻이 '에'와 관련된 의미일 수 있다. '에'의 뜻 '짬'을 음이 유사한 '참'과 함께 검토해 본다.

짬 : 1. 어떤 일에서 손을 떼거나 다른 일에 손을 댈 수 있는 겨를.
2. 두 물체가 마주하고 있는 틈.

참 : 1. 일을 하다가 일정하게 잠시 쉬는 동안. 한자를 빌려 '站'으로 적기도 한다.
2. 일을 시작하여서 일정하게 쉬는 때까지의 사이.
3. 일을 하다가 잠시 쉬는 동안이나 끼니때가 되었을 때에 먹는 음식.
4. 길을 가다가 잠시 쉬어 묵거나 밥을 먹는 곳.[44]

'짬'과 '참'은 시·공간적 사이, 틈의 의미를 공유하고 있다. '짬'은 전라도, 충청북도 방언에서는 '참'으로 나타나기도 한다.[45] 이로 미루어 중세어 '에'의 의미에 '참'의 3번과 4번 뜻이 포함되었을 가능성이 높고 '에우다'는 '때(끼니)+우+다>때우다'처럼 '에+우+다'로 분석되는 단어라 하겠다.

이에 '에정지'에 '참'의 3번 뜻을 적용하면 '[한 끼] 에[울] 부엌', 4번 뜻으로 하면 '부엌 참(站)'으로 풀이할 수 있다. '참'은 순우리말이지만 한자로 적기도 한다는 위의 설명에 따라 한자를 병기하였다. 이러한 해석은 '에+정지'라는 합성어를 상정한 것이다. 방증의 하나로 '주발, 바리때'를 뜻하는 '에우아리'[46]를 들 수 있는데 이 단어는 '에+우+ㄹ+바리>에울

43 위의 사이트, 「우리말샘」 해당 항목.

44 국립국어원, 『표준국어대사전』, 해당 항목.

45 위의 사이트, 「우리말샘」 해당 항목.

바리>에우바리>에우아리'로 분석되는, '에-'와 '-바리'의 합성어로 생각된다. '에'가 명사 '정지'에 붙었듯이 '바리'에 붙어 합성어를 이루었는데 중간에 사동의 선어말 어미 '-우-'와 관형사형 어미 '-ㄹ'이 첨가되었다는 차이점이 있다.[47] 또한 '부엌 공덕'[48]이라는 말은 부엌일을 하여 부처와 중을 공양하고 손님까지 대접한다는 뜻의 어구라 할 수 있다. 이 말과 관련지으면 '에정지'는 부엌 공덕을 하는 장소가 된다.

이제 '사 ᄉᆞ미 짒 대예 올아셔'를 해석해 보겠다. '사ᄉᆞ미'는 물론 '사ᄉᆞᆷ(鹿) + ㅣ'로 보는 것이 마땅하고 상식적이지만 '사슴이 장대에 올라서 / 해금을 켜는 것'이라고 풀이되었을 때의 황당함을 해소하기 어렵다. 본고는 '해금을 켜는' 주체가 사람이어야 한다는 전제하에 주격 조사가 붙은 '사ᄉᆞ미'를 '사∨ᄉᆞ미 + ∅'로 분석한다. 여기서 '사'는 앞에 나온 '[한 끼] 에[울] 부엌, 부엌 참'과 관련지을 수 있다. 유랑자에게 끼니를 대접하는 '에정지'를 지닌 '사'라면, 그리고 위에서 언급한 '에우아리'(바리때)라는 불교 관련 단어를 고려한다면, 그것은 아무래도 '사(寺)', 즉 '절'이 되어야 할 것이다.[49] '사' 뒤의 'ᄉᆞ미'는 절에 속한 사람으로서 '沙彌'의 우리말 표기로 적합하다. '십계(十戒)를 받고 구족계(具足戒)를 받기 위하여 수행하고 있는 어린 남자 승려'의 뜻인 '사미(沙彌)'는 앞의 '사(寺)'와 어울리는

---

46 같은 곳.

47 아니면, '에우아리'의 이형태로서 '에와리''를 상정하여 '에 + 바리>에바리>에와리'로 간단히 분석할 수도 있다. 그렇다면 이 단어도 '에 + 정지'와 같은 합성 방식의 단어인 셈이다. '에우아리'는 아마도 '한 끼 에우는 바리때', 즉 절에서 손님 대접을 위해 비치한 여분의 바리때를 뜻하는 말인 듯하다.

48 '다리 놓아 만인 공덕 원을 지어 행인 공덕 / 절을 지어 승인 공덕 할지라도 / 옷 벗셔 대시주와 부엌 공덕이 제일이요 / 젖 없는 자손 젖 먹여 주는 공덕이 제일이리라'(김태곤 외, 『한국의 신화』, 시인사, 1988, 311면.)

49 신관룡, 「고려시대 불교의 사회복지활동 연구」, 한국교원대, 석사 논문, 1998, 33–39면. ; 한상길, 「고려시대 불교의 사회복지사업」, 대구대 대학원, 석사 논문, 1988, 1–61면. 34–36면. 귀법사(歸法寺), 보제사(普濟寺), 개국사(開國寺), 홍경사(弘慶寺), 혜음사(惠陰寺), 천수사(天壽寺), 보현원(普賢院), 연복사(演福寺) 등에서 행려자 및 빈민 구제 활동을 하였다.

말이다. 그리하여 '사ᄉᆞ미'는 '사ᄉᆞᆷ + ㅣ'가 아니라 '사∨ᄉᆞ미 + ∅'로서 '사(寺, 절) 사미[가]'로 풀이할 수 있다.[50] '사'와 'ᄉᆞ미' 사이에 조사가 생략되었는데 아마도 '사'의 'ㅏ'음을 길게 발음함으로써 조사 '의'의 의미를 전달할 수 있기 때문이 아니었을까 한다.

다음으로, '짒대'는 대개 '당간(幢竿), 돛대'라는 뜻의 한 단어 '짐대'로 보았다. 그런데 절에 있는 물건인 '당간'으로 보더라도 '사미'가 당간에 올라가 해금을 켠다는 것은 이해하기 어렵다. 이를 타개하기 위해 '짒대'를 두 단어로 보아 '짐 + ㅅ∨대'로 분석한다. '짐'은 등짐, 괴나리봇짐 등 여행자가 가지고 다니는 짐이다. '대'는 한자 '대(臺): 물건을 떠받치거나 올려놓기 위한 받침이 되는 기구를 통틀어 이르는 말.' 혹은 '대(坮): 받침대'의 표기로 볼 수 있다.[51] 'ㅅ'은 뒷말을 수식하는 관형격 촉음으로 '녀닛景'(〈만전춘별사〉), '믈힛 말'(〈정과정〉)의 'ㅅ'과 같은 용법이다. 이에 '짒대'는 '짒 대', 즉 '짐 [놓은 받침]대'로 풀이한다.

가다가 가다가 들어라.

[한 끼] 에[울] 부엌/부엌 참[에] 가다가 들어라.

사(寺) 사미(沙彌)[가] 짐 [놓은] 대(臺/坮)에 올라서

해금(奚琴)을 켜는 것을[52] 들어라.

---

50 조하연 교수는 "'사'와 '사미'가 모두 한자어였다면 둘 모두, 최소한 둘 중 하나라도 한자로 기록되었어야' 한다는 의문을 제기하였다. 『악장가사』 수록 고려가요는 대부분의 한자어에 한자가 표기되어 있으나 한자가 붙지 않은 단어도 있는데, '쇼셩경, 사공'(〈서경별곡〉), '광대'(〈쌍화점〉), '[고온 두] 분'(〈한림별곡〉), '각시'(〈만전춘별사〉) 등이다. 이 중에 '광대(廣大), 각시(閣氏)'는 순우리말을 한자로도 표기하는 경우라서 제외하더라도 '쇼셩경(小城京/昭盛京), 사공(沙工), 분(盆)'은 한자 병기가 가능한데도 그렇게 하지 않은 예이다. '사ᄉᆞ미'는 이와 같은 방식의 표기라고 할 수 있다.

51 최정윤, 앞의 논문, 145면에서 '대(臺)'로 본 바 있다.

52 '혀거를'의 '-거를'을 연결 어미가 아니라 목적어로 풀이한 것은 양주동, 앞의 책, 326–327면 참조.

떠돌아다니는 화자가 절간의 부엌에 들러 한 끼를 에우고자 한다. 가졌던 짐을 부엌으로 가는 길목의 대 위에 놓고서 차례를 기다린다. 아마도 짐을 보관하는 일을 맡았을 사미가 짐 놓은 대에 올라앉더니 해금을 켠다. 우두커니 서 있던 화자는 그 소리에 귀를 기울인다. 해금 소리는 '깽깽이를 켜다: 우는 소리를 하다.'의 관용구처럼 구슬픈 소리이니 화자에게는 유랑의 고달픔을 일깨우는 처량한 음악 소리로 들렸을 것이다.

그런데 화자의 짐과 사미승의 해금 연주 사이에 모종의 관계를 상정해 볼 수 있다. 불교 음악 연주를 위해 절에 비치된 해금을 사미승이 들고 나와 켰거나, 아니면 화자가 지닌 짐 속의 해금이[53] 삐져나온 것을 보고 사미승이 꺼내어 켰을 수 있다. 전자로 보면 제7연에서만 연주 상황이 그려진 것이 되지만, 후자로 보면 제5연 '돌'(경쇠), 제8연 '조롱(박)'도 악기로 볼 수 있고 이에 더하여 제2연 '울다'가 가창의 뜻도 지녔다고 할 수 있다. 절에서 실시하는 구휼의 현장 분위기에 맞지 않게 사미승이 뜬금없이 연주하는 상황인 전자보다는 후자가 고도의 수사법, 세련된 미적 감각, 화자의 정체성, 시적 상황의 다채로움 등을 더 잘 보여 준다.

제8연은 제3행과 제4행이 '잡ᄉᆞ와니~엇디ᄒᆞ리잇고'로서 객체 존대 '-ᄉᆞ오-', 상대 존대 '-잇-'의 선어말 어미가 붙은 화법이 특징이다.[54] 제1~7연은 '살어리랏다, 우러라, 본다, 엇디호리라, 돌코, 드로라'와 같이 독백이거나 해라체였는데, 제8연에서 돌연 합쇼체를 써서 화자가 누군가에게 자기를 낮추고 상대를 높이는 말을 하고 있다. 이 점을 고려한 해석이 문맥 파악의 관건이 된다.

서두의 '가다니'는 과거 확인의 선어말 어미 '-다-'가 포함된 형태로서

---

53 설보라, 「해금」, 『네이버 악기백과』, 음악사연구회. '비속어인 '거지 깡깽이'라는 말에서 보듯, 떠돌아다니며 음악을 연주하고 빌어먹는 '풍각쟁이'들조차 해금을 갖고 다녔을 정도다.'

54 이로 인해 김완진의 여성 화자 설이 나왔다.

예전에 '[어디를] 가더니'의 뜻으로 이해할 수 있다. 제2행의 '강술'에서 '강-'은 접두어로 보인다. 『이조어사전』에 '강벼록' 항을 설정하고 '벼룩의 일종'이라 풀면서 '즌 벼록 굴근 벼록 강벼록 왜벼록(『해동』96)'을 예로 들었다.[55] 여기서 '강-'은 '왜(倭)-'와 대가 되는 말이니 왜국에 대해 오랑캐국인 '강(羌)'이 적합하다. '강벼록' 외에 '강도(羌桃), 강염(羌鹽)' 등에 '강'이 포함되어 있다. 이를 '강술'에 적용하여 '강(羌)술'로 풀이할 수 있다. 그런데 이것이 어떤 술인지를 규정해야 문맥이 연결되는데 뒤의 '조롱곳 누로기'가 단서가 된다. '조롱 곳'이 조롱 모양의 도구를 표현한 말이라면 이는 증류 기구인 소줏고리의 외형에 알맞다. 그렇다면 '강술'은 술덧을 독에 담아 발효시켜 만드는 발효주가 아니라 술덧을 발효시켜 얻은 밑술을 고아 소줏고리에서 독으로 받아 내는 증류주일 것이다. 이색(李穡, 1328-1396)의 한시에 '아라길주(阿剌吉酒)'가 나오는데[56] 이것이 13세기 초 혹은 중반에 만들어져 고려 말에 들어온 증류주의 하나이다.[57]

'강술' 앞의 '설진'은 이제까지 '강술'의 어떤 상태를 뜻하는 말로 해석해 왔다. 그런데 제8연에 돌연 나타난 객체 및 상대 존대법을 생각하면 제1행의 '배부른 독'과 여기서의 '설진 강술'은 대상에 대한 화자의 심리적 거리감이 반영된 말로 볼 여지가 있다. '배부른 독'이란 표현의 이면에는 '배고픈 나'가 대조되는데, 이와 마찬가지로 '설진 강술'에는 그와 대조되는 '나'의 처지가 깔려 있다고 본다. 여기서 '설진'을 '설+지다'로서 '설'(未熟)의 뜻으로 풀이한 견해를[58] 다른 문맥에서 수용할 만하다. 곧, 술이 설익은 상태가 아니라 술에 대한 나의 의식이 설익었다, 다시 말해

---

55 유창돈, 『이조어사전』, 11판; 연세대 출판부, 1995, 해당 항목.

56 이색, 『목은시고』 33, 「西隣趙判事以阿剌吉來 名天吉」, 酒中英氣不依形 秋露溥溥入夜零 可笑靑州老從事 猶誇上應在天星 淵明若見應深服 正則相逢肯獨醒 強吸半杯熏到骨 豹皮茵上倚金屛.

57 주영하, 『조선의 미식가들』, 휴머니스트, 2019, 25-29면.

58 박병채, 『새로 고친 고려가요의 어석 연구』, 국학자료원, 1994, 237-238면.

'내게는 그 술이 낯설다'는 문맥이다. '강술'은 고급지고, 값지고, 맛진(맛있는) 것인데 내게는 격(隔)지고, 낯이 '설지고', 맛이 '설진' 것이다.

'조롱 곳 누로기'는 보통 '조롱박꽃 [같은] 누룩이'로 보았는데 이는 발효주 제조 과정을 전제한 것이었다. '강술'을 북방에서 들어온 증류주로 보는 본고의 관점에서는 그러한 술을 만드는 데 필요한 증류 기구인 고리(소줏고리)를 상정한다. '조롱'은 술덧이 발효하는 모습을 '조롱박꽃'으로 비유한 것이 아니라 고리의 외형을 '조롱(박)'으로 비유했다고 할 수 있다. 이에 따라 '조롱' 뒤의 '곳'을 '곶'(꽃)의 이표기로 보기 어렵기에 이에 대한 재해석이 필요하다.

곬 : 한쪽으로 트여 나가는 방향이나 길.

고래 : 방의 구들장 밑으로 나 있는, 불길과 연기가 통하여 나가는 길.[59]

고ᄅᆡ : '방고래'의 옛말. 炕洞烟釉 고ᄅᆡ에 덕진 그으름.(『한청』10:52)

구듨-곬 : '방고래'의 옛말. 竈突內煤 브ᅀᅥᆨ 구듨골샛 거믜영 一兩(『구간』 6:76)

외-곬 : 단 한 곳으로만 트인 길. 에-곬(경남), 웨-곳(제주).

고소리 : '소줏고리'의 방언(제주).[60]

'곬>고ᄅᆡ/고래(炕, 突)'의 어형 변화와 말뜻을 참조한다면, 증류된 액체가 빠져나갈 길을 낸 기구인 '고리'도 '곬'에서 나왔을 것으로 추정된다. '외곬'의 제주 방언이 '웨곳'이어서 '곬'의 ㄹ탈락 형이 있고,[61] '소줏고리'

59 국립국어원, 『표준국어대사전』 해당 항목.

60 위의 사이트, 「우리말샘」 해당 항목.

61 받침 'ㄺ'에서 ㄹ이 탈락하는 형태는 〈쌍화점〉 제3연 '우믓룡', 사전에서 '긋구'(글귀)를 찾을 수 있다. 'ㄺ'뿐 아니라 'ㅄ'에서 ㅂ탈락형도 보이는데 〈쌍화점〉 제4연 '그 짓 아비'가

의 제주 방언인 '고소리'를 '곳+오리[62]'로 분석한다면 '고리'와 같은 뜻의 '곳'을 상정할 수 있다. 이에 여기의 '곳'은 '곬'의 ㄹ탈락 형이자 '고리'의 동의어로 보아 '조롱 곳'은 '조롱 [모양] (소줏)고리[에]'로 풀이할 수 있다.

> [어디를] 가더니 배부른 독에
> [낮]설은 강(羌)술을 빚어라.
> 조롱 [모양] 고리[에] 누룩이 매워 잡사오니
> 내 어찌하오리까?

유랑하는 화자는 절간 부엌 참에서의 경험을 제7연에, 술 빚는 곳에서의 경험을 제8연에 표현하였다. 아마도 어느 귀족집이나 부잣집 부엌 또는 마당에서 증류주를 내리는 광경을 본 것 같다. 떠돌아다니며 배곯기 십상인 화자에게 술독 자체가 배부른 모양으로 보이고 귀족이나 부자가 먹는 강술을 빚는 모습이 무척 부럽다. 보통은 막걸리, 아주 좋아야 청주 같은 발효주에 익숙한 화자로서는 증류주가 낯설어서 그저 바라볼 뿐이다. 조롱 모양의 소줏고리에서 술의 향이 풍기는데 훨씬 매운 맛이 느껴지면서도 자기에게 익숙한 발효주의 누룩 향과 별반 다르지 않은 향내이다. 그래서 용기를 내어 술 빚는 주인장에게 청해 본다. 매콤한 누룩 향이 저를 붙잡으니 제가 어찌해야 하겠습니까? 라고. 완곡하고 정중하게 술 한 잔을 구걸하는 떠돌이의 모습이 드러난다.

앞에서 언급했듯이 제7연에서 화자의 짐 속에 해금이 들었다고 보면 여기서 은유로 표현한 '조롱(박)'도 악기의 뜻을 내포한 말일 수 있다. 신라에서 전래한 〈무애가〉가 조롱박의 반주로 불렸다는 것은 잘 알려진

그러한 예이다.

62 '-오리'는 '오래'(거리에서 대문으로 통하는 좁은 길), '올레'(길에서 집까지 연결된 아주 좁은 골목 비슷한 길. 제주 방언. 『고려대 한국어대사전』)와 어원을 같이하는 말로 생각된다.

사실이다. 술 빚는 소줏고리를 외형이 유사한 식물 조롱박으로 비유하면서 보조 관념으로 가져온 그 조롱박에 화자의 정체성이 담긴 악기 조롱박의 의미를 함축해 놓았다고 보는 것이다.

이와 같이 〈청산별곡〉의 주제를 유랑의 삶에서 얻은 경험과 정서로 파악한 관점에서 난해 구들을 해석해 보면 작품의 의미 맥락이 어느 정도 트이는 듯하다. 다음 장에서 재해석한 내용을 가지고 작품 전체의 의미 맥락을 살펴보기로 한다.

4. 유랑 가인(歌人)의 노래

〈청산별곡〉은 유랑의 노래이다. 제1, 6연에서 산으로 갈걸 그랬나, 바다로 갈걸 그랬나 하며 방황의 심정이 나타나고, 제3연에서는 이렇게 저렇게 지내왔다고 하고, 제7, 8연에는 어디를 가다가 겪은 경험이 그려져 있어서 유랑의 주제는 비교적 선명히 드러난다. 화자는 떠돌이 생활을 하면서도 정착을 꿈꾸었는데 제1연에 그러한 뜻을 표현하면서 작품을 시작하고 있다.

> 살으리(살겠다) 살으리 했더구나.
> 청산에 살으리 했더구나.
> 머루랑 다래랑 먹고
> 청산에 살으리 했더구나.

'-리랏다: -겠더구나'[63]의 뜻풀이를 원문의 음운과 음보에 맞추어 현

63 국립국어원, 『표준국어대사전』 「우리말샘」 해당 항목.

대어로 풀이한 것이다. 유랑 중에도 화자는 청산으로 가서 머루와 다래를 따먹으며 살면 어떨까 생각했었다. 이러한 은둔 생활, 소박하고 자연 친화적인 삶은 화자가 유랑의 고달픔에서 벗어나고자 해서 생각해 본 것이다. 청산이 자신의 고통을 온전히 치유해 줄 무슨 대단한 장소라고 생각한 것은 아니고 현재의 유랑 생활에서 벗어나고 싶다는 소극적 의지의 표현이다. 청산의 의미를 지나치게 상징적, 이상적으로 보지 않는 것이 유랑의 주제에 더 적절하다.

머루, 다래를 따먹으며 사는 삶은 자연 속에서 자연이 주는 먹거리로 사는 것이다. 이러한 자연적 삶의 방식은 그와 대비되는 인공적 삶의 방식을 전제하고 있다. 인공적 삶은 도회나 농촌에서 사람들 사이에 끼어 무엇인가를 인위적으로 하면서 살아 내는 삶이라 할 수 있다. 뒤에서 논하겠지만 제5, 7, 8연에 나온 '돌', '해금', '조롱(박)'의 악기를 중시한다면 화자에게 인위적 삶이란 여기저기 떠돌아다니며 사람이 모인 곳에서 노래와 악기 연주를 하여 생계를 꾸리는 것이다. 이러한 삶에서 벗어나 자연에서의 삶을 동경한 것이 제1연이라 하겠다.

울어라 울어라 새여,
자고 일어나 울어라 새여,
너보다 시름 많은 나도
자고 일어나 우니노라.

가던 새 가던 새 보았느냐?
물아래[로] 가던 새 보았느냐?
이끼 묻은 연장(날개)을랑 가지고
물아래[로] 가던 새 보았느냐?

제2, 3연이 짝을 이루어 의미가 연결되도록 짜여 있다. 두 연을 아우르는 말은 '우니다'(울며 다니다)라 할 수 있다. 제2연에서 화자는 새에게 말을 붙이며 떠돌이 신세를 하소연한다. 청산에 가서 살아 볼까 하고 산으로 향하다가 새의 울음소리를 들었다. 바야흐로 밤이 되어 잠들 시간인데도 울고 있는 것이 애처로워 말을 건넨다. 그만 울어라, 나처럼 많은 시름을 안고 '울며 다니는' 떠돌이도 잠은 자지 않느냐고 한다. 새의 울음이 내면의 시름을 드러낸 것이라 여겨 공감과 위로를 표한 것이다.

여기서 '우니다'는 '울며 다니다'의 뜻으로 유랑의 주제를 대변하는 말이다. 그런데 뒤 연들에 나오는 '돌, 해금, 조롱(박)'을 악기로 본다면 이것들로 반주를 하며 노래한다는 의미에서 '노래하며 다니다'라고도 이해할 수 있다. 이렇게 보면 화자는 혼자 또는 단출한 가족이나 동료와 함께 떠돌면서 악기 연주와 노래로 먹고사는 사람이라고 생각된다. 새에 감정 이입을 한 것은 시름이 많다는 정서적인 면뿐 아니라 울고 다니는 새의 생태와 화자의 직업 활동이 유사하기 때문이다. 이러한 맥락에서 '울다'와 '우니다'는 중의적 표현이 된다. 작품 도입부에 바로 이어서 제2연에 '울다'와 '새'를 읊은 것은 제1연의 '청산'과 연결 짓는 동시에 '울며(노래하며) 다니는' 화자의 처지를 투영하고자 했기 때문으로 보인다. 연행 현장의 청중으로서는 화자가 누군지 직접 보고 있으므로 '울다, 우니다'에 담긴 이중적 의미를 쉽게 알아차렸을 것이다.

제3연에서 화자가 자고 일어났더니 새가 날아가 버렸다. 아마도 제2연에서 말을 건넨 그 새가 근처에서 잤을 텐데 아침에 일어나니 보이지 않는다. 화자나 새나 잠자리가 그늘진 곳이라서 새는 날갯죽지에 이끼 묻은 채로 먹이를 찾아 고기가 많이 모이는 하류 지역으로 날아갔을 것이다. 지난밤 그 새를 벗 삼아 외로운 마음을 달랬는데 지금은 떠나 버리고 없으니 새삼 외로움이 심해진다. 허전한 마음을 품고 눈에 보이는 동식물(혼자인 경우), 아니면 가족이나 동료에게 새를 보았느냐고 묻는 것이다.

날개라는 말을 바로 쓰지 않고 연장이라는 단어로써 은유적으로 표현한 뜻도 짐작해 볼 수 있다. 화자는 연장을 가지고 유랑 생활을 하는 사람이다. 연주에 필요한 몇 가지 악기와 의식주 생활을 위한 도구를 가지고 다녀야 한다. 그래서 새의 날개를 연장이라고 하여 화자와의 동질성을 드러내는 표현을 쓰는 것이 자연스럽다.

이렇게 저렇게 하여
낮으랑 지내왔지마는
올 이도 갈 이도 없는
밤을랑 또 어찌하리라[냐]?

어디라 던지던 돌인고?
누구라 맞히던 돌인고?
미워할 이도 사랑할 이도 없이
맞아서 우니노라.

제4연 끝 행에 의문형 어미를 보충한 것은 'ᄒᆞᄂᆞ뇨'가 생략되었다고 본 견해를[64] 수용한 것이다. 제4, 5연도 의미상 서로 관련된다. 제4연에서 이곳저곳, 이렇게 저렇게 떠도는 화자의 모습이 나타난다. 유랑 생활은 낮 동안은 그래도 견딜 만하다. 길에서 지나치는 행인, 들에서 일하는 농부, 객점에서 만나는 손님 등 이런 저런 사람과 잠시나마 눈인사도 하고 말도 주고받을 수 있다. 그러다가 오가는 사람의 자취가 끊긴 밤이 되면 외로움이 엄습한다.

이러한 상황과 정서를 이은 것이 제5연이다. 밤에 잠잘 곳을 얻는 것은 유랑자로서는 생존을 위해 꼭 해야 할 일이다. 사람들 눈총 때문에 웬만한 민가에 묵기 어려워 마을에서 떨어진 폐가나 허름한 창고 같은 곳에 숙소를 정한다. 그런데 어떻게 알았는지 낯선 이를 경계한 동네 사람이 숙소 근처로 다가와 돌팔매질을 해 댄다. 그들과 화자는 아무런 애증의 관계가 없는데도 단지 유랑자라는 이유만으로 내쫓으려 한다. 돌팔매에 자신의 몸 어디라도 맞거나 가족, 동료 중 누군가가 맞으면 아픔과 슬픔이 뼈저리게 느껴진다.

이렇게 돌에 맞은 경험이 제3, 4행에 표현되었다면 제1, 2행을 돌팔매질로만 보아서는 문맥이 어색하다. 화자를 겨냥해 돌을 던졌을 텐데 '어

64 이현희, 「악학궤범의 국어학적 고찰」, 『진단학보』 77, 진단학회, 1994, 199면 각주 54.

디라 던지던, 누구라 맞히던' 식의 부정칭을 쓸 이유가 없다. 그래서 기존의 해석에서 석전(石戰) 같은 상황을 상정하여 풀이한 것이다. 이 문제에 대해 본고는 '돌'을 절이나 민간에서 쓰는 악기인 '경쇠'(磬-)로 풀이하여 문맥을 연결하고자 한다. 경쇠는 〈정석가〉에서 '딩아 돌하'로도 지칭된[65] 주발 모양의 악기로서 휴대하기에 알맞다. 화자가 악기로 사용한 돌, 즉 경쇠는 '어디라 던지던, 누구라 맞히던' '돌'(石)이 아니라 공연을 위한 '돌'(磬)이었다. 돌팔매의 돌을 악기 이름의 돌로 의도적으로 대체해 말하면서 '내가 언제 돌을 가지고 어디에 대고, 누구를 향해 던져 맞춘 적이 있는가, 나는 그저 돌을 연주의 도구로 썼을 뿐인데'라는 뜻을 표현한 것이다. 이러한 제1, 2행의 의미가 제3, 4행 '미워할 이도 사랑할 이도 없이 / 돌에 맞아서 울고 다니노라.'로 연결된다.

이에 제4, 5연에 나온 '올 이 갈 이', '미워할 이 사랑할 이'를 좀 더 생각해 볼 필요가 있다. 화자가 공연을 해서 생계를 잇는 사람이라면 그에게 중요한 '이'는 청중이다. 오고가는 이란 곧 행인인데 공연은 대개 행인이 많은 장터 같은 곳에서 벌어진다. 또한 청중은 공연에 대해 미워하기도 사랑하기도 하는 반응을 나타낸다. 행인 및 애증의 반응자들은 화자의 생계유지에 필수적인 존재이다. 화자는 유랑의 외로움과 서러움을 표현하는 중에 노래가 불리는 현재 상황에서 청중의 존재를 작품에 투영한 것 같다. 곧, 제4, 5연은 문면에 그려진 내용과 함께 연행의 현장을 반영한 것이다. 이는 존대법이 쓰인 제8연에서도 나타나는 현상으로서 작자의 명민하고 뛰어난 창작 방법을 엿보게 한다.

살으리(살겠다) 살으리 했더구나.

---

65 〈정석가〉 제1연의 '돓'은 제목의 '석(石)'과 함께 '경(磬)'을 지시하는 말이다. 이때 '경'을 아악기인 편경 혹은 특경으로 보느냐, 속악기인 경쇠로 보느냐가 문제이다. 이에 대해 〈청산별곡〉의 '돓'과 연관되는 점을 중시하여 경쇠로 풀이하는 것이 적절하다고 생각한다.

바다에 살으리 했더구나.
나문재, 굴조개랑 먹고
바다에 살으리 했더구나.

돌팔매질에 임시 숙소에서 쫓겨난 제5연의 화자는 제6연에서 애초에 정했던 길과 다른 방향으로 가겠다고 생각한다. 청산에서나 살아 볼까 했던 마음을 돌려 바다로 가서 살리라 하고 그쪽으로 방향을 잡고 길을 간다. 청산과 마찬가지로 바다도 떠돌이 생활에서 벗어나고자 해서 가다가 닿는 장소일 따름이다. 그곳이 바닷가여서 해초인 나문재와 굴조개를 먹으며 사는 것이니 청산에서 머루, 다래를 먹는 것과 별반 다르지 않다. 자연이 내주는 먹거리로 살아가는 삶인 것이다.

바다로 가면 유랑 생활을 마치고 정착할 수 있을지는 알 수 없다. 그래도 그곳에서의 자연적 삶은 하루하루 근근이 버텨 내는 인위적 삶, 유랑 가인의 고달픈 삶과 어떻든 다를 것이다. 아마도 다소간 생활의 여유와 마음의 안식이 찾아올 것이기에 청산이나 바다가 희망의 장소인 것은 사실이다.

가다가 가다가 들어라.
에[울] 부엌/부엌 참[에] 가다가 들어라.
사(寺) 사미[가] 짐 [놓은] 대에 올라서
해금을 켜는 것을 들어라.

[어디를] 가더니 배부른 독에
[낮]설은 강(羌)술을 빚어라.
조롱 [모양] 고리[에] 누룩이 매워 잡사오니
내 어찌하오리까?

제7, 8연도 의미상 관련을 맺고 있다. 바다 쪽으로 방향을 돌려서 가던 화자는 제7연에서 절의 부엌 참에 가고 제8연에서 술 빚는 곳에도 간다. 두 연 모두 '가다가, 가다니'라는 말로 시작하여 유랑의 경험임을 분명히 하였다. 제7연에서 화자는 절의 부엌 참에 가서 구호 음식을 타 먹고자 하였다. 그리로 가는 길에 짊어졌던 짐을 대 위에 내려놓고 음식을 받으려고 줄 서서 기다린다. 그때 어디선가 해금 소리가 들려오는데 돌아보니 절의 사미승이 연주하고 있다. 그는 아마도 행려자의 짐을 지키는 일을 맡고 있던 것 같다. 회지기 갖고 다니는 해금이 짐에서 삐죽 나온 것을 보고는 그것으로 대 위에 올라앉아 연주를 한 것이다. 사미승도 집을 떠나온 처지이기에 가족과 고향 생각에 나그네의 정서가 어린 곡을 켰을 것이다. 그 곡은 화자가 전문적으로 연주하는 것과는 또 다른 감동을 준다. 구호 음식을 타는 것도 잊은 채 구슬픈 음악 소리를 들으며 상념에 잠긴다.

또 어딘가를 가던 길에 술 빚는 곳을 지나게 되었다. 전에 갔던 절의 부엌 참과 달리 심신을 들뜨게 하는 술을 빚고 있다. 귀족이나 부자가 먹는 강(羌)술이라 화자에게 낯설어서 부러운 눈으로 구경한다. 술 향내가 맵기는 하지만 화자에게 익숙한 막걸리의 누룩 향과 아주 다른 것은 아니다. 향내는 조롱 모양의 소줏고리에서 나오고 있다. 조롱박은 신라의 원효 대사가 〈무애가〉를 부를 때 악기로 쓰기도 했는데 지금 회지도 지니고 다닌다. 그러니 악기도 연상되고 막걸리 향도 생각나 술 빚는 주인장에게 한번 청해 본다. 누룩 향이 매워 저를 붙잡으니 제가 어찌해야 하겠습니까? 라고.

악기인 조롱박을 은유로 쓴 것을 보면 화자는 연주로써 술값을 내겠다며 주인과 흥정했을 듯하다. 그리하여 조롱박을 두드리며 노래 한 곡 불러 주고 독한 강술을 언어먹고 얼큰하게 취해서 다시 길을 떠났으리라. 이 마지막 대목의 분위기는 그대로 작품이 불린 연행의 현장으로 연결되었을 것이다.[66] 이 작품이 속악으로 연주되는 연회석상에서 청중은 노랫

66 정병헌, 앞의 논문, 106면에서 '몽롱한 취기 속에서 수직적, 수평적인 긴 여행을 하고 다시

말에 담긴 유랑 가인의 애환에 동정과 탄식을 보내다가 마지막 연에 술타령이 나오자 작품 세계에서 빠져나와 연회 현장의 흥겨움에 취해 술을 마셨을 것이다.

이와 같이 〈청산별곡〉은 유랑 가인이 겪은 삶의 애환을 다채롭게 표현하였다. 이를 구조적으로 살펴보면 제1연은 시상의 도입, 제6연은 시상의 전환 역할을 하고[67] 제2·3연, 제4·5연, 제7·8연이 짝을 이루어 연관된 의미를 형성한다.[68] 전체 8연은 각 연의 의미가 서로 맥락을 이루며 긴밀하게 짜여 있다. 제1연의 '머루랑 다래랑 먹고'는 화자가 청산에서 살아가는 방식을 말한 것이지만 그와 동시에 제2연의 '새'가 생존하는 한 방식이기도 하다. 청산에서 화자와 새는 머루와 다래를 먹으며 사는 방식을 공유했는데 제3연에서 '새'가 물고기를 잡으러 하류로 날아가 버렸기에 상실감이 밀려온다. 제6연의 '나문재, 굴조개랑 먹고'도 제1연의 생존 방식을 이어받아서 나온 표현이다. 제7연의 '에[울] 부엌/부억 참', 제8연의 '강(羌)술'은 제1, 6연의 연장선상에 있다. 전자는 끼니를 때우는 생존의 문제와 관련되고 후자는 생존만으로 채울 수 없는 취락(醉樂)의 욕망이 깃들어 있다.

먹고사는 문제와 함께 관계에 대한 갈망이 8연 전체에 걸쳐 나타난다. 이 관계성은 계층성의 의미도 내포한 것이다. 제2·3연에서 해라체(~어라, ~로라, ~ㄴ다)로 새와 동식물(혼자인 경우) 또는 가족, 동료를 부르

현실로 돌아온다……8연에 이르러 우리는 바로 그 현장이 연회석임을 알게 된다.'고 설명한 바와 통한다.

67 시상 전환의 연이 하필이면 제7연 앞에 들어갔는가는 또 다른 검토가 필요하다. 잠정적으로 설명해 본다면, 2연씩 묶이는 중에 한국 시가 양식의 전대절, 후소절 구성 원리(정병욱, 앞의 책, 36면.)에 따라 앞 4연과 뒤 2연이 구분된 것이라 할 수 있다. 더 많은 논의가 요구되는 문제이다.

68 제1~6연과 제7·8연의 2분단, 제2·3연, 제4·5연, 제7·8연의 의미 관련성을 논한 것으로 윤강원, 앞의 책, 62면.; 김재용, 앞의 논문, 166면; 최정윤, 앞의 논문. 136–148면. 등이 있다.

고, 제4·5연에서 해라체(~노라)와 하오체(~고)를 섞어 쓰면서 오가는 이, 미워하고 사랑하는 이를 상정하고, 제7·8연에서 해라체(~오라)와 합쇼체(~ᄉᆞ와니, ~리잇고)를 사용하여 사미승의 연주를 듣거나 강술을 청하고 있다. 화자를 기준으로 새, 동식물 혹은 가족·동료, 일반 사람, 사미승과 술 빚는 주인장 등 낮고 같고 높은 세 단계의 계층성이 설정되었다. 그러면서 새에 말을 건네고 새가 날아간 것을 아쉬워한다. 낮에 만난 행인과 짧은 만남을 갖고 돌팔매질하는 사람과 애증 관계도 없이 서러워한다. 사미승의 해금 소리, 강술의 매운 향내로 외롭고 고단한 처지를 실감한다.

이렇듯 〈청산별곡〉은 유랑 가인의 생존 노력과 관계에의 갈망이 작품 전반에 걸쳐 드러난다. 여기저기 떠도는 장소성과 함께 타자와의 관계가 반영된 계층성이 문학적 특질을 이룬다. 유랑 생활에서 얻은 경험과 정서가 영롱하게 그려졌고 8연 전체가 어느 떠돌이의 이야기가 한 편의 서사 혹은 드라마처럼 펼쳐졌다. 이런 점들이 애정 주제 위주의 다른 고려가요와 확연히 구별된다. 나아가 작품의 내용과 시적 상황이 연행 현장과 관련되고 청중의 호응을 이끌어 내는 방식의 화법을 구사함으로써 연행의 현장성이 반영된 점도 색다른 면모이다.

요컨대, 〈청산별곡〉은 유랑의 삶에 밀착한 주제성, 시적 표현과 의미 구성의 세련미, 화법과 내용에 반영된 연행의 현장성 등의 문학적 특질을 지닌 매우 뛰어난 작품이라 할 수 있다. 아마도 당대 최상급의 가인이 지은 시가일 것이다.

5. 결론

본고는 이제까지 이루어진 〈청산별곡〉의 해석이 일정한 의미 범주로 수렴하지 못하는 것에 대한 우려에서 논의를 시작하였다. 제5·6연 교체 설이나 제7·8연 기적 설과 같은 주장은 작품 전체의 의미 맥락을 정합적으로 파악하기가 어려워서 나온 것이 아닐까 회의하였다. 이에 작품의 주제를 어느 정도 한정한 다음, 논란이 된 어구에 대해 다시 해독하여 작품 전체의 의미 맥락을 구성해 보았다.

먼저 기존의 주제론을 시대별로 정리하였다. 이를 통하여 첫째, 떠나고 돌아옴, 가고 머묾의 주제가 구심적 역할을 할 수 있다는 점, 둘째, 교체 설, 기적 설 같은 가설은 현전 원문의 의미 맥락을 정합적으로 구성한다면 재고되어야 한다는 점. 셋째, 원문의 해독이 정립되지 않는 한 주제론은 여러 방향으로 나아갈 가능성이 크다는 점 등을 확인하였다.

이로써 넓은 범주의 주제를 유랑으로 본 다음에 난해 구를 다시 해석해 보았다. 제3연의 '장글란'은 '장길랑/쟁길랑'(연장을랑)의 기존 해독을 수용했지만 문맥상 새의 '날개'를 비유한 말로 보았다. 제7연의 '에경지'는 '에'의 용례와 의미를 살펴서 '[한 끼] 에[울] 부엌' 또는 '부엌 참'으로 풀이하였다. '사슴, 짐대'로 해독되어 온 구절은 '사(寺) 사미(沙彌)', '짐 [놓은] 대(臺/坮)'로 보았다. 제8연의 '설진 강술'은 화자에게 '(낮)설은 강(羌) 술'로, '조롱 곳'은 '조롱 [모양] (소즛)고리'로 해독하였다. 제7, 8연의 '히금'과 '조롱'이 악기인 점에 주목한다면 제5연의 '돓'도 경쇠로 여겨지고 제2연의 '울다'는 '노래하다'의 뜻일 수 있다.

난해 구의 재해석을 통해 작품의 주제를 좀 더 한정하였다. 유랑 가인이 겪은 삶의 애환을 주제로 하여 경험적 이야기와 정서가 각 연에 다채롭게 표현되었다고 보았다. 제1연은 시상의 도입, 제6연은 시상의 전환, 제2·3연, 제4·5연, 제7·8연이 짝을 이루어 관련된 의미를 형성한다. 제1연의 머루랑 다래랑 먹으며 산다는 것은 인위적인 방식이 아닌, 자연 속의 삶을 누리고 싶은 욕망을 표현한 것이다. 제2연의 '새'는 화자의 정서와 직업 활동이 투영된 대상으로서 시름을 함께 나눌 존재이다. 제3연에는 그늘진 곳에서 자고 난 '새'가 '이끼 묻은 날개'로 먹이를 찾아 하류로 날아감으로써 느낀 상실감과 외로움이 표현되었다. 제4연에 이렇게 저렇게 떠돌아다니는 화자의 모습이 잘 드러나 있다. 떠돌다가 밤이 되어 임시 숙소를 찾을 즈음 제5연처럼 동네 사람의 돌팔매질에 쫓겨나니 서러움이 심해진다.

제6연에서 방향을 돌려 바다 쪽을 향한다. 바다에서의 삶도 청산처럼 자연에 의존하는 것이지만 화자의 고통을 온전히 치유해 줄 장소는 되지 못한다. 가는 도중의 경험이 제7, 8연에 그려졌다. 제7연에서 자선을 베푸는 절의 부엌 참에서 한 끼를 때우려 하였다. 사미승이 화자가 대에 놓은 짐에서 삐죽 나온 해금을 가져다 켜니 그 곡을 들으며 상념에 젖는다. 제8연에서 강술을 빚는 곳을 지나가게 되었다. 화자에게는 그 술이 낯설지만 누룩 향은 막걸리 향과 별반 다르지 않고 술 내리는 소줏고리는 조롱박 악기 모양을 닮았다. 그래서 악기 연주로 술값을 대신하겠다면서 주인장에게 술 한 잔을 청해 본다. 제8연의 시적 상황과 분위기는 이 노래가 끝나면서 연회의 현장 속으로 퍼져 나갔을 것이다.

〈청산별곡〉은 유랑 가인이 겪은 삶의 애환이 함축적인 표현과 짜임새 있는 구성으로 형상화된 작품이다. 유랑의 주제, 은유적 표현, 경험적 이야기의 서사성, 관계에의 갈망과 계층성 등의 특질은 다른 고려가요에 비해 독특한 점이다. 삶에 밀착한 주제성, 표현과 구성의 문학성, 연행 현장과의 연계성 등에서 최상급의 시가 작품이라 하겠다.

05

〈이상곡〉의 분절과 해석*

* 이 장은 신재홍, 『향가의 연구』, 집문당, 2017, 369-393면의 글을 전재(轉載)하면서 조금 수정하였다.

1. 서론

한글로 기록되어 전하는 고려가요 중에서 향가의 잔존 형태로 거론되는 작품은 〈정과정(鄭瓜亭)〉과 〈이상곡(履霜曲)〉이다.[1] 형식 면에서 10행 향가의 행수 및 낙구의 감탄사와 유사하기 때문이다. 그런데 〈정과정〉은 10행 또는 11행으로 행갈이가 이루어지고 해독상의 논란이 비교적 적기 때문에 작품의 형식을 10행 향가와 연관 짓기가 조금 수월하지만, 〈이상곡〉은 행갈이와 해독에서 견해차가 크다 보니 작품의 형식 자체가 불분명해져서 향가와 비교하기가 상당히 어렵다.

해독상의 어려움 때문이겠으나 〈이상곡〉에 대한 기존의 설명을 보면 납득이 잘 안 되는 점이 많다. 무엇보다도 음란한 노래로 지목된[2] 이 작품이 여인의 수절(守節)[3] 혹은 충신의 연군(戀君)[4]을 주제로 한다고 보는 견해가 그렇다. 어구의 해독에서도 구절과 구절 사이에 의미상 모순된 점들이 나타난다. 가령, 제2행 첫 구절의 경우 초기에는 '서린 수림(藪林)'[5]으로 읽었다가 제목과 연관하여 '서리는'[6]으로 풀이하자 문제가 생겼다. 눈이 많이 내린 길에 서리가 앉은 기상 현상을 이해하기가 어려워진 것이다. 또한, 연구 초기에 후렴구로 처리한 부분을 유의미한 내용으로 해석한 성과[7]가 나왔으나 이에 대한 본격적인 비판과 대안 제시는 아직 이루어

---

1 김학성, 『국문학의 탐구』, 성균관대출판부, 1987, 46–52면. ; 성호경, 『고려시대 시가 연구』, 태학사, 2006, 346면. ; 박경주, 『한국 시가문학의 흐름』, 월인, 2009, 168–170면, 178–180면.

2 『조선왕조실록』 11, 「성종실록」 4, 국사편찬위원회, 1956, 599면. 刪改 雙花曲 履霜曲 北殿歌中 淫褻之辭 ; 장덕순, 『한국문학사』, 동화문화사, 1981, 121면.

3 이임수, 「이상곡에 대한 문학적 접근」, 『어문학』 41, 한국어문학회, 1981, 117면.

4 박노준, 「이상곡과 윤리성의 문제」, 『고려가요의 연구』, 새문사, 1990, 235면. ; 강명혜, 「이상곡 연구」, 『한국언어문화』 13, 한국언어문화학회, 1995, 748면.

5 양주동, 『여요전주』, 을유문화사, 1947, 350면.

6 남광우, 「고려가여 주석상의 문제점에 관하여」, 『고려시대의 언어와 문학』, 형설출판사, 1975, 63면.

7 장효현, 「이상곡 어석의 재고」, 『한국 고전문학의 시각』, 고려대출판부, 2010(『어문논집』

지지 않았다.

이에 본고는 〈이상곡〉에 대한 해석을 다시 시도해 보고자 한다. 선학의 성과에 기대는 한편 본고 나름의 관점을 적용하여 풀이해 보겠다. 그렇게 하더라도 작품의 문맥이 전체적으로 매끄럽게 파악되었다고 하기는 힘들 것이다. 다만, 작품을 바라보는 시각을 좀 더 예각화하여 고려가요의 미적 가치와 시가사의 의미 있는 한 국면을 조금이나마 드러낼 수 있다면 다행이겠다.

2. 작품의 분절

〈이상곡〉을 해독하려면 작품의 형식을 어느 정도 확정 짓고 들어가야 한다. 다른 고려가요 작품의 형식과 비교하든지 전대의 장르인 향가의 형식과 비교하든지 해야 한다.[8] 연, 행, 음보 등의 단위로 구성된 시로서의 모습이 그려진 다음에야 단어와 단어 사이, 행과 행 사이의 의미 맥락을 찾아 시상의 자연스런 흐름을 드러낼 수 있다. 물론 단어부터 시작해서 행, 연으로 확장하는 쪽도 생각해 볼 수 있지만 이 작품의 경우 본문 자체가 의미상 모순을 안고 있어서 단어와 단어 사이의 의미 단절을 넘어서는 길을 찾기가 매우 어렵다.

일정한 형식을 갖춘 한 편의 완결된 시로서 〈이상곡〉을 보고자 할 때 고려가요의 어느 작품보다도 〈정과정〉과의 유사성이 주목된다. '아소 님하'를 사이에 두고 마지막 두 행이 긴밀한 의미 연관을 맺고 있다는

22, 고려대 국어국문학연구회, 1981 소재 논문의 재수록).

8 〈이상곡〉의 형식을 향가와 비교한 연구로 10행 형식으로 분석한 유창균, 「한국시가형식의 기조」, 『대구대논문집』 6, 대구대, 1966, 20면과 8행 형식으로 본 정기호, 「이상곡 이해를 위한 몇 문제」, 『한국고전시가작품론』, 집문당, 1992, 280-282면이 있다.

점, 단연체(單聯體)이면서 행수가 비슷하게 계산될 수 있다는 점에서 그렇다. 이에 반해 여음구(餘音句)와 반복구가 〈이상곡〉에 많다는 것은 두 작품의 차이점이다. 이는 〈이상곡〉이 여음구나 반복구를 지닌 다른 고려가요와 양식적 동질성을 띠는 면이다. 결국 〈이상곡〉의 시 형태는 〈정과정〉과의 형식적 유사성과 여음구·반복구의 존재, 이 두 가지 면에 기반하여 대체적인 파악이 가능할 것이다.

『악장가사』에 실려 있는 원문을 옮기면 다음과 같다.

비오다가개야아눈하디신나래서린석석사리조
ᄇᆞᆫ곱도신길헤다롱디우셔마득사리마득[9]너즈세
너우지잠ᄯᅡ간내니믈너겨깃ᄃᆞᆫ열명길헤자라오
리잇[10]가죵죵霹靂生陷墮無間벽력ᄉᆡᆼ함타무간고대셔싀여딜내모
미죵霹靂 生陷墮無間벽력아ᄉᆡᆼ함타무간고대셔싀여딜내모미내
님두ᅀᆸ고년뫼ᄅᆞᆯ거로리이러쳐더러쳐이러쳐더
러쳐期約긔약이잇가아소님하ᄒᆞᆫᄃᆡ녀졋期約긔약이이다

우선, 원문에서 눈에 띄는 사항은 한자 표기가 한 군데에 집중되어 있다는 점이다. 한자 단어로는 작품 끝 부분에 두 번 나오는 '期約긔약'이 고작인데 이 말은 한자어이긴 하지만 우리말로 자연스럽게 구사된다. 이에 비해 넷째와 다섯째 줄에 반복해서 나온 '霹靂生陷墮無間벽력ᄉᆡᆼ함타무간' 또는 '霹靂 生陷墮無間벽력아ᄉᆡᆼ함타무간'의 한문 구절은 작품 전체의 우리말 구성에 매우 이질적인 요소로 느껴진다. 무간지옥(無間地獄)이라는 불교 용어도 작품에 그려진 기다림의 서정적 주제와 그렇게 잘 어울리는

9 원문에 '두'로 보이는 것은 '득'에서 획 하나가 떨어진 것임은 장효현, 앞의 책, 15면, 각주 4에서 정확히 지적되었다.

10 '잇'의 받침이 'ᄾ'로 되어 있는데 모든 논자가 '、'를 뺀 어형으로 보았다.

말은 아니다.

이 구절이 지닌 표기 및 의미상의 이질성과 함께 고려해야 할 것이 그 앞에 붙은 '죵죵' 또는 '죵'이다. 이를 한자 표기가 생략된 것으로 보아 '종종(種種), 가끔'이나 '종(終), 마침내'로 해석해 왔지만 재고가 필요하다. 한자가 병기되어 있지 않기 때문에 굳이 한자어로 해석할 근거가 없을뿐더러 이 구절을 빼면 작품 전체가 한글 위주의 표기라는 점에서 이 단어도 한글 그대로 풀이하는 것이 더 바람직하다. 이러한 관점에서 '종'에 대한 아래의 뜻풀이가 주목된다.

> 종(從) : 1. 『방산한씨금보(芳山韓氏琴譜)』에서, 양금의 왼쪽 괘 오른쪽 일곱째 줄 무역의 구음(口音). 2. 『방산한씨금보』에서, 양금의 왼쪽 괘 왼쪽 일곱째 줄 청중려의 구음.[11]

'덩둥등당동딩' 같은 현악기의 구음으로서 '종(從)'이 쓰였던 것이다. 비록 '從'이라는 한자를 가져왔지만 이는 우리말 입소리를 표기하기 위한 방편일 따름이다. 〈이상곡〉 원문의 '죵죵'과 '죵'을 현악기의 구음으로 해석하면 하나는 2음절로, 다른 하나는 1음절로 표기한 것도 이해가 된다. 구음이기 때문에 소리를 반복할 수도 있고 한 번만 낼 수도 있는 것이다. 기존에 '종종(種種), 가끔'으로 본 견해는 뒤의 1음절 표기를, '종(終), 마침내'로 본 견해는 앞의 2음절 표기를 설명하지 못하였는바, 이에 대한 대안이 될 만하다.

여음구와 관련하여 논쟁이 된 구절이 '다롱디우셔마득사리마득너즈세너우지'이다. 대부분의 논자가 이를 여음구나 후렴구로 보고 있으나

---

11 국립국어원, 『표준국어대사전』, 해당 항목 참조. 장사훈, 『국학논고』, 서울대출판부, 1966, 323면의 그림에 '종'이 표시되어 있는데 이것이 사전의 설명에 해당하는 것으로 보인다.

몇몇 논자는 의미를 지닌 가사의 일부로 본다.[12] 후자의 논거는 현전 고려가요 가운데 'ㄱ, ㅅ, ㅈ'과 같은 자음이 들어간 후렴구나 여음구가 매우 드물다는 데 있다. 분명 이 구절은 유성음 위주로 표기된 고려가요의 여음구와는 확연히 다르다. 문제는 이를 어떻게 의미 있는 말로 해석해 내느냐는 데 있다.

본고는 후자의 견해에 동의한다. 다만, 이 구절 앞부분의 '다롱디'는 '종종, 종'처럼 짧은 여음구로 본다. '다롱디'는 〈정읍사〉, 〈삼성대왕〉의 '다롱디리'에서 '리'가 빠진 형태라고 할 수 있다. 그 뒤에 이어지는 '우셔마득사리마득너즈세너우지'는 기존과는 분절을 달리하여 의미를 지닌 가사로 보고 해석하고자 한다. '다롱디'까지만 끊은 것은 『대악후보』에 '우셔마득사리마득'이 한 묶음으로 그 앞 구절과 구분되어 기사되었다는 점[13]을 참조하였기 때문이다.

여음구와 함께 반복구를 어떻게 처리할 것인가도 문제이다. 작품에서 반복되는 구절은 '종종벽력ᄉᆡᆼ함타무간', '고대셔싀여딜내모미', '이러쳐더러쳐' 등 셋이다. 앞의 두 구절은 서로 연결되어 있어서 한 행으로 끊어 읽을 수 있는데 그것이 한 번 더 반복됨으로써 작품 전체로는 한 행이 늘어난 형태가 된다. 이렇게 반복구를 통해 한 행이 늘어난 것은 가창에 따른 본문의 변형으로 생각된다. '이러쳐더러쳐'는 한 행의 부분이어서 행 단위까지 확대된 것은 아니지만 이것 역시 가창에 의해 반복된 것으로 보인다. 현존 고려가요 중 〈정석가〉, 〈서경별곡〉, 〈만전춘별사〉 등의 반복구도 이러한 가창상의 이유로 나타난 것인 데 비해, 〈사모곡〉, 〈유구곡〉 등의 반복구는 시상 전개상 반복의 필요에 따라 본문 자체가 그러했던 것으로 여겨진다. 이 작품은 전자의 부류에 속하는 것으로 보아

---

12 장효현, 앞의 책, 20-30면. ; 최미정, 「이상곡의 종합적 고찰」, 『고려가요연구의 현황과 전망』, 집문당, 1996, 259-260면.

13 한국음악자료총서 1 『대악후보(전)』, 은하출판사, 1989, 163면. ; 최미정, 앞의 논문, 256면.

본문의 원 형태에서 제외하기로 한다.

이제 작품의 형식과 관련한 행갈이를 시도할 차례이다. 서두에서 말했듯이 이 작품은 형식 면에서 〈정과정〉과 가장 비슷하다.

前腔 내 님믈 그리ᅀᆞ와 우니다니(11)
中腔 山졉동새 난 이슷ᄒᆞ요이다(11)
後腔 아니시며 거츠르신ᄃᆞᆯ 아으(9/11)
附葉 殘月曉星이 아ᄅᆞ시리이다(11)
大葉 넉시라도 님은 ᄒᆞᆫᄃᆡ 녀져라 아으(11/13)
附葉 벼기더시니 뉘러시니잇가(11)
二葉 過도 허믈도 千萬 업소이다(11)
三葉 ᄆᆞᆯ힛마리신뎌(6)
四葉 ᄉᆞᆯ읏븐뎌 아으(4/6)
附葉 니미 나ᄅᆞᆯ ᄒᆞ마 니ᄌᆞ시니잇가(12)
五葉 아소 님하 도람 드르샤 괴오쇼셔(13)

〈정과정〉의 전체 음절수는 '아으'를 제외하면 110음절, 포함하면 116음절이다. 각행은 9~13음절 혹은 11~13음절로 구성되어 있다. 10행 향가가 제1구(제1~4행), 제2구(제5~8행), 제3구(제9·10행)의 3구로 구성된 점을 고려하여 〈정과정〉의 음절수를 계산해 보면, 제1구는 42/44음절, 제2구는 43/47음절, 제3구는 25음절이다.

이에 비해 〈이상곡〉의 전체 음절수는 140음절로 〈정과정〉보다 30/24음절이 많다. 그런데 앞에서 논한 바에 따라 여음구와 반복구를 제외하면 111음절이 된다. '아으'를 뺀 〈정과정〉의 110음절에 근접하는 음절수이다.

이렇게 계산한 음절수를 가지고 기존의 방식에 따라 행 구분을 해 보면 다음과 같다.

비오다가개야아눈하디신나래(13)
서린석석사리조ᄇᆞᆫ곱도신길헤(13)
(다롱디)우셔마득사리마득너즈세너우지(14)
잠ᄯᅡ간내니믈너겨(8)
깃ᄃᆞᆫ열명길헤자라오리잇가(12)
(죵죵)벽력ᄉᆡᆼ함타무간(7)
고대셔ᄉᆡ여딜내모미(9)
(죵벽력아ᄉᆡᆼ함타무간)
(고대셔ᄉᆡ여딜내모미)
내님두ᅀᆞᆸ고년뫼ᄅᆞᆯ거로리(11)
이러쳐더러쳐(이러쳐더러쳐)긔약이잇가(11)
아소님하ᄒᆞᆫᄃᆡ녀졋긔약이이다(13)

문장이 끝나는 것을 기준으로 음절수를 세어 보면, ‘자라오리잇가’까지 60음절, ‘거로리’까지 27음절, ‘긔약이잇가’와 ‘긔약이이다’를 합친 것까지 24음절이다. 〈정과정〉의 3구가, ‘아으’ 빼고, 42 + 43 + 25음절인 데 비해 60 + 27 + 24음절을 보이고 있다. 이렇게 놓고 굳이 설명하자면 10행 향가의 4행 + 4행 + 2행의 3구 구성이 깨어져 분량상으로 볼 때 5~6행 + 2행 + 2행 정도로 구분된다고 할 것이다. 그러나 이 같은 설명은 〈정과정〉의 비교적 정연한 음절수를 참조할 때 설득력이 떨어진다.

이 문제를 풀려면 기존과는 다른 분석 시각이 요구된다. 본고는 첫째, 10행 향가의 3구 구성을 전제로 하고, 둘째, 〈정과정〉의 음절수 배분에 준하며, 셋째, 문장 단위로 행갈이를 한다는 세 가지 기준을 세우고자 한다. 이러한 기준에서 볼 때 ‘자라오리잇가’의 앞부분에서 문장을 끊을 수 있는 곳이 기존에 ‘잠ᄯᅡ간’이라고 붙여 읽었던 부분이다. ‘-잠ᄯᅡ’의 어형이 어떤 서술어의 종지형일 수 있음을 상정하는 것이다.[14] 이곳에서 끊고 3구 구성에 맞추어 행갈이를 해 보면 다음과 같다.

1. 비오다가개야아눈하디신나래(13)
2. 서린석석사리조ᄇᆞᆫ곱도신길헤(13)

(다롱디)

3. 우셔마득사리마득(8)
4. 너즈세너우지잠ᄯᅡ(8)
5. 간내니믈너겨깃ᄃᆞᆫ(8)
6. 열명길헤자라오리잇가(10)

(죵죵)

7. 벽력ᄉᆡᆼ함타무간고대셔싀여딜내모미(16)

(죵)

(벽력아ᄉᆡᆼ함타무간고대셔싀여딜내모미)

8. 내님두ᄉᆞᆸ고년뫼ᄅᆞᆯ거로리(11)
9. 이러쳐뎌러쳐(이러쳐뎌러쳐)긔약이잇가(11)
10. 아소님하ᄒᆞᆫᄃᆡ녀젓긔약이이다(13)

이로써 〈이상곡〉을 전체 음절수가 111음절이고 제1구 42음절, 제2구 45음절, 제3구 24음절로 구성된 형태의 시 작품으로 제시할 수 있다. 〈이상곡〉의 42+45+24음절은 〈정과정〉의 42+43+25음절과 함께 10행 향가의 3구 형식에 가까운 모습을 보여 준다. 이는 두 작품이 10행 향가의 잔존 형태라는 점을 좀 더 분명히 드러낸 것이다.

---

14 이 분석은 『대악후보』의 정간보에 '너우지'와 잠ᄯᅡ간'이 나뉘어 있는 것을 무시했다는 점에서 문제가 될 수 있다. 『대악후보』의 구분에 따른 어구 해석이 설득력 있게 이루어진다면 이 부분에 대한 본고의 해석은 수정되어야 할 것이다.

3. 작품의 해석

앞 장에서 분절한 바에 따라 〈이상곡〉의 해석을 시도하고자 한다. 분절 자체가 연구자의 해석 시각이 투영된 것이지만 작품을 구성하는 단어들의 의미 맥락이 자연스럽게 연결되어야 분절의 의의도 살아날 것이다.

제1~4행의 해석이 가장 어렵고 논란도 많은 부분이다.

비 오다 가개야아 눈 하 디신 나래
서린 석석 사리 조븐 곱도신 길헤
(다롱디)
우셔마득 사리마득
너즈세 너우지잠ㅅ짜.

제1행은 이제까지 '비 오다가 개어 눈 많이 내린 날에'로 해석하여 왔다. 궂은 날씨라는 의미를 이렇게 표현했다고 본 것인데 '비가 오다. [날이] 개다. 눈이 내리다.'의 세 문장이 한데 엮여 표현된 날씨가 어떤 기후 현상을 말한 것인지 이해하기 곤란하다. '비 오다가 눈이 내리다.'라면 변덕 심한 이른 봄 또는 늦가을의 날씨가 떠오르나 그 중간에 '개다'가 있어서 적어도 며칠에 걸친 날들을 전제해야 어느 정도 짐작이 간다. 그렇다 해도 '개다'는 말이 문맥상 어떤 의미 있는 역할을 하는지가 애매할 뿐더러 이 말에 중점을 두고 보면 궂은 날씨라는 의미도 잘 드러나지 않는다. 이에 더하여 서론에서 언급한 것처럼 제2행과 함께 눈이 많이 온 길에 서리가 끼어 있다는 말도 이해하기 어렵다. 눈 위에 서리가 낀 것으로 본다 하더라도 그 눈은 이미 얼음으로 바뀐 상태여야 할 것이다.

제1행의 '비오다가개야아'를 '비 오다가 개야아'가 아니라 '비 오다 가개야아'로 끊어 읽어 보면 '가개야아'라는 어절을 찾을 수 있다. 이 말은

'가개야(명사) + 아(조사)'로 분석된다. 중세어에 '가개'가 있는데 '허름하게 대강 얽어 지은 집. 가게.'라는 뜻으로 '막(산막/숫막/애막)'과 같은 뜻의 말이고 '개야(채붕/산붕)'와도 통한다.[15] '가개'와 '개야'는 상통하는 뜻의 두 단어인데 '덮개'라는 뜻의 '개' 앞뒤에 '가-', '-야'가 붙은 것이다. 사전에 따르면 '가개>가가>가게', '개야>가유'의 어형 변화가 이루어졌다고 한다.[16] '개'가 '가/게'로, '-야'가 '-유'로 바뀐 반면 '가개'의 '가-'는 지속된 점으로 미루어 '개야'는 어형 변화가 가능한 우리말인 데 비해 '가-'는 고정된 음가를 가진 한자어일 가능성이 높다. '가개'의 뜻을 고려하면 '가(假)-'가 아닐까 한다. 이렇게 볼 때, 제1행의 '가개야'는 우리말 '개야'에 한자어의 접두사 '가-'가 붙은 말로 생각된다. '가개야'에 붙은 '아'는 처소격 조사 '에'에 해당한다.

'가개야'는 제1행뿐 아니라 시 전체의 핵심어로서 역할을 하는 듯하다. '산막' 정도의 뜻으로 풀이하면 제8행 '뫼'와도 의미가 연결된다. 시적 화자가 님과 정을 나눈 장소로서 정식 부부 관계가 아닌 임시, 은밀, 불륜 등의 의미를 시사하고 있다.

'가개야'를 산막으로 풀이하면 그 앞의 '비 오다'에 대한 해석이 기존과 달라진다. '비 오다'는 비가 온다는 뜻을 지니면서 그 뒤의 명사 '가개야'나 동사 '디신'을 수식하는 말이 되는 것이다. 명사의 수식어라면 관형사형 어미가 있어야 하는데 '오다'에는 그런 표시가 없다. 동사의 수식어라면 부사형 어미가 보여야 하는데 그것도 찾기 어렵다. 그런데 '다'의 향찰 표기인 '如' 자만으로 '-닿/닷>듯'을 나타낸 〈안민가〉 제9행 '君如 臣多支 民隱如'를 떠올려 보면[17] '-다'는 '-닿/닷'의 말음 'ㅎ/ㅅ'이 생략된 어형으로 볼 수가 있다. 여기서 〈동동〉 4월령 '므슴다'의 '다'를 보통은 의문형

15 한글학회, 『우리말큰사전』, 해당 항목 참조.

16 위의 책, 해당 항목 참조.

17 신재홍, 『향가의 해석』, 집문당, 2000, 92면.

어미 '-ㄴ다'로 풀이하는[18] 데 비해 『우리말큰사전』의 '다' 항목에서는 의존 명사 '닷'(탓)의 이형태로 보아 '무슨 탓'으로 이해한 것도 참조된다. '다'와 '닷'은 이형태의 관계라고 할 수 있는 것이다. 이렇게 보면 '[부슬부슬] 비 오듯 눈이 내린'의 의미 맥락을 이루게 된다.

이에 제1행은 '[부슬]비 오듯 산막에 눈 많이 내린 날에'로 해석한다.

제2행에서 주목되는 말은 '사리'이다. 기존에는 '석석'에 붙여 '석석사리'로써 한 단어로 읽고 제3행에 나오는 '마득사리'와 함께 '사리'가 접미사 역할을 한다고 보았다.[19] 그런데 제2행과 제3행에 같은 형태로 표기된 '사리'를 독립된 단어로 볼 가능성도 있는 듯하다. 특히 제3행을 운율감이 두드러지는 '우셔마득 사리마득'으로 읽을 수 있다면 '사리'는 제2행과 제3행에 두 번 쓰인 한 단어 또는 동음이의어로 볼 여지가 있다.

'서린'은 '서리(霜)'에 주제격 조사 '-(으)ㄴ'이 붙은 형태이고 '석석'은 〈정석가〉의 '삭삭기'의 큰말에 해당하는 것으로 의성어 '서걱서걱'[20]의 표기로 본다. '사리'는 '살(명사) + ㅣ(주격 조사)'로 분석되는데 여기서 '살'은 앞의 '서리'와 연결되어 '서릿살', 즉 '서릿발'의 뜻으로 풀이할 수 있다. '살'(창문이나 연, 부채, 바퀴 따위의 뼈대가 되는 부분.[21])과 '발'(가늘고 긴 대를 줄로 엮거나, 줄 따위를 여러 개 나란히 늘어뜨려 만든 물건.)은 '햇살~햇발, 빗살~빗발'처럼 의미가 중첩되는 단어이다. '서리-'에 '-발'이 붙은 '서릿발'은 사전에 등재되어 있으나 '서릿살'은 등재되어 있지 않다. 그렇지만 현대시에서 '서릿살'이 '서릿발'과 같은 의미로 쓰인 예가 있다.[22]

---

18 양주동, 앞의 책, 100면.

19 박병채, 『고려가요의 어석연구』, 선명문화사, 1973, 288면.; 장효현, 앞의 책, 19면.

20 장효현, 앞의 책, 18면에 제시된 '바삭바삭, 푸석푸석, 서걱서걱' 중에서 문맥상 맨 끝의 것을 택한 것이다.

21 각주를 달지 않은 낱말의 뜻풀이는 모두 국립국어원, 『표준국어대사전』에서 인용한 것이다.

22 '어이타 눈에 채여 / 서릿살 화장하고 고향 뜨려 발 돋누'(이재복, 〈난화(蘭花)〉), '알몸에 감겨들던 / 서릿살 뿌린 삭풍'(김기석, 〈강물은 흘러가고〉)

이렇게 ‘사리’를 ‘서릿살(서릿발)이’로 보면 ‘사리 조ᄇᆞᆫ’은 ‘서릿살(서릿발)이 좁은’이 된다. 살 또는 발처럼 삐죽삐죽 솟은 서리의 모습을 떠올리면 서릿발이 좁다는 말은 서릿발 사이가 촘촘하게 솟아 있는 모양을 형용한 것으로 이해된다.

제2행은 ‘서리는 서걱서걱, [서릿]살이 좁은 굽이돈 길에’로 풀이한다. 이 행의 표현이 작품 제목과 직접 연관된다. 이 구절이 가사 전체에서 특별한 의미를 지니고 있는 것 같지 않다는 견해도 있으나,[23] 아래 논의에서 확인되듯이 본고는 시 전체의 내용이 ‘서리를 밟다.’는 ‘이상(履霜)’의 제목과 긴밀히 관련되어 있다고 본다.

‘다롱디’는 현악기의 구음을 적은 말로서 여음구에 해당한다.

제3행을 ‘우셔마득 사리마득’으로 끊어 읽은 것은 『대악후보』의 가사 표기 및 ‘마득’의 반복에 주목했기 때문이다. ‘마득’은 ‘마ᄃᆞᆨ>마다’(每)의 이형태라고 할 수 있다. 그렇다면 조사인 ‘마득’ 앞의 ‘우셔’와 ‘사리’는 둘 다 명사가 되어야 한다. ‘사리’는 제2행의 ‘사리’와 마찬가지로 ‘살+ㅣ’로 볼 수 있으나 ‘우셔’는 중세어나 현대어에서 찾을 수 없다. 그런데 이 어형을 ‘우(上, 우/위)+셔(椽, 서까래)로 분석해 보면 두 단어가 복합된 것으로 볼 여지가 생긴다.[24] 말하자면 ‘[건물] 위 서까래’로서 집의 위쪽에 있는 지붕이나 처마에 해당하는 부분을 지칭한 말로 보는 것이다. 서까래가 건물 벽면의 바깥으로 나온 부분이 처마이니 ‘위 서까래’는 곧 ‘윗처마’의 뜻으로 해석할 수 있다. 이어지는 ‘사리’는 ‘살이’인데, 제2행 ‘사리’의 ‘살’을 그 앞의 ‘서리’와 연결하여 풀이한 것과 유사한 방식으로 여기서도 앞의 ‘윗처마’와 어울리는 말로서 건물과 관련된 ‘사립’(사립짝을 달아서 만든 문.)으로 풀이한다. ‘사립’이 ‘살+입’으로 이루어진 말이라는 점을 참조

23 최미정, 앞의 논문, 251면.

24 복합어는 아니나 사전의 용례 중 ‘ᄯᅩ 四方 變相ᄋᆞᆯ 그리니 ᄡᅡ해셔 펴 나 집 웃 셔[屋椽]ᄅᆞᆯ 더위잡게 ᄒᆞ얏도다 〈두시-초 16:28〉)’에서 ‘웃 셔’의 예를 찾을 수 있다.

하여[25] '사립' 속의 '살'과 여기 '사리' 속의 '살'을 같은 말로 보는 것이다.

이에 제3행은 '[길가 집] 위 서까래(윗처마)마다 사립마다'로 풀이한다.

제4행 '너즈세 너우지잠싸.'에서 '너즈세'에 대해서는 '너(접사, 너저분하다/너절하다) + 즛(명사, 모습) + 에(조사)'로 분석된 바 있다. '너겁, 너덜, 너리, 너부러기(너부렁이), 너설, 너스래미, 너스레, 너울, 너출(너출)' 등의 단어를 제시하고 이 말들에 공통된 '너'를 접사로 파악한 것이다.[26] '너-'에 '너저분하다'는 뜻이 있다고는 생각되지만 시의 의미 맥락과 관련하여 좀 더 따져 볼 필요가 있다.

기존 논의에서 예로 든 말 중에서 '너스래미'(물건에 쓸데없이 붙어 있는 거스러미나 털 따위.)와 '너겁'[27](괴어 있는 물에 함께 몰려서 떠 있는 지푸라기, 티끌 따위의 검불. 또는 덕지덕지 앉은 때.)이 주목된다. 여기에 필자가 찾아본 단어로 '너테'[28](물이나 눈이 얼어붙은 위에 다시 물이 흘러서 여러 겹으로 얼어붙은 얼음.)를 더하여 살필 만하다. 세 단어의 뜻풀이에서 '쓸데없이 붙어 있는, 몰려서 떠 있는, 덕지덕지 앉은, 여러 겹으로 얼어붙은'이라는 의미 범주를 설정할 수 있고 이러한 의미를 표시하는 말이 세 단어에 공통된 '너-'임을 알 수 있다. 그중에서도 '너테'의 뜻이 작품의 의미 맥락에 잘 들어맞는다고 생각한다. 이에 '너즈세'는 '너(여러 겹 덕지덕지 얼어붙은) + 즛(모습) + 에'로 해석할 수 있다.

'너우지잠싸'의 풀이가 매우 어렵기에 본고는 가설의 수준에서 해석하는 데 그치고자 한다. 먼저 '너우'는 '너운너운'(너울너울)의 '너운'에서 'ㄴ'이 탈락된 형태로 본다. 여기에 '-지다'가 결합하여 '너우지다'(너울지

---

25 국립국어원, 『표준국어대사전』, 해당 항목 참조.

26 장효현, 앞의 책, 28-29면.

27 '너겁'의 중세어형으로 '넚'이 있다.

28 '너테'의 중세어형은 '넌테'이다. '너-'와 '넌-'의 이형태는 『대악후보』의 〈이상곡〉 가사에 '너즈세'가 '넌즈세'로 기재된 것으로 나타난다.

다, 너울너울하다)가 된 것으로 생각된다. '-잠ᄯᅡ'는 객체 존대 선어말 어미 '-ᄌᆞᆸ-'에 종결 어미 '-니이다'가 결합한 '-ᄌᆞᆸ니이다'의 축약형으로 본다. 곧, '너우지잠ᄯᅡ'는 '너우(어근) + 지(동사 어간) + ᄌᆞᆸ/잡(선어말 어미) + 니이다>니ᄯᅡ(종결 어미)'로 분석하여 '-ᄌᆞᆸ니이다>-잡니ᄯᅡ>-잠ᄯᅡ'의 음운 축약을 상정하는 것이다. '니잇가>닛가'의 사례에 견주어 '니이다>닛다'의 축약을 가정하고 'ᄌᆞᆸ'과 '니'의 'ㅂ'과 'ㄴ'이 접변하여 'ㅁ'이 되었다고 할 수 있다. 이러한 설명이 얼마나 타당한지 필자로서도 확신하기 어렵다. 다만, 기존의 '잠 따다'라는 해석에 별다른 이의가 없었던 것에 대한 반성과 함께, 작품 서두에서부터 '자라오리잇가'까지 의미 맥락이 달라짐에도 불구하고 여러 행에 걸쳐 한 문장으로 구성된 점에 대한 검토가 있어야겠다는 생각에서 이렇게 재해석을 시도해 보았다. 이에 대해 많은 질정을 바란다.

제4행은 '[얼음이 덕지덕지] 얼어붙은 모습에 [마음이] 너울지옵니다.'로 해석한다. 길가 집들의 처마와 사립에 얼음이 엉겨 덕지덕지 붙어 있는 길거리의 을씨년스런 풍경을 보고 이러한 살풍경을 뚫고 님이 오기는 불가능하리란 생각에 마음이 일렁이는 것을 표현하였다고 생각한다.

제5~8행은 다음과 같이 여음구와 반복구를 빼고 띄어쓰기를 하여 해석하고자 한다.

간 내 니믈 너겨 깃ᄃᆞᆫ
열명 길헤 자라 오리잇가?
(죵죵)
벽력ᄉᆡᆼ함타무간 고대셔 ᄉᆡ여딜 내 모미
(죵)
(벽력아ᄉᆡᆼ함타무간 고대셔 ᄉᆡ여딜 내 모미)
내 님 두ᅀᆞᆸ고 년 뫼ᄅᆞᆯ 거로리.

'잠싸'를 앞 행에 붙여 읽게 되면 제5행의 첫머리는 '간'에서 시작한다. '간 내 님'은 '간밤, 간 봄, 가는 세월, 갈 곳' 등과 같이 '가-'(去)가 앞에 붙은 단어나 구절처럼 자연스럽게 읽힌다. 이어지는 '너겨'(여겨)는 '~을 ~으로 생각한다.'는 말이어서 단순히 님을 그리워한다는 뜻과는 미묘한 차이가 있다. 이 말에 연결된 '깃듣'의 풀이에 따라 '~을 ~으로'의 목적어와 부사어를 짐작할 수 있을 것이다.

문맥상 '너겨 깃듣'의 주체는 시적 화자이고 '자라 오다'의 주체는 님이 되어[29] 제5, 6행의 문장에서 생략된 주어는 둘로 여겨진다. '깃듣'은 드러난 표기대로 분석하면 '깃(棲, 동사 어간) + ᄃᆞ(회상 시제 선어말 어미) + ㄴ(관형사형 어미)'으로서 '깃들었던'이 되어 화자와 님이 예전에 여기 있었다는 뜻을 표현한다. 그런데 화자는 현재 이곳에 와 있으면서 과거의 일까지 상기한 것이므로 이 말은 과거로부터 현재까지 이어진 시제상의 의미를 지닌다. 그래서 '예전에도 깃들었고 지금도 깃들어 있는'의 의미로서 '깃든'이라 해석하는 것이 자연스럽다. 이 관형어는 표면적으로 '열명 길'의 '길'을 수식한다. 여기서 '길'은 화자가 깃들 만한 곳으로서 길이 가 닿은 곳, 즉 화자가 현재 위치한 곳까지를 아우르는 말이다. 님이 자러 오면서 밟는 길인 동시에 자러 오는 길이 가 닿은 곳을 지칭한다.

길이 가 닿은 그곳은 제1행에 나온 '가개야'(산막)로 볼 수 있다. 앞에 한 번 나왔기 때문에 길이라는 말에 포함되어 생략될 수 있었을 것이다. 화자는 지금 님과 관계를 맺었던 은밀한 장소에 깃들어 있는데 님은 이곳에 자러 오지 않을 것이라고 추측하는 의미 맥락을 이룬다. 문면에서 '깃들다'의 장소인 '산막에'는 생략하였으나 그곳에서 님과 함께했던 예전의 일을 기억하며 '님을' 생각한다는 뜻을 '여기다'로 표현하였다. 기다

29 박병채, 앞의 책, 289–290면에서 '깃듣'을 '그이는, 그이야'로 풀이하여 이 점을 분명히 하였다. 필자는 이러한 해석의 취지에는 공감하지만 '깃듣'의 해독을 달리한다.

림의 대상인 님과 화자가 깃든 산막에 대해 '님을 산막으로 여기다' 또는 '산막을 님으로 여기다'의 의미로 관련짓고자 해서 선택한 말로 보인다. 이렇게 화자가 님을 생각하며 깃들어 있는 산막으로 가는 길은 서리가 내려 서걱서걱하고 서릿발은 촘촘하게 솟았고 길가 집들의 처마와 사립 온 얼음이 여러 겹 덕지덕지 붙어 있다. 전체적으로 을씨년스럽고 다니기에 고생스런 길이다. 이러한 길을 따라 님이 이곳까지 자러 오겠느냐는 반문이다.

제5행은 '떠나간 내 님을 생각하여 깃든 [산막에]'로 풀이한다.

제6행에서는 '열명'에 대한 해석이 어렵다. 이를 한자어와 관련지어 읽은 것은[30] 뒤의 '霹靂生陷墮無間'과 연결되는 의미를 찾으려는 의도에서였다. 그런데 이 구절은 문맥상 이질적인 면을 지니므로 시 전체의 우리말 구성의 맥락에서 '열명'을 풀이하는 것이 더 바람직하다.[31]

중세어 '열'에는 '쓸개'를 뜻하는 말도 있다. '열ᄈᆞ지다'는 '얼빠지다'(糊塗/迷)의 뜻이다. 이와 함께 '믜다'는 '머리털 따위가 빠지다'(禿) 또는 '찢다'(裂)의 뜻인데[32] 뒤의 의미는 현대어 '미다'(팽팽한 가죽이나 종이 따위를 잘못 건드려 구멍을 내다.)로 이어진다. '열명'은 이 두 말의 합성어가 아닐까 한다. '열＋믜＋어>열며'에 관형사형 어미 '-ㄴ' 또는 '-ㄹ'이 붙은 '열면, 열멸'이 뒷말 '길ㅎ'의 'ㄱ' 음에 영향을 받아 '열명'이 된 것으로 볼 수 있다.

제6행은 '[님이 이 같은] 얼빠질 길에 자러 오리까?'로 해석한다.

'죵죵'은 현악기의 구음을 표기한 것으로 본다.

---

30 양주동, 앞의 책, 352면에서 '십분노명왕(十忿怒明王)'의 약칭 '십명(十明)'을 속칭해서 '열명'이라고 했으리라는 추정이 그 후 많은 이들의 동의를 얻었다.

31 김완진, 『향가와 고려가요』, 서울대출판부, 2000, 407면에서는 '깃ᄃᆞᆫ'과 '열명'을 우리말로 연결시켜 '깃은 열며, 깃을랑 열며'로 풀이하기도 하였다.

32 한글학회, 『우리말큰사전』, 해당 항목들 참조.

제7행은 한문 구절 '벽력싱함타무간'과 우리말 '고대셔 싀여딜 내 모미'가 연결되어 한 행을 이룬다고 본 것인데 사실 이러한 연결은 상당히 어색하다. 율격상으로도 5음보가 되어 2, 3, 4음보로 전개된 율격이 여기에 와서 늘어나 버렸다. 추측컨대, 가창을 하는 연행 현장에서 일단의 가희(歌姬)들이 배후에서 부른 노래 가사가 본사에 삽입되어 기록된 모습일 듯싶다. 벼락을 맞아 무간지옥에 떨어지리라는 서늘한 저주의 노랫말이 배경에서 울려 퍼지는 가운데 이 작품이 가창되었던 정황을 그려 볼 수 있다. 그렇다면 창자와 청중 모두 작품의 주제가 불륜의 사랑이라는 점을 인식하고 있었다고 할 것이다. 이러한 점을 염두에 두고 본고에서는 일단 한 행으로 읽어 두지만 제7행에서 한자 어구를 제외하고 3음보의 한글 가사로만 보아도 되리라 생각한다.

'벽력싱함타무간'은 한자 뜻 그대로 '벼락이 쳐서 무간지옥에 떨어진다.'는 의미이다. 이 말과 연결되는 것이 '싀여딜'(스러질, 없어질)인데 화자가 자신의 죄를 알고 그 벌에 대한 두려움과 반성의 뜻을 표현한 것으로 이해된다. 혹은, 이 구절이 본사의 배경에서 불린 여음구라면 화자의 죄에 대해 다른 화자나 청중이 질책, 저주하는 말로도 볼 수 있다. 후자의 경우에는 연극적 구성이 가미된 노랫말이라 하겠다.

제7행은 '벼락이 쳐 무간지옥에 떨어질, 곧 있어 스러질 내 몸이'로 풀이한다.

'죵'은 앞의 '죵죵'을 한 번만 표기한 구음이고 '벽력아싱함타무간'은 '벽력싱함타무간' 속에 '아'라는 감탄사가 들어간 것으로 가창상의 반복에 따른 가사의 변형이라 생각된다.

제8행은 기존의 해석대로 '내 님 두옵고 다른 산[길]을 걸으리.'로 풀이한다. 여기에 나온 '뫼'(山)는 제1행의 '가개야'(산막)와 의미상 자연스럽게 연결된다. '산을 걷다.'라는 말이 '산막으로 가는 길을 걷다.'는 뜻을 표현하고 있다.

제9, 10행은 크게 논란되지 않은 부분이다.

> 이러쳐 뎌러쳐 (이러쳐 뎌러쳐) 긔약이잇가?
> 아소 님하 ᄒᆞᆫᄃᆡ 녀졋 긔약이이다.

제9행의 '이러쳐'는 '이러 + 치 + 어', '뎌러쳐'는 '뎌러 + 치 + 어'로 분석하여 '치다'가 들어간 형태로 본다. '이렇게 치고 저렇게 치고' 또는 '이렇다 치고 저렇다 치고'의 뜻으로 이해한다. 이리저리 핑계 대며 약속을 어기려 하거나 이리 했다가 저리 했다가 하며 약속과 달리 행동하는 모습을 표현한 것이다. 한 번 더 반복된 말은 본사에 포함시키지 않는다. '긔약'은 화자와 님이 함께했던 기약, 약속으로 보아야 한다.

제9행은 '이렇다 치고 저렇다 치고 [그러는] 기약입니까?'로 풀이한다.

제10행의 'ᄒᆞᆫᄃᆡ 녀졋 긔약'은 〈정과정〉 제5행의 '[넉시라도 님은] ᄒᆞᆫᄃᆡ 녀져라', 〈만전춘별사〉 제3연의 'ᄒᆞᆫᄃᆡ 녀닛 景 너기다니'와 거의 같은 표현이다. '[님과] 함께 살아가자는 기약'의 의미이다.

이상의 논의를 종합하여 〈이상곡〉의 본문을 현대어로 풀이하면 다음과 같다.

> [부슬]비 오듯 산막에 눈 많이 내린 날에
> 서리는 서걱서걱 [서릿]살이 좁은 굽이돈 길에
> 윗처마마다 사립마다
> [얼음이 덕지덕지] 얼어붙은 모습에 [마음이] 너울지옵니다.
> 떠나간 내 님을 생각하여 깃든 [산막에]
> [님이 이 같은] 얼빠질 길에 자러 오리까?
> 벼락이 쳐 무간지옥에 떨어질, 곧 있어 스러질 내 몸이
> 내 님 두옵고 다른 산[길]을 걸으리.

이렇다 치고 저렇다 치고 [그러는] 기약입니까?
아아 님이여, 함께 살아가자는 기약입니다.

4. 서정시로서의 특징

이렇게 해석해 놓고 보면 〈이상곡〉은 〈정과정〉과 많이 닮아 있다. 〈정과정〉의 제1~4행이 '산 접동새, 잔월효성' 같은 자연물에 빗대어 쓸쓸하고 억울한 심성을 토로한 것처럼 〈이상곡〉의 제1~4행도 '눈, 서리'라는 기후 현상에다가 '산막, 길, 서까래/처마' 같은 인공물을 가미하여 누추하고 을씨년스런 처지를 나타내고 있다. 제5~8행은 제5, 6행에서 반문하고 제7, 8행에서 호소하는 발화의 구성 방식이 비슷하다. 제9, 10행은 '아소 님하'라는 동일한 감탄사를 가운데 두고 제9행의 자문과 제10행의 자답으로 이루어진 점이 공통된다. 전반적으로 보아 시적 화자의 심정과 처지를 님에게 하소연하는 시적 상황이나 님과 함께하기를 염원하는 주제 면에서 상통한다.

〈이상곡〉은 조선 초에 규정된 남녀상열지사(男女相悅之詞)로 이해해 오다가 작품 연구가 본격화되면서 충신연주지사(忠臣戀主之詞)에 넣어 살피는 경향이 나타났다.[33] 〈정과정〉은 후자의 범주에 속하는 작품으로 여겨지는바 두 작품이 이만큼 유사한 양상을 띠는 것으로 보아 충신연주지사와 남녀상열지사는 어쩌면 동전의 양면같이도 생각된다. 이런 점에서 〈이상곡〉을 정치적 우의로 해석할 여지는 있다고 본다.

그러나 〈이상곡〉은 남녀상열지사의 특성이 너무나 뚜렷한 작품이다.

33 장효현, 앞의 책, 41면. ; 박노준, 앞의 논문, 235-236면. ; 최용수, 『고려가요연구』, 계명문화사, 1993, 227면. ; 강명혜, 앞의 논문, 748면.

두 사람의 은밀한 만남의 장소, 그곳까지 가는 길의 누추하고 을씨년스러움, 그 길만큼이나 서럽고 쓸쓸한 화자의 처지와 심정, 자신의 죄로 인한 두려움[34]과 얼마 안 있어 스러질 운명에 대한 한탄, 끝까지 붙들고 싶은 님과의 기약 등 구구절절이 님과 이별한 여성의 애절한 정서를 표현하고 있다. 제8행에서 님을 따르고자 하는 의지를 밝히고 제10행에서 함께하기로 했던 기약을 상기한다고 해서 화자가 정절을 지키는 여성이라고 보기는 어렵다. 이 작품은 공식적일 수 없는 남녀관계에서 나올 법한 사랑과 이별의 시인 것이다. 그렇다고 '아소 님하'라는 감탄사에 주목하여 참소의 허망함을 읍소하는 내용으로 보는 것[35]도 수긍하기 곤란하다. 이는 악부 금곡 〈이상조(履霜操)〉와의 관련성을 전제하여 나온 견해인데 〈이상곡〉은 그 작품과 별도의 주제와 시적 상황을 그렸다고 보는 관점에서는 참소 여부를 살필 만한 작품 내적 증거를 찾기 어렵다. 한편, 제8행과 제10행의 의미로 미루어 화자를 과부(寡婦)[36]로 보기도 힘들다. 이미 관계를 맺어 두고 나서 이쪽 산길, 저쪽 산길을 택할 수 있는 처지라면 그것은 과부보다는 유녀(遊女)[37]일 가능성이 더 크다.

유녀 또는 기녀 외에도 문벌 귀족이나 사대부가의 유부녀가 작자일 가능성도 배제할 수 없다. 『고려사』에 실행(失行)한 여성, 유부녀로서 음탕한 사람을 '자녀(恣女)'라 하여 그 자식의 관직을 제한하거나 임용에서 제외하고 '자녀안(恣女案)'에 올려 침공(針工)으로 삼았다는 기록이 나온다.[38] 무간지옥에 떨어지는 벌을 받을 수 있다는 두려움 속에서도 님을

---

34 이는 '죄의식'(최미정, 앞의 논문, 261면.), '참회'(박노준, 앞의 논문, 216면. ; 윤성현, 『속요의 아름다움』, 태학사, 2007, 116–117면.) 등과 관련된다.

35 최미정, 앞의 논문, 264면.

36 박병채, 앞의 책, 286면. ; 이임수, 앞의 논문, 113–118면. ; 성호주, 「속요」, 『국문학신강』, 새문사, 1985, 32면. ; 민찬, 「이상곡의 시적 정황 및 독법의 논리」, 『인문학연구』 86, 충남대 인문과학연구소, 2012, 41–47면.

37 양주동, 앞의 책, 27면.

38 『고려사』지 29권, 京市案付恣女 失行前所產 限六品職 失行後所產 禁錮. ; 38권, 睿宗三年 判

만나고 싶어 하는 화자의 모습에서 자녀로 지목되어 본인과 자식의 몰락을 감수하고라도 사랑에 몰입하는 유부녀를 떠올릴 수 있는 것이다.

〈이상곡〉은 화자가 놓인 시적 상황에 대한 섬세하고 감각적인 묘사가 돋보이는 작품이다. 아울러 그와 같은 배경 아래 화자의 기다림과 다짐의 정서가 호소력 있게 그려져 있다. 시적 상황의 처절함, 그로부터 우러나는 정서의 구체성으로 인해 상황과 정서가 잘 조화된 수준 높은 서정시라 할 수 있다. 따라서 이 작품이 지닌 서정시적 가치는 아주 높게 평가되어야 한다고 본다.

향가에서 고려가요로 이어지는 시가사의 맥락에서도 작품의 의의가 평가되어야 한다. 위의 분석과 해석을 통해 〈이상곡〉은 〈정과정〉과 함께 10행 향가의 구성 방식을 계승하면서 변형한 작품임이 드러났다. 본사의 기본 형태가 10행 향가의 3구 구성을 따르고 있고 대개 3음보 위주의 율격으로 이루어져 있다는 점이 계승의 면이다. 한편, 감탄사의 위치가 바뀐 점, 여음구가 삽입된 점, 3음보 위주이면서도 2, 4, 5음보가 혼성된 점 등이 변형의 면이다. 나아가 현존 향가에서는 볼 수 없는, 구체적 상황에서의 애절한 사랑의 정서를 표현하였다는 점이 향가의 서정성 범위를 초월, 확대한 의의를 지닌다. 그리하여 10행 향가의 잔존 형태인 동시에 고려가요의 양식적 특성을 보여 주는 작품이라 하겠다.

감탄사의 위치가 제9행 첫머리에서 제9행과 10행 사이로 옮아간 것에 대해 좀 더 생각해 볼 필요가 있다. 10행 향가에서 감탄사는 의미의 전환 또는 도약의 장치로 기능하였다. 제1구에서 일으켜 제2구로 전개한 시상을 제3구에서 한 단계 도약 내지 전환하는 데 감탄사가 중요한 역할을 한 것이다. 그러던 것이 〈정과정〉과 〈이상곡〉에서 보는 것처럼 전환이

有夫女淫 錄恣女案 針工定屬(국사편찬위원회, 『한국사데이터베이스』). ; 박재우, 「중앙 정치의 구조와 운영」, 『고려시대사』 1, 푸른역사, 2017, 123면.

나 도약보다는 종합 혹은 요약을 통한 주제의 강조라는 역할로 변하였다. 이는 다른 고려가요에서 연의 중첩을 통하여 시상의 중층적 전개를 보여 주는 양상과 상통한다. 고려가요는 여러 연들 사이의 유기적 관계를 통해 주제를 심화하는 분연체(分聯體) 작품이 많은 것이다. 10행 향가에서 보이는 시상의 변증법적 발전 형식에서 시상의 중층적 전개 형식으로 변화하였다고 할 수 있다.

향가에서 고려가요, 고려가요에서 시조, 가사로의 시가사적 변화는 율격의 변화가 가장 두드러진 것이었다. 향가와 3음보 율격을 공유한 고려가요는 나중에 4음보 율격의 시조와 가사로 크게 전환될 때 매개적인 역할을 하였다. 이 작품에서 3음보 외에 2, 4, 5음보 등 다양한 음보가 포함된 것에서 보듯이 3음보에서 4음보로의 율격 전환에서 고려가요의 일부 작품이 과도기적 면모를 보이고 있다. 〈이상곡〉, 〈만전춘별사〉 등이 그러한 양상을 잘 보여 주는 작품들이다.

〈이상곡〉은 은밀한 사랑의 주제를 처절하고 절실한 표현으로 그려낸 순수 서정시로서 수준 높은 문학성을 보여 준다. 형식 면에서 향가를 계승하면서도 고려가요의 특성을 띠는 시가사적 위치에서도 중요한 의의를 지닌다. 이러한 특성과 의의는 본고의 작품 해석을 통해 얻은 것이다. 하지만 해석의 과정에서 무리가 많을 것으로 생각되어 한층 정교하고 명확한 논증이 요구된다고 하겠다.

06

〈쌍화점〉의 장소성과 대화 맥락

1. 서론

〈쌍화점〉은 다른 고려가요에 비해 부대 기록이 얼마간 남아 있어서 연대와 작자 추정이 가능하다. 논란은 있으나 대체로 충렬왕대(1274-1308) 말기에 궁중 연향에 쓸 목적으로 오잠(오기), 김원상 등이 지었거나 민간의 가요를 가져와 엮었다고 여겨진다. 현존 가사의 대화체, 여음구 등이 극적 상황의 설정과 음악 반주를 통해 연향에서 연주된 모습의 반영일 것이다. '덦거츠니'에 대한 해독의 편차가 있으나 원문의 어석은 비교적 무난한 편이다.

이 작품에 대해서는 주제,[1] 의미 구조,[2] 연행 방식,[3] 작자와 시대 배경,[4] 상징적 의미,[5] 제의적 성격,[6] 욕망의 문제,[7] 수용사적 맥락,[8] 운율과

---

1 정병욱, 「쌍화점고」, 『한국고전시가론』, 신구문화사, 1979, 113-124면. ; 여증동, 「쌍화점 노래 연구」, 『고려시대의 가요문학』, 새문사, 1982, Ⅰ·90-Ⅰ·103면. ; 여운필, 「쌍화점 연구」, 『국어국문학』 92, 국어국문학회, 1984, 61-85면. ; 정운채, 「쌍화점의 주제」, 『논문집』 49, 한국국어교육연구회, 1993, 21-45면.

2 김대행, 「쌍화점과 반전의 의미」, 『고려시가의 정서』, 개문사, 1985, 193- 207면. ; 이도흠, 「고려속요의 구조분석과 수용의미 해석-쌍화점과 동동을 중심으로」, 『한국시가연구』 1, 한국시가학회, 1997, 361-391면.

3 여증동, 「쌍화점 고구(기이)-무대 해석을 중심으로 충렬왕조」, 『국어국문학』 47, 국어국문학회, 1970, 1-26면. ; 여증동, 「쌍화점 고구(기삼)-대본 해석을 중심으로」, 『국어국문학』 53, 국어국문학회, 1971, 323-349면. ; 이영태, 「소통의 즐거움을 위한 장치, 쌍화점」, 『쌍화점, 다섯 개의 시선』, 다인아트, 2010, 59-80면.

4 여운필, 앞의 논문. ; 박노준, 「쌍화점의 재조명」, 『고려가요의 연구』, 새문사, 1990, 155-205면. ; 허남춘, 「쌍화점의 우물 용과 삿기광대」, 『반교어문연구』 2, 반교어문학회, 1990, 154-178면. ; 최용수, 『고려가요연구』, 계명문화사, 1993, 249-268면. ; 이강한, 「충렬왕의 생애와 쌍화점」, 『쌍화점, 다섯 개의 시선』, 다인아트, 2010, 15-52면. ; 하윤섭, 「정치적 텍스트로서의 쌍화점」, 『고전문학과 교육』 41, 한국고전문학교육학회, 2019, 47-83면.

5 정병욱, 앞의 논문. ; 송정헌, 「쌍화점의 '우뭇용'에 대한 연구」, 『논문집』 20, 충북대, 1980, 31-38면. ; 허남춘, 앞의 논문.

6 최동국, 「쌍화점의 성격 연구」, 『문학과 언어』 5, 문학과언어연구소, 1984, 117-134면. ; 강명혜, 「풍요의 노래로서의 쌍화점-쌍화점 연구Ⅱ」, 『고전문학연구』 11, 한국고전문학회, 1996, 71-93면.

7 이형대, 「고려가요·사설시조·대중가요와 에로티즘의 표정」, 『고전시가 엮어 읽기』 상,

통사 구조[9] 등에서 활발한 논의가 이루어졌다.[10] 그러는 중에 『고려사』 「악지」의 한시 〈삼장〉·〈사룡〉, 김만중(1637-1692)의 악부시 등과의 비교 연구에서 도출된[11] 소문의 주제에 대한 논의가 진척되었다.[12] 조선 전기에 '남녀상열지사'로 인식된 면에 대해서 연구자들 사이에 수용과 비판의 대립된 견해가 제시되어 왔는데, 소문의 주제가 부각됨으로써 성적인 제재에 대한 접근의 시각이 한층 넓어져 논의를 심화할 수 있게 되었다.

본고는 각 연의 서두에 나온 '쌍화점, 삼장사, 두레우물, 술 팔 집' 등의 장소에 주목한다.[13] 이곳들은 시상 전개의 공간적 배경으로만 기능하

태학사, 2003, 317-336면. ; 고정희, 「쌍화점의 후대적 변용과 문학치료적 함의」, 『문학치료연구』 5, 한국문학치료학회, 2006, 43-72면. ; 이정선, 「쌍화점의 구조를 통해 본 성적 욕망과 그 의미」, 『대동문화연구』 71, 성균관대 대동문화연구원, 2010, 113-141면. ; 이완형, 「쌍화점의 삼각형 욕망 구조」, 『대동문화연구』 105, 성균관대 대동문화연구원, 2019, 173-194면.

8 김석회, 「쌍화점의 발생 및 수용에 관한 전승사적 고찰」, 『어문논지』 6·7, 충남대 국어국문학과, 1990, 65-81면. ; 윤영옥, 『고려시가의 연구』, 영남대출판부, 1991, 243-254면. ; 정운채, 「쌍화점과 쌍화곡의 편향과 강호가도의 논의 재고」, 『고려가요연구의 현황과 전망』, 집문당, 1996, 417-444면. ; 박상영, 「쌍화점의 담론 특성과 그 문학사적 함의」, 『국어국문학』 159, 국어국문학회, 2011, 85-119면.

9 박덕유, 「쌍화점의 운율 및 통사구조 연구」, 『어문연구』 29-2, 2001, 한국어문교육연구회, 21-40면.

10 1980년대 중반까지의 연구사는 최미정, 「쌍화점의 해석」, 『한국문학사의 쟁점』, 집문당, 1986, 248-261면에 정리되어 있다. 2010년대 초반까지는 박상영, 앞의 논문, 86-88면. ; 이정선, 앞의 논문, 115-117면을 참조할 수 있다.

11 정운채(1993), 앞의 논문. ; 정운채, 「악장가사의 쌍화점과 시용향악보의 쌍화곡과의 관계 및 그 문학사적 의미」, 『인문과학논총』 26, 건국대 인문과학연구소, 1994, 55-78면.

12 김유경, 「쌍화점 연구」, 『열상고전연구』 10, 열상고전연구회, 1997, 5-37면. ; 황보관, 「쌍화점의 시상구조와 소재의 의미」, 『한국고전연구』 19, 한국고전연구학회, 2009, 301-326면. ; 최은숙, 「쌍화점 관련 텍스트에 나타난 소문의 구성 양상과 기능」, 『동양고전연구』 39, 동양고전학회, 2010, 7-31면. ; 박상영, 앞의 논문. ; 이정선, 「고려가요에 나타난 소문의 시적구현양상과 화자의 태도-쌍화점·정과정을 중심으로」, 『한국민족문화』 71, 부산대 한국민족문화연구소, 2019, 105-127면. ; 하윤섭, 앞의 논문 ; 어강석, 「고려가요 쌍화점의 재해석」, 『고전과 해석』 30, 고전문학한문학연구학회, 2020, 7-45면. ; 도연우, 「쌍화곡과 쌍화점의 관계 고찰 및 쌍화점 해석의 극적 맥락 검토」, 『국문학연구』 46, 국문학회, 2022, 5-33면.

13 정병헌, 「쌍화점과 장소」, 『벽사이우성선생정년기념 국어국문학논총』, 여강출판사, 1990,

는 것이 아니라 작품 전반의 주제 형성에 주도적으로 기여하는 것으로 보인다. 작품의 장소성은 성관계가 이루어지는 장소라는 면과 소문이 밖으로 퍼져나가는 면이 복합되어 주제에 깊숙이 관여하고 있다. 이에 장소성과 소문의 주제 사이의 관련성에 유의하여 각 연의 의미 구조를 분석하고 대화의 맥락을 살펴보면 남녀상열지사의 대표작으로 거론된 이 작품의 내용과 형식, 연행적 성격까지 좀 더 깊이 있게 이해할 수 있으리라 본다. 이를 통해 기존에 축적된 작품론을 심화하는 데 조금이라도 보탬을 주고자 한다.

2. 행간에서 의미의 건너뜀

〈쌍화점〉은 각 연이 같은 짜임새로 이루어졌으므로 제1연을 분석하여 그 결과를 작품 전체로 확대할 수 있다. 여음구를 제외한 제1연의 원문은 다음과 같다.

雙花店솽화뎜에 雙花솽화 사라 가고신딘
回回휘휘 아비 내 손모글 주여이다
이 말솜미 이 店뎜 밧긔 나명 들명 (여음구)
죠고맛감 삿기 광대 네 마리라 호리라 (여음구)
긔 자리예 나도 자라 가리라 (여음구)
긔 잔 딕ᄀ티 덦거츠니 업다[14]

310–313면. ; 김기영, 「쌍화점의 내외 공간과 화자의 이중성 고찰」, 『어문연구』 43, 어문연구학회, 2003, 189–208면. ; 황보관, 앞의 논문 등에서 작품의 장소성에 대해 논한 바 있다.

14 『악장가사』(김명준, 『악장가사 주해』, 다운샘, 2004, 부록 25–27면.).

원문은 크게 보아 제1~4행과 제5·6행의 두 단락으로 구성되어 있다. 4행의 전반부와 2행의 후반부가 결합하여 전대절 후소설이라는 한국 시가의 전형적인 형식을 보여 준다. 여음구는 제3행과 제4행, 제4행과 제5행, 제5행과 제6행의 사이에 들어가 있다. 반주 악기 소리의 구음으로 여음구가 표기되었는데, 노랫말의 의미 진행이라는 점에서 보면 앞과 뒤의 의미를 잠시 끊어 주는 역할을 한다.

첫 번째 여음구의 앞뒤 제3행과 제4행은 말이 쌍화점 밖에 나며 들며 한다는 것을 가정한 문장과 그 가정이 실제로 이루어진 것을 전제로 새끼 광대에게 책임을 묻겠다며 입단속을 하는 문장이다.[15] '가정-실현-입단속'의 전개에서 실현 부분이 생략되었는데 그 자리에 여음구가 들어가 있다. 가정한 일이 실현되었을 때, 즉 말이 밖으로 새어 나갔을 때 그렇게 한 사람이 누구일지는 잘 알 수 없는데도 화자는 새끼 광대라고 못 박아 두었다. 그리하여 말이 새어 나가는 것을 가정한 데에서 바로 새끼 광대에게 입단속을 하는 것으로 의미가 전개되었는데 그 사이에 말이 새어 나가는 것이 과연 실현되었는지, 그랬다면 누가 그렇게 했는지의 문제는 건너뛴 것이다.

두 번째 여음구의 앞뒤 제4행과 제5행 사이는 의미의 비약이 더 심하다. 느닷없이 제2화자가 등장하여 '나도' 그 자리에 동참하겠다는 뜻을 표명하였다. 제2행에 쓰인 1인칭 대명사 '내'가 제5행에 '나'로 다시 나옴으로써 제1화자와 제2화자는 1인칭의 행위자로서 자신을 나타내고 있다. 그런데 제2화자의 등장은 제1화자가 새끼 광대에게 다짐을 둔 것이 이후 어떻게 되었는지에 대한 정보는 생략된 채 이루어졌다. 더욱이 제2행에서 '손목을 잡힌' 일이 제5행에서는 그 자리에서 '잔' 일로 인식됨으로써

15 김대행, 앞의 논문, 200면에서는 제3행까지의 갈등에서 제4행의 해결로 '반전'이 있다고 보았다.

의미의 비약이 일어났다. 이 비약에는 모순도 발견된다. 제1화자는 새끼 광대에게 말이 퍼지지 않도록 입단속을 단단히 해 두었다. 그런데 어떻게 알았는지 제2화자가 동참하겠다고 했으므로 그 다짐은 헛일이 되어 버렸다.

이렇게 된 것은 새끼 광대가 말을 퍼뜨렸을 수도 있고, 쌍화점에 드나드는 익명의 사람이 그랬을 수도 있으며, 아예 제1화자가 제2화자에게만 살짝 귀띔해 준 것일 수도 있다. 세 경우 모두 가능성이 있으나 제2화자가 '나도 자러 가리라'고 말하자 제1화자가 '그 잔 데'라고 응답하여 '자다'라는 말에 동의하면서도 말이 새어 나간 것에 대해서는 별다른 반응이 없는 것으로 보아 세 번째가 문맥에 더 적합하다고 생각된다. 이로써 제1화자는 현장의 새끼 광대에게는 입단속을 해 두었으나 자기와 친분이 있는 제2화자에게는 넌지시 귀띔을 해 주었다고 볼 수 있다.[16]

세 번째 여음구의 앞뒤 제5행과 제6행은 두 화자의 대화로 이루어졌는데 여기서도 비약이 일어났다. 제2화자가 자기도 그 자리에 자러 가겠다고 말했더니, 여음구가 나온 다음에 제1화자가 그 잔 데같이 '덦거츠니' 없다고 대답한다. 자리에 동참하겠다는 의사 표시에 대해 허용 또는 제지의 말을 하지 않고 그 자리와 관련된 어떤 성격에 대해 말해 주었다. 이는 두 화자 사이에 허용이나 제지의 내용을 담은 대화가 생략되어도 괜찮을 만큼 친밀한 관계가 형성되어 있음을 보여 준다. 그렇지만 손목을 잡힌 사건을 성관계로 받아들인 제2화자의 인식에 대한 해명이나 제1화자를 따라 하려는 제2화자의 동기에 대한 정보는 생략되어 있다.

이렇게 세 번의 여음구 앞뒤 행은 의미의 비약이 공통적으로 나타난

---

16 이는 화자가 자랑스럽게 과시하거나 공개하였다는 견해(강석중, 「쌍화점 소고」, 『한국고전시가작품론』 1, 집문당, 1992, 320면. ; 김유경, 앞의 논문, 18면 ; 김기영, 앞의 논문, 200면.), 사건의 당사자들 혹은 시적 화자가 소문을 내어 불특정 다수에게 알려졌다는 견해(박상영, 앞의 논문, 93–94면. ; 이정선(2019), 앞의 논문, 111면.)와는 구분되는 입장이다.

다. 행간에서 의미의 건너뜀은 이 작품의 핵심적인 문학적 특질이라고 할 수 있다.[17] 의미의 건너뜀은 곧 말의 건너뜀이고 말의 전파와 관련된 것이다. 화자는 상황과 상황을 연결하기보다는 생략하고 넘어가는 식으로 발화했는데 이로 인해 행간에서 의미의 비약이 일어났다. 화자의 건너뛰기 식 발화를 통해 말의 전파를 시사해 놓음으로써 청·독자는 말과 말 사이, 의미와 의미 사이에 생략된 부분이 무엇인지 추측해 보게 된다.

이러한 양상은 여음구만이 아니라 의미 구조에 의해서도 일어난다. 제1·2행과 제3·4행의 발단과 전개부에서, 그리고 제1~4행과 제5·6행의 전·후반부에서도 발생하는 것이다. 제1·2행에서 화자가 쌍화점에 갔다가 손목을 잡힌 사건이 발화되었다. 그리고 제3·4행에서 화자는 새끼광대를 상대로 이 사건에 대한 말이 상점 밖에 나며 들며 하는 것을 단속하였다. 사건을 암시적으로 간략하게 제시하고 나서 그 사건에 대한 설명이나 감회는 표현하지 않은 채, 사건을 말로 대체하면서 입단속으로 넘어간 것이다. 이로써 제1·2행의 사건과 제3행의 말 사이에 비약이 생겼고, 앞에서 설명한바 여음구의 삽입으로 제3행의 가정에서 제4행의 입단속으로 또 다른 비약이 있게 되었다.

전반부와 후반부 사이의 비약은 구조적인 원인에 의한 것이다. 4행의 전반부에 2행의 후반부가 첨가되는 형태에서 전자의 1인 화자가 자기 말을 하는 것에다가 후자의 2인 화자가 서로 대화하는 것을 결합함으로써 의미 구성 방식에 변화가 일어났다. 이는 연행 현장에서 극적 효과를 노리고 만든 노랫말의 문학적 구조화라고 할 수 있다. 화자의 수를 늘리고 독백을 대화로 바꿈으로써 연극적인 공연 상황을 조성하여 발화 방식과 의미 전개에 변화를 가져오고 그에 따라 청중의 관심을 대화 상황

---

17 황보관, 앞의 논문, 310면에서 '성행위와 관련된 사건들에 대한……행간을 통한 암시'라 하여 시상 전개상 특징을 적절히 지적하였다. 다만, 남성과 제2화자와의 성관계까지 추론한 것은 지나친 듯하다.

및 내용에 집중하도록 꾸몄기 때문이다. 여음구의 삽입에 의한 행간에서 의미의 건너뜀이라는 양상을 넘어서 각 연의 전반부와 후반부의 구조적 결합 차원에서 이루어진 의미의 비약이라 할 수 있다.

후반부에서 제2화자의 등장은 전반부까지의 사건과 입단속 이후에 제1화자가 어떤 태도와 행동을 취했는지가 생략된 채로 넘어가고 나서 이루어졌다. 의미의 비약 속에 생략된 부분이 있을 텐데 그것이 앞에서 언급한 제1화자의 귀띔이라고 할 수 있다. 자신이 쌍화점에 가서 경험한 사건을 새끼 광대에게 단단히 단속했으면서도 친밀한 관계의 제2화자에게는 넌지시 말해 주었다. 이 귀띔의 내용에는 손목을 잡힌 사건만이 아니라 새끼 광대에게 입단속을 한 것까지 포함되었을 것이다. 쌍화점에서의 성관계 경험을 알려 주는 것이 주된 의도지만 그 이상으로 중요한 일이 소문을 막는 것이므로 제1화자는 자기가 아주 신중했다는 점을 강조하기 위해서라도 입단속 이야기까지 했던 것이다.

제2화자에게 입단속까지 말했다는 점을 인식하면 새끼 광대를 단속한 것이 시상 전개상 어떤 역할을 하는지 비교적 선명해진다. 제1화자는 쌍화점에서 겪은 성관계의 사건을 그 자리에 있던 새끼 광대에게 입단속을 한 반면 자신의 절친한 사람에게는 귀띔하였고 그때 입단속한 것까지도 알려 주었다. 이러한 상황이 전제됨으로써 두 화자의 관계가 얼마나 친밀한지, 사건과 소문에 대한 태도가 얼마나 은밀한지가 암시적으로 표현될 수 있었다. 새끼 광대는 두 화자의 친밀성과 은밀함을 드러내는 데에 역방향의 비교 대상이 되었던 것이다. 이렇게 볼 때, 제1화자가 새끼 광대를 '조그마한'이라며 하찮게 말한 것은 회회 아비와의 권력 관계를 고려한 면과 함께 제2화자와의 친밀도와 비교한 점이 드러난다. 제1화자에게 인식된 새끼 광대는 회회 아비의 부림을 받는 하인이자 친구에 비해 관계가 아주 멀뿐더러 성에 대해 잘 모르는 어린아이인 것이다.[18]

여기서 두 화자의 신분을 추정해 볼 수 있다. 쌍화점 주인에게 손목을 잡혔으니 제1화자는 여성 화자일 것이다. 제1화자와 친밀한 관계에 있는 제2화자도 여성일 터인데 두 화자는 아마도 같은 직업에 종사하는 동료였을 것으로 생각된다. 그들은 상점에 가 쌍화를 사고, 절에 가 점등하고, 우물에서 물을 긷고, 술 가게에서 술을 사는 등의 일을 하고 있다. 이러한 일들은 자기의 집을 나와서 길거리, 상가, 공공장소 등에서 하는 것이고 대개는 누구의 부림을 받아서 하는 것일 가능성이 크다. 이러한 점들로 미루어 두 화자는 기녀 혹은 여자 하인의 신분이지 않을까 싶다. 이러한 직업 동료로서 개인적으로 절친한 사이이기에 제1화자는 새끼 광대에게는 입단속을 하면서도 제2화자에게는 은밀히 말해 주었던 것이다. 그리하여 두 화자 사이에는 비밀스런 공조, 은밀한 동참의 관계가 새롭게 형성된 것으로 보인다.

이러한 시적 흐름 속에 제6행의 '긔 잔 ᄃᆡᄀᆞ티 덦거츠니 업다'가 놓인다. 제1화자에게 제2화자가 '그 잔 데같이 덦거츤 것[이] 없다'라고 대답했는데, 이는 '그 잔 데가 가장 덦거츨다'라는 최상급의 표현이다. 이 문장에서 부사구 '그 잔 데같이'는 이어지는 관형어 '덦거츤'을 수식하고, 이것들이 다시 주어 '것[이]'에 걸린다. 여기서 '것'은 '데/곳'의 의미로서 '그 잔 데같이 덦거츤 데/곳이 없다'는 뜻이니 '덦거츤'은 '데'라는 장소가 지닌 어떤 성격을 지시하는 관형어이다. 제1연에서는 '쌍화점'이 '어떠하다'에 해당하는 말이 '덦거츨다'이다.

이 단어는 '답답하다', '지저분하다'로도 해석되었으나[19] 다음의 용례

---

18 조그마한 존재에 대해 '트릭스타……방자나 말뚝이'(강명혜, 앞의 논문, 79면.), '여성의 사랑을 받는 아버지처럼 되고 싶'은 인물(고정희, 앞의 논문, 54면.), '주인들의 사적인 공간에 접근하기 용이한……몰래 숨어서 엿보기에 적합한' 인물(황보관, 앞의 논문, 321면.) 등으로 논의되었는데, 본고는 이 인물이 두 화자의 관계와 비교되는 위치에 있다는 점에 주목한 것이다.

19 양주동, 『여요전주』, 을유문화사, 1955, 266~267면. ; 박병채, 『고려가요의 어석 연구』, 이우출판사, 1978, 250면.

들이 발굴되면서 해석의 진전을 이루었다고 생각된다.

> ᄒᆞ다가 四趣惡種과 生死業因은 ᄒᆞᆫ갓 덦거츠러 藥草ㅣ 아니라(若四趣惡種과 生死業因은 則徒爲蕪穢ᄒᆞ야 非藥草矣이라., 『법화경언해』)[20]

> 더딘 냇ᄀᆞ잇 솔ᄋᆞᆫ 덤써츠러(遲遲澗畔松鬱鬱, 『소학언해』)
> ᄠᅳᆯ ᄀᆞᅀᅢ 댓가지ᄂᆞᆫ 누늘 디내여 덤써츠럿고(庭畔竹枝經雪茂, 『백련초해』)[21]

> 솅남기며 산이 덤거ᄎᆞ러 셩ᄒᆞ고(『고후전』)[22]

위와 같이 ‘덦거츨다’는 ‘무예(蕪穢)’, ‘울울(鬱鬱)’, ‘무(茂)’에 대응하고 ‘셩(盛)ᄒᆞ다’와는 병렬되는 말이다. 『천자문』의 여러 판본과 『신증유합』에서 한자 ‘茂’는 ‘덤써울, 덤거울, 셩ᄒᆞᆯ, 거츨’, ‘鬱’은 ‘덤써울, 답답(ᄒᆞᆯ), 덥써츨, 덥거츨’로 새겨 놓았다.[23] 여기서 ‘덦거츨다, 덦겁다, 덦거츨다’가 서로 통하는 말임을 알 수 있다. 그런데 ‘덦겁다’는 “덦-’에 형용사 어간 형성 접미사 ‘-겁-’이 붙은 것……‘덦거츨-’……은 ‘덦-’과 ‘거츨-’이란 두 어간의 복합’[24]어로서 두 단어 간에 의미 차가 있다. ‘덦겁다’는 어근 ‘덤/덥’의 의미를 지닌 채 형용사로 쓰인 말인 데 비해 ‘덦거츨다’는 ‘덤/덥’과 ‘거츨다’의 의미가 합쳐진 말이다. 그런데도 두 단어가 같은 한자의 훈으로 통용된 것은 ‘덦거츨다’의 ‘거츨다’가 지닌 뜻이 약화되어 ‘덦겁다’의 의미로 포섭되었기 때문으로 보인다. ‘덤/덥’은 ‘덤불: 어수선하게 엉클어진

20 안병희, 「여요이제」, 『한글』 127, 한글학회, 1960, 84면.

21 이기문, 「한자의 석에 관한 연구」, 『동아문화』 11, 서울대 동아문화연구소, 1972, 251면, 각주20.

22 김태환, 「쌍화점 결구 “덦거츠니”의 재해석」, 『한국학』 35-2, 한국학중앙연구원, 2012, 230면.

23 위의 논문, 231면에 정리되어 있다.

24 이기문, 앞의 논문, 250면.

수풀. 더부룩하다: 풀이나 나무 따위가 거칠게 수북하다.'[25]라는 어휘와 의미를 포괄하는 어근에 해당한다. 이에 '덦거츨다'는 '덤불져 거칠다, 더부룩이 거칠다', 한자어로는 '무성(茂盛)히 무예(蕪穢)하다'는 뜻으로 해석할 수 있다. 이는 기존에 '무예하다'와 '무성하다'를 구분 지은 해석을 통합하려는 것이고, 이 단어의 현대어형 '덩거칠다: 풀이나 나무의 덩굴이 뒤엉켜 거칠다.'[26]의 '덩굴이 뒤엉켜'라는 뜻에 '덤불져, 더부룩이, 무성히'의 의미를 보충하여 이해하려는 것이다.

이로써 제6행을 '그 잔 데같이 덤불져(/더부룩이/무성히) 거친 곳이 없다'로 해석한다. 위의 용례에서 '덦거츨다'는 '약초, 솔, 댓가지, 뽕남기, 산' 등 풀이나 나무의 어떤 상태를 지시하는 말이므로 이 작품처럼 사람이 사는 장소에 쓰일 때는 비유적인 표현으로 전용된 것이다. 그러므로 이 말의 의미를 규정하려면 문맥을 살펴보아야 한다. 4행의 전반부에 그려진 쌍화점은 회회 아비와 새끼 광대가 거주하고, 익명의 사람들이 드나들며, 회회 아비가 내 손목을 잡는 사건이 벌어지고, 새끼 광대에게 입단속을 해야 할 만큼 말이 퍼져나가는 곳이다. 이에 그곳에 살거나 드나드는 사람들의 행동과 말을 통해 장소의 성격이 드러날 수 있다. 사람들, 행동, 말을 '덤불져 거친'의 복합어에 대응해 보면, 사람들이 '덤불져' 모여드는 상태, 행동과 말이 '거친' 모습, 사람들의 말이 '덤불져' 퍼지는[27] 양상을 뜻한다고 할 수 있다. 요컨대, 쌍화점은 사람들의 행동과 말이 덤불져 거친(무성히 무예한) 곳이다.

이렇게 풀이하면 제6행을 발화한 제1화자의 의도가 좀 더 뚜렷이 드러난다. 제2화자가 동참의 뜻을 밝혀 오자 그 자리에 가는 것은 좋은데

25 국립국어원, 『표준국어대사전』, 해당 항목 참조.

26 위의 사이트, 해당 항목 참조.

27 이 부분에만 국한하면 최철·박재민, 『석주 고려가요』, 이회문화사, 2003, 179면의 '근거 없는 말(소문)들이 무성한'에서 '근거 없는'을 제외한 뜻에 가까울 것이다.

그곳은 사람들이 많이 드나들고 행동과 말도 거치니까 조심하라는 뜻이다. 기녀 또는 여자 하인의 신분일 두 화자는 친밀한 관계에서 정보를 교환하였고 은밀하게 동참을 모의하였다. 그럴 때 먼저 경험한 제1화자가 동참을 허용하면서도 주의를 당부하는 의미가 제6행에 담겨 있다.

이와 같이 의미 구조의 특성에 주목하여 제1연을 분석해 보면, 쌍화점에서 겪은 성적인 사건에 대해 화자가 소문이 나지 않게 입단속을 하는 이면에서 친밀한 관계의 다른 사람에게 은밀히 알려 주는 면모가 나타난다. 화자는 자신이 경험한 성관계의 사건이 소문나지 않도록 입단속을 했는데 그것까지 포함해서 친구에게 귀띔해 주었다. 이에 제2화자가 자기도 동참하겠다고 하니까 새끼 광대에게 한 것보다 더 단단히 그 덤불져 거친 장소에 대해 조심하라고 경계하였다. 두 화자는 쌍화점에 거주하거나 드나드는 사람들, 그들의 행동과 말에 두루 주의를 기울인 것이다.

작품 전체로 보면, 동일한 의미 구조 속에 화자의 성관계 장소와 상대로서 제1연의 쌍화점-회회 아비는 제2연의 삼장사-사주, 제3연의 두레우물-[우물] 용, 제4연의 술 팔 집-[술집] 아비 등으로 확대된다. 각 연에서 장소와 상대는 달라지지만 사람들의 행동과 말을 조심하라는 주제는 반복적으로 제시된다. 이렇게 말의 주제를 다루고 있기 때문에 회회 아비, 삼장사 사주, 술집 아비 등 현실의 인물과 함께 우물 용과 같은 환상적 존재가 등장할 수 있다. 또한, 새끼 광대, 새끼 상좌뿐 아니라 두레박, 시궁 박과 같은 사물도 입단속의 대상이 될 수 있다. 사람과 사건뿐 아니라 말의 전파에도 주의하는 것이므로 그 말 속에 존재하는 인물, 말로 만들어진 인물이 나올 수 있다. 이에 대해서는 뒷장에서 좀 더 자세히 논하기로 한다.

이상에서 보듯이, 〈쌍화점〉은 행간에서 의미의 건너뜀이라는 특성을 지니고 있다. 의미의 비약 속에 생략된 내용을 시적 상황의 재구를 통해 추정해 보면, 두 화자가 일정 장소의 인물과 성관계한 사건에 관심을 두면서도 그곳에서 말이 전파되는 것에 대해 몹시 경계하고 있음을 살필 수 있다. 이에 작품에서 다룬 제재는 남녀 간의 성관계와 그에 대한 소문, 즉 사건과 말이고, 작품의 분위기나 두 화자의 태도에서 나타나는 사건에 대한 호기심과 말에 대한 경계의 뜻이 주제를 형성한다고 하겠다.

3. 각 연의 장소성

〈쌍화점〉의 각 연은 장소의 명칭이 나오면서 시작한다. 이 장소는 화자가 성관계의 경험을 한 곳이고 제2화자가 동참하고 싶어 하는 곳이다.[28] 작품의 소재가 된 사건의 공간적 배경으로서 성적인 의미를 지니고 있다. 그런데 성적 의미가 또 다른 의미들과 얽힘으로써 장소가 복합적 성격을 갖는 점이 주목된다. 이를 살펴보면 작품의 의미와 성격을 좀 더 깊이 있게 이해할 수 있다. 먼저, 본문에 쓰인 장소 표현을 중심으로 각 연의 공통 내용을 정리해 보겠다.

어느 장소에 무엇 하러 가려니까[29]
그 장소의 누가 내 손목을 쥐더이다.[30]
이 말이 장소 밖에 나며 들며 하면

---

28 어강석, 앞의 논문, 24면에서는 '화자인 여인의 언술로 보면, 전혀 그런 사건이 없었음을 항변하고 있다.'고 하였다. 그러나 제2화자가 그 자리에 '자러' 가겠다고 하자 제1화자가 '그 잔 데'라 하여 '자다'의 행위를 인정하고 있다.

29 '가고신딘'은 '-고-'(향찰 '白遣賜立, 待是古如, 去遣省如'의 용례를 참조하여 의도, 의지의 뜻으로 봄.)에 '-ㄴ댄'(-은즉슨. '-ㄴ대': -니까)이 붙은 어형으로서 '가려니까/가련즉슨'으로 풀이한다. 의도형 '-고-'는 앞 단어 '사라/혀라/길라'의 목적형 '-라'와 호응하는 형태소이다.

30 '주여이다'는 '수이(어간) + 서(완료형) + 이(상대 존대) + 다(어말 어미)'의 ㄱ탈락형으로 보고 '쥐더이다/쥐었습니다'로 풀이한다.

조그마한 아무개, 네 말이라 하리라.
그 자리에 나도 자러 가리라.
그 잔 데같이 덤불져 거친 곳이 없다.

각 연 처음에 등장하는 장소는 '쌍화점, 삼장사, 두레우물, 술 팔 집'이고 거기에서 화자의 손목을 잡은 사람은 '회회 아비, 사주, 우물 용, 술집 아비'이다. 그 장소에 있으면서 사건을 목격한 자는 '새끼 광대, 새끼 상좌, 두레박, 시궁 박'이다. 그리고 제2화자가 '그 자리'라고 지칭하며 동참 의사를 표하였고 제1화자가 '그 잔 데'라고 동의한 곳이다. 이렇듯 각 연은 일정 장소에 연관된 존재들이 얽혀 든 사건과 그것에 관한 말에 대해 다루고 있다.

그런데 각 연의 장소는 시상의 전개에 따라 세 가지 의미를 지니며 주제 구현에 관여한다. 첫째, 원래의 기능을 하는 곳, 둘째, 남녀의 성관계가 벌어진 곳, 셋째, 사건에 대한 말이 나며 들며 하는 곳 등이다. 장소가 지닌 세 가지 의미가 사건과 말이라는 제재의 형상화에 깊이 관계하고 있다.

첫째, 각 연의 제1행에서 장소가 지닌 원래의 목적과 기능[31]이 표현되었다. 쌍화점에는 쌍화를 사러, 삼장사에는 불을 켜러, 두레우물에는 물을 길러, 술 팔 집에는 술을 사러 가는 것으로 되어 있다. 이는 곧 사람들이 쌍화점에서는 쌍화를 팔고, 삼장사에서는 불을 켜고, 두레우물에서는 물을 긷고, 술 팔 집에서는 술을 파는 본래의 기능이 있음을 의미한다. 화자는 장소가 지닌 본래의 목적과 기능을 생각하고 그곳에 맞는 일을 하러 간 것이다. 그런데 그곳에 적합한 기능에서 벗어난 일이 생긴 것이 시상 전개의 출발점이 되었다.

31 김유경, 앞의 논문, 34면.

여기서 원래 기능만 생각하고('-려-') '간' 것이 함축적 의미를 지닌다. 장소에 '간' 행위는 그곳에서 돌아오는 것을 전제로 하고, 나아가 그곳에서 벌어진 사건이 소문이 나서 그곳의 밖에 '나며 들며' 하는 것과 관련된다. 가고 오는 것은 곧 나며 들며 하는 것이므로 '가다'의 행위가 이후의 의미 확산에 중요한 계기가 된다. 또한, 소문을 들은 제2화자가 자기도 그곳에 '가리라'고 함으로써 '가다'가 지닌 의미가 증폭된다. 한 번의 가다에서 두 번의 가다로 확대되면서 간 곳에서 벌어진 일의 비중이 더욱 커진다. 이에 반해 장소가 지닌 원래의 기능은 비중이 작아져 핑곗거리에 불과한 것이 된다.

둘째, 그 장소에서 남녀 간 성관계의 사건이 일어났음이 발화되었다. 이 발화는 두 번의 확인 절차를 거친다. 제1화자는 먼저 그곳의 주요 인물이 자기 '손목을 잡았다'고 하였다. 그런데 제2화자가 등장하여 자기도 '자러 가리라'고 한다. 이로써 손목을 잡힌 것이 남녀가 함께 잔 것, 즉 성관계로 규정되었다. 이에 대해 제1화자가 '그 잔 데'라고 하여 '자다'라는 규정을 확인해 준다. 이처럼 '손목을 잡다'가 '자다'라는 뜻임이 제2화자의 등장으로 분명해지면서 장소가 지닌 의미의 애매성이 완화되고 있다.

이제 화자가 간 장소는 원래의 기능에서 일탈하여 남녀의 성관계가 벌어지는 곳이 된다. 이에 따라 상점, 절, 마을 우물, 술 파는 집 등 각 장소의 명칭이 주는 애초의 인상과 의미가 바뀌어 두 남녀의 성과 관련된 비밀스런 장소로 여겨지게 되었다. 그렇지만 원래의 목적과 기능이 유지된 상태에서 일탈이 일어났으므로 원 기능과 성관계 사이에서 긴장관계가 형성된다.

셋째, 사건에 관한 '말'이 장소의 '밖에 나며 들며' 하는 것에 대해 화자가 단속하였다. 이로써 일단 장소의 안과 밖이 구분되어[32] 안에서는 손목을 잡고 잡히는 사건이, 밖에서는 그 사건에 관한 말의 전파가 일어난다. '밖에 나며 들며'는 장소의 안팎을 나누기도 하지만 익명의 여러 장소들로 '나며 들며' 한다는 의미도 지닌다. 상점, 절, 우물, 술 파는 집의 밖으로 말이 새어 나간 다음에는 익명의 여러 장소로 들어간다는 뜻이 형성된 것이다. 이렇듯 장소를 안과 밖으로 구분하여 안에는 사건, 밖에는 말을 배치하였고 그 말이 여러 장소로 들어가는 정황까지 표현하였다.

그리하여 장소는 사건뿐 아니라 말과도 관계를 맺게 된다. 화자가 그곳에 가서 성관계를 가진 다음에는 집으로 돌아왔을 것이다. 가고 오고 하면서 사건에 대한 말도 같이 따라다녔다고 할 수 있다. 사건의 장소에 있던 조그마한 존재에게는 입단속을 해서 말이 밖으로 새어 나가지 않도록 하였다. 그러나 돌아와서는 친밀한 사람에게 화자 스스로 귀띔을 해 주었다. 장소 밖에 말이 '나며 들며' 한 것은 조그마한 존재가 아니라 화자 자신으로 말미암은 것이다. 이에 그 장소는 밖으로 소문이 나는 곳이 되었다.

제5행에 와서 제2화자가 '그 자리'라고 말함으로써 위의 세 가지 의미는 합쳐진다. 장소가 지닌 원 기능, 거기서 벌어진 성관계, 그것에 관한 말까지 '그 자리'에 함축되었다. 이에 대해 제1화자가 '그 잔 데'라고 하여 세 가지 의미 중 가장 은밀한 성관계의 뜻을 확인해 주었다. 그러면서도 세 의미를 종합하여 그 장소를 '덤불져 거친 곳'이라고 하였다. 쌍화점, 삼장사, 두레우물, 술 팔 집의 '그' 장소는 그곳의 남성과 거기에 간 여성이 함께 '잔 데'이고 그것에 관한 말이 퍼질 수 있는 곳이다. 이러한 면을 포괄하여 사람들과 그 행동, 말들이 '덤불져 거친(무성히 무예한) 곳'이라고 한 것이다.

이같이 장소 관련어가 각 연의 서두에 명칭으로 나온 다음에 제3행에서 그 장소의 안과 밖, 다른 장소들의 안으로 나아가고 제5행에 '그 자리',

32 김기영, 앞의 논문, 196~205면에서 집 안과 밖의 화자를 구분하여 각각의 심리를 살폈다.

제6행에 '그 잔 데'로 표현되었다. 이러한 전개 속에 장소가 갖는 의미가 확장, 증폭되다가 마지막 행에서 종합된다. 의미의 확장과 종합의 과정에 장소에서 벌어진 사건과 그것에 관한 말이 긴장 관계를 이루며 주제를 심화한다.

장소의 원 기능을 생각해 보면 그곳은 화자가 일상생활을 영위하는 공간이다.[33] 그 장소에 거주하는 사람은 화자가 먹고, 공양하고, 물 긷고, 술을 사는 일상에서 접하게 되는 상대로서, 두 사람은 그곳의 주인과 거기에 간 손님의 관계로 만났다. 이러한 일상의 공간에서 특별한 사건이 일어남으로써 그곳은 일상적이지 않게 된다. 평상시라면 주인과 손님으로 만날 관계가 무엇인가 특별한 배경과 조건하에 성관계까지 맺게 되었다. 이렇게 되려면 그곳에서 만난 사람들이 성적인 분위기 속에 감정이 고조될 만한 조건이 마련되어야 한다. 그렇다면 일상 속에 들어온 비일상의 시간, 가령 연등회나 팔관회같이 고려 사회 축제의 시간 속에서 일상적 장소의 성격이 급격히 변했기 때문에 그러한 일이 벌어졌다고 추정할 수 있다. '덤불져 거친' 장소라 했을 때의 '덤불지다/더부룩하다/무성하다'는 이와 같은 축제의 시간에 각 장소가 사람들로 넘쳐나 번잡하고 흥성거리는 상태를 지시하고, '거칠다'는 이러한 시간과 장소 속에 사람들의 행동과 말이 일상과 달리 고조되고 흥분되어 나타난 모습을 가리킨 말로 생각된다. 그리하여 성관계의 사건과 그에 관한 말이라는 제재, 사건과 말 사이의 긴장된 시상 전개, 장소에 얽힌 사건과 말에 대한 호기심과 경계의 주제 등 작품의 내용은 연등회, 팔관회 같은 축제의 시·공간을 배경으로 이루어진 것이라 할 수 있다.

일상성과 관련하여 장소의 범위에 대해 생각해 볼 필요가 있다. 장소는 남녀의 성관계가 이루어지는 곳일 뿐 아니라 그곳에 가는 것과 말이

---

33 이도흠, 앞의 논문, 370면.

퍼지는 것과도 연관된다. 화자는 장소의 원 기능에 적합한 일을 하러 그곳에 갔다. 이는 자신이 있는 곳에서 출발하여 사건이 벌어진 장소에 가는 과정이 전제되어 있다. 손목을 잡히는 사건이 발생하고 화자는 사건의 목격자인 조그마한 존재에게 입단속을 한다. 그것은 말이 밖에서 나며 들며 한다는 가정하에서 나온 행동이다. 사건이 벌어진 장소에서 사건에 관한 말이 퍼져나가는 상황을 상정한 것이다. 이는 장소의 범위가 각 연의 서두에서 지칭된 그곳에만 한정된 것이 아님을 시사한다. 각 연의 장소는 문면에 나타나지 않은 다른 장소들과 연결되어 있다.

쌍화점은 제1화자와 제2화자가 사는 데에서 갔다 올 수 있는 곳이다. '밖'은 쌍화점과 길이 통하는 여러 장소가 있는 공간이다. 쌍화점은 그것이 위치한 일정한 공간 주변의 여러 장소와 관계를 맺으며 그 자리에 있다. 쌍화점이 소속된 지역은 외국 상인과의 교류, 외국인의 정착이 활발한 곳이어야 하므로 상업이 번창한 도시 규모일 것이다. 이와 마찬가지로 삼장사는 시주하는 각 가정이나 궁정과 연결되고, 두레우물은 그곳에 물을 길러 오는 각 가정, 술 팔 집은 술을 사러 오는 각 가정이나 기관과 이어져 있다. 쌍화점처럼 도시 속 장소임을 뚜렷이 나타내는 징표는 없으나 그렇다고 이곳들이 시골의 장소라고 하기는 어렵다. 쌍화점과 대등하게 각 연의 공간적 배경을 이루고 많은 사람들이 왕래하는 장소이기 때문이다. 각 장소는 사건이 벌어지는 곳이자 소문이 퍼지는 곳으로서, 거주자가 많고 인적 교류가 활발하며 축제 때면 더욱 흥성거리는 도시의 한 공간을 점유한 곳이라 하겠다.

이렇게 소문의 관점에서 보면 장소는 더욱 큰 범위 속에 놓인 한 장소로 기능한다. 더 큰 범위 속에 특정 장소가 있고 그 배경에는 수많은 장소들이 상정되어 그로 인해 제2화자가 등장할 만한 조건이 마련된다. 제1화자의 귀띔이 제2화자에게 호기심과 욕망을 불러일으켜 그 자리에 동참하려 한 것인데 이는 장소와 장소의 연결이 있었기에 가능하였다. 이러한 공간적 관계망은 제2화자에게만 해당하는 것이 아니다. 이 노래를 듣고 즐기는 청중에게도 감정 이입이 되어 연향의 환락적인 분위기를 고조할 수 있다. 작품 속 장소가 나타내거나 배후에 둔 넓은 범위의 장소들은 노래의 연행 현장에도 적용되어 청중 각자의 집이나 연회가 벌어지는 곳에서 작품의 장소에 연결되는 상상을 통해 무엇인가 비밀스런 사건이 일어날 법한 분위기를 만든다. 이렇게 남녀의 성관계에 동참하는 것 같은 유흥을 즐기는 동시에 그에 대한 소문이 퍼지는 것에 대해 경계심이 생긴다. 청중은 향락과 경계, 욕망과 절제 사이의 긴장 속에서 노랫말과 음악을 즐길 수 있다.[34]

그리하여 이 작품은 향락적이고 비밀스런 분위기, 공모와 동참을 권하는 유혹, 욕망하면서 절제하는 모순과 긴장 등이 얽히는 양상을 보여준다. 이에 청중은 흥성거리는 연행 현장에서 노랫말에 담긴 의미와 연주의 분위기에 의해 형성된 남녀상열의 시적 상황에 빠져들어 작품을 감상하였을 것이다.

4. 대화 맥락으로 본 작품의 성격

작품의 주제와 연행적 성격은 화자의 발화 방식과 대화 구성 면에서도 살필 수 있다. 4행의 전반부에서는 1인 화자가 자신이 겪은 일을 말하고 조그마한 존재에게 입단속을 한다. 2행의 후반부는 2인 화자가 서로 대화를 나누며 동참 의사에 대해 경계의 말을 건넨다. 이렇게 보면 전반

---

34 최은숙, 앞의 논문, 18면에서 '긴장과 유희의 양가성 구현'이라 하고, 20면에서는 '금지된 애정에서 오는 긴장은 소문으로 유통되면서 오히려 두려움을 발산하는 배출구가 되고 희화되는 양상으로 나타나는' 점에 대해 논하였다. 이는 소문의 일상적 기능을 살핀 것인데 본고는 노랫말의 긴장과 유희가 오히려 일상에서의 일탈을 부추긴다고 본다.

부는 독백체, 후반부는 대화체로 이루어졌다고 할 수 있다. 시적 상황을 생각한다면 전반부에도 화자의 말 상대로서 제3·4행의 새끼 광대, 새끼 상좌, 두레박, 시궁 박 등 조그마한 존재가 설정되어 있다.

그런데 후반부에서 두 화자가 대화하는 상황은 전반부까지도 대화의 일부로 볼 수 있게 한다. 제1연 제1행에서 시작하여 제6행까지 진행되면 전반부 4행은 독백체, 후반부 2행은 대화체로 구분되지만, 후반부의 대화까지 마친 후 다시 전반부를 돌이켜 생각해 보면 전반부 전체가 제1화자가 제2화자에게 한 말로 수용될 수 있다. 이 점은 제1연에서 제2연으로 가서 좀 더 드러나고 제3연, 제4연으로 넘어가면서 같은 구조의 반복과 순환에 따라 대화의 양상이 분명하게 인식된다. 이렇게 하여 작품 전체를 대화의 맥락에서 이해할 수 있게 된다.

이를 좀 더 자세히 살피기 위해 각 연의 공통 발화 구조를 정리해 본다.

제1화자 : "어디에 A하러 갔다가 B한 사건을 겪었다.(제1, 2행)
C하면 아무개 너라고 입단속을 하였다."(제3, 4행)
제2화자 : "거기에 나도 B′하러 갈 거다."(제5행)
제1화자 : "거기는 D하니까 조심해야 할걸."(제6행)

영문자 A, B, C는 앞에서 살펴본 장소와 관련된 세 가지 의미를 표시하고, D는 장소의 성격을 종합한 말이다. B′는 B와 겹치는 의미 범주이면서도 애매한 부분이 좀 더 분명하게 표현된 것을 지시한다. 그리고 제1·2행과 제3·4행 사이, 제3행과 제4행 사이, 제1~4행과 제5행 사이, 제5행과 제6행 사이에 의미의 비약이 있다는 점은 앞에서 논하였다. 위와 같이 정리했을 때, 작품의 발화 구조는 두 화자 사이의 대화로 이루어졌음이 드러난다. 이러한 면모를 앞의 논의와 관련지어 보면 행간에서 의미의 건너뜀, 장소적 의미의 증폭과 종합 등의 특성을 갖게 된 구조적 원인을 살필 수 있다.

위에서 보듯이, 제1화자는 제1·2행에서 자신이 겪은 사건을 간략하게 요약하여 말해 준 다음 제3·4행에서 그것에 관한 말이 새어 나가지 않도록 입단속을 한 것까지 말하였다. 이렇게 제1~4행은 제1화자가 사건과 입단속의 주요 부분만을 압축해서 제2화자에게 전달한 내용이라 할 수 있다. 제2화자는 작품 전반부의 내용을 제1화자에게 들었으므로 사태를 파악하여 제5행에서 자기 의사를 말하였다. 제1화자가 '손목을 잡혔다'라고 에둘러 말한 사건이 성관계임을 인지하고는 자기도 '자러' 가겠다고 한 것이다. 다소 느닷없이 나온 것 같지만 제1화자와 대화를 하는 상황이었기에 제2화자의 등장은 자연스럽다. 앞에서 언급한바 전반부와 후반부, 제5행과 제6행 사이의 의미 비약을 이러한 맥락에서 보면, 사실은 제1화자가 제1~4행을 제2화자에게 말해 주어서 다시 덧붙여 말할 필요가 없었기 때문으로 이해된다. 또한, 두 화자가 절친할 뿐 아니라 비슷한 처지이기에 제1화자가 한 말에 대해 자세한 설명을 요구한다거나 이런저런 조건을 따져본다거나 하지 않고 제2화자는 제1화자가 겪은 사건에 동참할 의사를 내었다고 생각된다.

두 화자의 친밀성은 제1화자의 대답에서 다시 한 번 확인된다. 일정 장소에서 벌어진 사건과 입단속을 말해 준 제1화자는 자기도 가겠다고 하는 제2화자에게 그곳의 종합적인 성격을 알려 주어 조심하도록 경계한다. 제1화자는 자신이 은밀하게 겪은 일과 그것에 관한 말이 퍼지지 않도록 조치한 것까지 모두 말해 주었고, 이에 더하여 사건이 벌어진 장소가 어떤 성격의 곳인지를 확인해 준 것이다. 제1~4행의 요약적 설명에서 나아가 제6행의 조심하라는 말까지 하는 데에서 제2화자에게 진심 어린 충고와 경계를 하는 제1화자의 태도가 나타나 있다.

이처럼 작품은 친밀한 관계인 두 화자의 대화 내용으로 구성되어 있다. 어느 장소에서 은밀하게 벌어진 사건과 그것에 관한 말의 전파를 경계하는 데 중점을 둔 대화인데 사건과 말에 관련된 자세한 설명이나 감회는 과감히 생략하고 표현하였다. 행간에서 의미의 건너뜀이 나타나는 것은 이러한 친밀성에 기반한 대화 상황과 발화 내용의 압축성에서 연유한 것으로 보인다. 두 화자의 은밀한 대화가 노래로 불리는 것이므로 청중으로서는 그 말을 엿듣는 것이 된다. 남의 은밀한 대화를 엿듣는 것은 상당한 호기심과 충동을 불러일으킬 수 있다. 이는 또한 조그마한 존재가 성관계를 엿보는 행위[35]와 연결되어 효과를 증폭시킨다. 작품 속의 엿보기와 작품 밖의 엿듣기가 결합하면서 성관계와 소문, 두 화자의 대화에 대한 관심이 고조되어 연행 현장의 유흥적인 분위기는 한층 무르익었을 것이다.

대화 상황을 재구해 놓고 보면, 앞에서 언급한 환상적 존재의 등장에 대해 좀 더 살펴볼 여지가 생긴다. 환상적 존재가 나오는 제3, 4연을 대화의 맥락에 따라 따옴표를 붙이고 문맥적 의미를 보충하여 제시해 본다.

> "두레우물에 물을 길러 가려니까
> 우물 용이 내 손목을 쥐더이다.
> 이 말이 이 우물 밖에 나며 들며 [하면]
> 조그마한 두레박아 네 말이라 하리라 [했더이다.]"
> "그 자리에 나도 자러 가리라."
> "그 잔 데같이 덤불져 거친 곳이 없다." [그러니 조심하기를.]
>
> "술 팔 집에 술을 사러 가려니까
> 그 집 아비 내 손목을 쥐더이다.

35 황보관, 앞의 논문, 321면.

이 말이 이 집 밖에 나며 들며 [하면]
조그마한 시궁 박아 네 말이라 하리라 [했더이다.]"
"그 자리에 나도 자러 가리라."
"그 진 대같이 덤불저 거친 곳이 없다." [그러니 조심하기를.]

제1화자의 말 속에 용, 두레박, 시궁 박 등 환상적 존재 또는 의인화된 사물이 언급되었다. 말의 내용이 제1, 2연의 현실적인 것에서 제3연의 용의 등장으로 인해 환상적인 것으로 확대된 것이다. 화자가 한 말 속이라서 용과 같은 환상적, 비현실적 존재가 나올 수 있다. 사건의 목격자를 두레박으로 지목하여 말을 건네는 것도 화자의 의식과 말에 의한 것이다. 그러니 용에게 손목을 잡혔다는 사건은 말로만 알려지고 실제로 용이 나타나 그랬는지는 현실에서 확인할 수 없다.

이렇게 제3연에서 환상적인 내용으로 나아간 것은 전체 4연의 배치에 따른 작품 구조와 연관된다. 전 4연이 기승전결의 시상 전개에 따라 구성된 것으로 보면, 전(轉)의 단계인 제3연에 이르러 현실에서 환상으로의 전환이 이루어졌다. 그리고 결(結)인 제4연에서 술집 아비에게 손목을 잡힌 사건과 시궁 박에게 입단속을 하는 것이 그려졌다. 이와 같이 전, 결의 제3, 4연에 설정된 환상적, 비현실적 상황은 그 앞에 나온 기, 승의 제1, 2연과 연결되어 구조적 짜임새를 갖춘다.

제1연에서 쌍화점의 주인 회회 아비라는 이국적 인물이 등장하고 제2연에서 삼장사의 사주라는, 유흥과는 거리가 먼 인물이 등장하였다. 기와 승에서는 이국적, 종교적 인물을 소재로 하여 노래가 불리는 현장과는 비교적 관계가 적은 상황을 설정한 것이다. 이는 연행 현장의 유흥적인 분위기를 넓고 멀리 확장하여 즐기려는 작자와 청중의 의도에 따른 것으로 보인다. 그렇지만 아직은 현실적 배경과 맥락 속에 일어난 사건과 입단속의 대상을 소재로 하였다. 그러다가 제3연에 이르러 현실에서 환상 세계로 흥미의 대상을 더 멀리 확장하고자 하였다. 용이라는 환상적 존재, 두레박이라는 의인화된 사물을 통해 화자가 겪은 사건의 상대와 입막음의 대상을 현실 밖까지 넓혀 놓은 것이다. 제3연의 전환을 통해 연행 현장의 유흥은 더 고조되었을 것이다. 그리고 제4연에서 제1, 2연의 현실적 상황과 제3연의 환상적 상황을 혼합한 소재를 가져왔다. 술집 아비라는 현실적 인물과 시궁 박이라는 의인화된 사물의 서로 다른 성격을 섞어서 시적 상황을 설정한 것이다. 이로써 기, 승의 현실성과 전의 환상성을 아우르면서 작품이 마무리된다.

이처럼 기승전결의 연 구성을 통해 '이국적 현실 상황-종교적 현실 상황-환상적 상황-현실과 환상의 혼합 상황' 등을 설정하여 시상을 전개하였다. 이러한 연 구성을 추동한 것은 연행 현장의 유흥성이라 할 수 있다. 작품이 다룬 사건과 말, 즉 성관계와 소문이라는 제재에다가 두 화자의 은밀한 대화를 엿듣는 상황 설정이 연향의 분위기에 어울리고 기승전결의 구조에 따라 시상을 확장해 나간 것도 현장의 유흥을 고조하기에 적합하다. 연행자는 결(結) 연에서 술과 술 파는 집을 소재로 한 가사로써 노래를 마친 후에 연향의 좌중에게 술을 권하여 분위기를 한껏 끌어올렸을 것이다.

이상에서 작품의 주제와 성격, 연행적 효과가 두 화자 간 대화 상황의 설정에서 비롯하였음을 논하였다. 대화의 상황을 설정한 것 자체가 연행의 극적 효과를 위한 것이고 대화의 내용이 성관계와 소문에 관한 것이므로 제재와 주제가 주는 긴장감도 컸으리라 여겨진다. 여기에 전 4연이 기승전결의 구조로 짜여 시상이 확장되는 전개를 통해 연행 현장의 유흥적 분위기를 고조하였을 것이다. 두 화자의 은밀한 대화, 사건과 말이라는 제재, 그것을 표현하는 구조 등이 문학적으로 잘 짜여 있는 작품인 것이다.

5. 결론

〈쌍화점〉은 고려가요 중에서 남녀상열지사의 대표작으로 여겨져 왔다. 그런데 남녀상열에 대한 문학적 평가에서 이견이 있을 수 있고 그 구체적인 내용과 성격에 대해서는 좀 더 자세한 고찰이 필요하다. 이에 본고는 장소성과 대화 맥락을 통해 작품의 성격과 의의를 드러내고자 하였다.

우선, 작품의 특성으로서 행간에서 의미의 건너뜀이 나타난다. 이는 각 연의 여음구와 구조를 통해 살펴볼 수 있다. 제3행과 제4행, 제4행과 제5행, 제5행과 제6행의 사이에 들어간 여음구는 그 앞뒤 행의 의미 진행을 잠시 끊어 주는 역할을 한다. 또한, 제1·2행과 제3·4행의 발단과 전개부에서는 사건을 간략하게만 제시하고 그것에 관한 말이 나지 않게 입단속하는 것으로 넘어간다. 여기에 제5·6행의 후반부가 결합하면서 발화 방식이 바뀌어 제2화자가 등장하여 동참 의사를 밝히고 제1화자가 경계의 말을 한다. 이렇게 행간에서, 전·후반부 사이에서 의미의 비약이 일어난다. 사건과 말, 즉 성관계와 소문이라는 제재가 의미의 건너뜀이라는 양상으로 표현된 것이다.

각 연은 장소의 명칭으로 시작하는데 그 장소는 시상 전개에 따라 의미를 더해 간다. 첫째, 원래의 기능을 하는 곳, 둘째, 남녀의 성관계가 벌어진 곳, 셋째, 사건에 관한 말이 나며 들며 하는 곳 등 세 가지 의미가 얽히며 더해지는 것이다. 장소적 의미의 증폭과 종합을 통해 사건과 말에 대한 형상화가 이루어진다. 말의 전파라는 점에서 장소는 넓은 범위의 연결망을 갖는 곳으로 기능한다. 제1화자가 해 준 귀띔을 듣고 제2화자가 동참하려 한 것은 장소와 장소의 연결이 전제되었기 때문이다. 공간적 연결망은 연행 현장의 청중에게도 적용되어 남녀의 성관계에 동참하는 듯한 느낌을 즐기는 동시에 말의 전파에 대해 경계하는 식으로 작품을 감상했을 것이다. 욕망과 절제의 긴장 속에 향유됨으로써 연향의 분위기를 고조할 만하였다.

위와 같은 특성과 효과는 대화 상황을 설정함으로써 얻은 것이다. 전·후반부의 발화 방식상 후반부의 대화체를 통해 보면 전반부의 독백체도 대화의 일부로 수용된다. 제1~4행의 전반부는 제1화자가 제2화자에게 귀띔한 내용이 되는 것이다. 이에 대해 제5행에서 제2화자의 반응이 나오고 다시 제1화자가 제6행의 "그 잔 데같이 덤불져 거친(무성히 무예한) 곳이 없다."라고 대답하였다. 이러한 대화는 처지와 신분이 비슷한 두 화자의 친밀한 관계에서 이루어졌는데 아마도 그들은 기녀 또는 여자 하인이었을 것이다.

제3, 4연에서 환상적 존재와 의인화된 사물의 등장은 대화 중 화자의 말이라는 점으로 설명할 수 있다. 전 4연은 이국적 현실 상황-종교적 현실 상황-환상적 상황-현실과 환상의 혼합 상황 등이 설정된 기승전결의 구조로 짜였다. 시적 상황을 현실에서 환상 세계까지 넓힘으로써 유흥성을 높일 수 있다. 대화 상황 자체가 연행의 극적 효과와 엿듣기의 호기심을 자극하기 위한 것이고 대화의 내용이 성관계와 소문이어서 주제의 긴장감도 높았을 텐데 기승전결의 연 구성을 통해 시상을 확장함으로써 청중의 흥취를 한껏 끌어올리고자 하였다.

이렇듯 〈쌍화점〉은 의미의 건너뜀, 장소성, 대화 상황 등의 특성을 지닌다. 성관계의 사건에 대한 호기심과 그에 관한 말을 경계하는 주제, 전·후반부의 대화체 구성, 기승전결의 구조적 연 구성에 따른 시상 전개 등이 어우러져 있다. 두 화자의 대화로 구성하여 사건과 말이라는 제재를 향락과 경계, 욕망과 절제의 긴장 속에 즐기도록 한 것이다. 이러한 점에서 궁중 연향의 속악 중에서도 남녀상열지사의 대표작으로 수용될 수 있었을 것이다.

07

〈동동〉의 해석과 선어(仙語)의 의미[*]

* 이 장은 신재홍, 『향가의 연구』, 집문당, 2017, 331-368면의 글을 이 책의 체제와 취지에 맞게 재구성하고 부분적으로 논지를 보강한 것이다.

1. 서론

〈동동(動動)〉은 월령체(月令體)의 형식, 님에 대한 사랑과 송축의 주제, 구절마다 애절한 어조, 그윽한 작품 분위기 등으로 인해 고려가요 중에서 많은 주목을 받아 왔다. 궁중 속악으로 편입되기 전에는 민간에서 불린 월령체의 민요로 보는 견해가 우세하다. 그렇지만 시적 화자가 1월령에서 12월령까지 일관된 목소리를 내고 있고 각 월령의 주제도 구구절절이 사적인 감정을 토로한다는 점에서 개인 창작시일 가능성을 배제할 수 없다.

〈동동〉의 이해에 중요한 단서가 된 것이 『고려사』 권71, 악2, 「동동」의 '그 가사는 송도의 말이 많은데 대개 선어를 본받아 그렇게 한 것이다(其歌詞 多有頌禱之詞 蓋效仙語而爲之).'라는 기록이다. 작품의 전반적인 성격을 송도(頌禱)의 노래로 규정하고 있는데 가사 속에 님을 송축하는 말이 많다는 점에서 수긍이 간다. 문제는 그 뒤에 이어진 선어(仙語)를 본받아 지었다는 구절이다. 선어가 무엇을 뜻하는지가 논란의 초점이 되는데 해석 여하에 따라 작품 이해가 달라질 수 있다.

선어에 대한 이해는 크게 세 가지로 나누어 볼 수 있다. 첫째, 신라 이래의 화랑, 국선, 선랑, 풍류, 팔관회 등에 연원을 둔 무속과 같은 고유 문화의 연장에서 이해하는 관점,[1] 둘째, 〈자하동(紫霞洞)〉에 대해서도 같은 용어가 사용된 점과 신선 모티프가 당대의 한문 노래에 널리 나타나는 점 등을 들어 중국 전래 도교 사상과의 관련하에 이해하는 관점,[2] 셋째,

---

1 최진원, 『국문학과 자연』, 증보판, 성균관대출판부, 1981, 151면. ; 김명호, 「고려가요의 전반적 성격」, 『한국시가문학연구』, 신구문화사, 1983, 77면 각주21. ; 박혜숙, 「동동의 님에 대한 일고찰」, 『국문학연구』 10, 효성여대, 1987, 87면. ; 최미정, 「죽은 님을 위한 노래-동동」, 『고려가요·악장연구』, 태학사, 1997, 290면. ; 허남춘, 「궁중악과 송도」, 앞의 책, 43면. ; 엄국현, 「동동 연구」, 『인제논총』 13, 인제대, 1997, 48면. ; 신은경, 「동동의 형성과정 및 작자층에 대한 재검토」, 『국어국문학』 123, 국어국문학회, 1999, 52면.

신선이라는 말의 용례 중 어떤 점을 부각시켜 '경망하다' 혹은 '기녀'의 뜻으로 보거나, 도교 음악의 소(嘯)와 결부시켜 노랫말이 없는 구음으로 보는 등 다소 특이하게 이해하는 관점이다.[3]

주된 연구 경향은 첫째 관점에 있으나 화랑, 국선과 같은 정치 사회 문화적 제도를 풍속 혹은 신앙의 차원에서 무속과 연관 짓는 데에 머물고 있다. 그리하여 〈동동〉의 전반적인 성격을 지적한 선어라는 말을 막연히 고유문화의 전통과 관련된 용어로 이해하고 말았다. 전편에 걸쳐 사랑과 그리움의 주제를 드러내는 이 작품과 화랑, 국선, 무속 등을 함께 엮어 보기가 어려운 관계로 아예 서사만을 지적한 말로 선을 긋기도 하였다.[4] 그러나 선어의 이해는 작품 전체와의 관련을 통해 이루어져야 한다. 원문 해독에서 논란이 되는 부분이 여러 군데 있어서 그에 대한 해석을 병행하면서 선어의 의미를 이해할 필요가 있다.

이에 먼저 작품의 난해 구에 대하여 본고 나름의 대안을 제시하겠다. 그리고 선어의 '선'을 신라에서 고려로 이어진 화랑의 전통 속에서 살펴보고자 한다.

---

2 조규익, 「송도 모티프의 연원과 전개양상」, 『고전문학연구』 32, 2007, 46면. ; 황병익, 「동동 송도지사 개효선어의 의미 고찰」, 『고전문학연구』 37, 한국고전문학회, 2010, 49면.

3 임기중, 「고려가요 동동고」, 『고려가요연구』, 정음문화사, 1984, 371면. ; 안동준, 「고려노래 '선어'와 민간전승 도교음악」, 『배달말』 29, 배달말학회, 2001, 177면. ; 이영태, 「동동의 송도와 선어」, 『민족문학사연구』 36, 민족문학사학회, 2008, 17면.

4 이혜구, 「고려의 동동과 돈황곡 십이월상사」, 『한국음악서설』 4판, 서울대출판부, 1982, 123면.

2. 〈동동〉의 재해석

德으란 곰ᄇᆡ예 받ᄌᆞᆸ고
福으란 림ᄇᆡ예 받ᄌᆞᆸ고
德이여 福이라 호ᄂᆞᆯ
나ᅀᆞ라 오소이다
아으 動動다리(이하, 생략)

正月ㅅ 나릿 므른 아으
어져 녹져 ᄒᆞ논ᄃᆡ
누릿 가온ᄃᆡ 나곤
몸하 ᄒᆞ올로 녈셔

二月ㅅ 보로매 아으
노피 현 燈ㅅ블 다호라
萬人 비취실
즈ᅀᅵ샷다

三月 나며 開ᄒᆞᆫ 아으
滿春 ᄃᆞᆯ욋고지여
ᄂᆞᄆᆡ 브롤 즈ᅀᆞᆯ
디녀 나샷다

四月 아니 니저 아으
오실셔 곳고리 새여
므슴 다 錄事니ᄆᆞᆫ
녯 나ᄅᆞᆯ 닛고신뎌

五月 五日애 아으
수릿날 아ᄎᆞᆷ 藥은
즈믄 힐 長存ᄒᆞ샬
藥이라 받ᄌᆞᆸ노이다

六月ㅅ 보로매 아으
별해 ᄇᆞ룐 빗 다호라
도라보실 니믈
젹곰 좃니노이다

七月ㅅ 보로매 아으
百種 排ᄒᆞ야 두고
니믈 ᄒᆞᆫᄃᆡ 녀가져

八月ㅅ 보로ᄆᆞᆫ 아으
嘉俳 나리마ᄅᆞᆫ
니믈 뫼셔 녀곤

願을 비ᄉᆞᆸ노이다 오ᄂᆞᆯ낤 嘉俳샷다

九月 九日애 아으
藥이라 먹논 黃花
고지 안해 드니
새셔 가만ᄒᆞ애라

十月애 아으
져미연 ᄇᆞᄅᆞᆺ 다호라
것거 ᄇᆞ리신 後에
디니실 ᄒᆞᆫ 부니 업스샷다

十一月ㅅ 봉당 자리예 아으
汗衫 두퍼 누워
슬ᄒᆞᆯ ᄉᆞ라 온뎌
고우닐 스싀옴 녈셔

十二月ㅅ 분디남ᄀᆞ로 갓곤 아으
나ᄉᆞᆯ 盤잇 져 다호라
니믜 알ᄑᆡ 드러 얼이노니
소니 가재 다 므ᄅᆞᄉᆞᆸ노이다[5]

작품의 서사(序詞)는 송축의 주제로만 이루어져 이별의 정한을 기조로 한 1월~12월령에 비해 의미와 정서가 다르다. 애초의 월령체에 덧붙인 것으로 보인다. 본사에 서사를 덧붙일 실마리를 12월령의 '나ᄉᆞᆯ 盤'에서 찾아 서사에서 '나ᄉᆞ라'로 연결 지었을 가능성이 크다.[6] 임금이나 귀족에게 진상하는 소반 위에 서사의 '곰ᄇᆡ 림ᄇᆡ'의 'ᄇᆡ(杯)'가 놓였고, 12월령의 '져(箸)'로써 소반의 음식을 차렸던 정황을 추정할 수 있다.

3월령의 제2행은 '滿春ᄃᆞᆯ 욋고지여'와 '滿春 ᄃᆞᆯ욋고지여'로 끊어 읽기가 나뉜다. 그런데 'ᄂᆞᄆᆡ 브롤 즈슬'이 이어지므로 앞에 나온 꽃과 같은 수준, 종류, 성격의 'ᄂᆞᆷ', 즉 '다른' 꽃을 상정해야 한다. 따라서 '滿春'이 '~궁/전/루/정(亭)/대(臺)/지(池)' 등 특정 공간을 한정하는 말이어야 거기에 핀 꽃은 다른 꽃과 구분되어 '부러워할 만한' 꽃으로 인정받을 수 있다.

5 『악학궤범』, 국립국악원, 2011, 231-232면.

6 박노준, 「동동의 한 이해」, 『고려가요의 연구』, 새문사, 1990, 306면에서도 '진상이라는 의식을 핵으로 하여 12월 노래와 서련이 연결되고 있다.'고 언급하였다.

이에 해당하는 고려 시대 용어를 찾지 못한 것이 한계이지만, '만춘'을 고유명사로 보아 '만춘궁/전/루……'에 피어 있는 'ᄃᆞᆯ욋곶'(진달래꽃)으로 풀이하면 문맥이 자연스럽다.

4월령의 '므슴다'는 '므슴ᄒᆞ다'의 'ᄒᆞ'가 생략된 형태로 보아[7] '어떻다, 어찌하여'로 해석하는 것이 일반적이나 대명사, 관형사, 부사로 쓰인 '므슴'(무엇, 무슨, 어찌)에 '-다'가 바로 붙은 형태가 문제인 것은 사실이다. 이에 『우리말큰사전』에서는 '므슴 다'(무슨 탓)로 풀이해 놓았다.[8] '다'를 '닷'(故)의 이형태로 본 것인데 이것이 좀 더 합리적이라 생각한다.

'錄事'는 님을 특정 벼슬로 표현한 말로 보고 있다. 그런데 이를 아전으로만 국한해야 할지는 의문이다. 고려의 관직에 문하녹사(門下錄事)도 있기 때문이다.[9] 문하시중과 같은 최고 관직을 보필하는 문한 직에 젊은 귀족 자제를 임명했을 가능성이 있고, 그렇다면 녹사는 장래가 유망한 젊은이가 거쳐 가는 관직일 수 있다.[10] 이렇게 높은 자리가 보장된 인물이어야 2월령의 '萬人 비취실', 3월령의 'ᄂᆞᄆᆡ 브롤 즈ᇫ', 5월령의 '즈믄 힐 長存ᄒᆞ샬' 등 임금이나 최고위층 귀족에게나 어울릴 법한 수식어가 붙을 수 있다.

6월령의 '젹곰'은 '졋버디다' 혹은 '졋다'(轉)와 관련지어 '자빠지다'로 풀기도 했으나[11] '젹다'(少)와 '-곰'(강세사)의 원뜻을 살리는 해석으로 자연스런 문맥을 이룰 수 있다. 12월령의 재해석에서 보듯이 화자는 님만을

---

7 박병채, 『고려가요 어석연구』, 선명문화사, 1968, 90면.

8 한글학회, 「옛말과 이두」, 『우리말큰사전』, 어문각, 1992, '다' 항목 참조.

9 양주동, 『여요전주』, 을유문화사, 1955, 101면.

10 가령, 종7품의 문하녹사는 조정 회의에 참석하는 참상으로 오르는 지름길로서 참상이 되면 음서의 혜택을 누리는 5품으로 승진할 수 있기 때문에 많은 비용을 들여서라도 임명되고자 하는 역관(役官)의 하나였다(박재우, 「중앙 정치의 구조와 운영」, 『고려시대사』 1, 푸른역사, 2017, 117면.).

11 서재극, 「노래 동동에서 본 고려어」, 『고려시대의 언어와 문학』, 형설출판사, 1975, 101면. ; 정병욱·이어령, 『고전의 바다』, 현암사, 1977, 130–131면.

모실 수 없는 상황에 놓여 있다. 그러니 '잠시나마, 잠시라도' 기회가 날 때마다 님을 좇고 싶다는 기원을 표현한 것이다.[12]

9월령의 '새셔'에 대해서도 논란이 이어져 근래에 '새로 담은 좋은 ᄉᆞᆯ'(新醅, 新湑)까지 나왔으나[13] '초가집'(茅椽, 茅齋)으로 본 견해가 온당하다고 본다.[14] 〈이상곡〉의 '우셔마득 사리마득'에서 '우셔'를 '[집] 위 서까래, 윗처마'로 해석한 관점을[15] 연장하여 여기서의 '새셔'는 '새를 얹은 서까래, 초가지붕'으로 보는 것이다.

10월령의 'ᄇᆞᄅᆺ'에 대해서는 근거를 제시하지 않은 채 양주동이 '보로쇠'(보리수나무, 보리수 열매)로 풀이한 것이[16] 여러 논자에게 수용되었다. 그러나 김완진은 이를 '버러'와 같은 말로 보아 화살을 쏘거나 매사냥을 할 때 팔뚝에 차는 가죽 팔찌 혹은 엄지손가락에 끼는 깍지로 해석하였다.[17] 여기서 'ᄇᆞᄃᆡ회'(위모衛矛, 화살나무)라는 중세어에 주목할 만하다. 'ᄇᆞᄃᆡ회'는 'ᄇᆞᄃᆡ + 회'로서 회나무 중 'ᄇᆞᄃᆡ' 모양의 나무를 지칭한다. 'ᄇᆞᄃᆡ'가 '화살'에 대응하는 만큼 이 말은 화살대의 끝에 세 방향으로 꽂힌 깃털을 뜻하는데 화살나무 가지의 모양이 바로 이와 같다. 'ᄇᆞᄃᆡ'는 또

---

12 이 논문을 학회에서 발표했을 때 조용호 교수는 토론문에 '때(時)를 의미하는 '적'에 같은 수효로 나눈 것을 표시하는 접미사 '-씩'과 같은 뜻을 지닌 고어의 '곰'이 결합된 것으로 보아 '님이 돌아보실 때마다' 정도로 어석하는 것은 어떨지 묻고 싶다(『월인석보』 1:38b에는 '이 世界 여러 번 ᄃᆞ외ᅀᆞ야 ᄒᆞᆫ 적곰 고텨 ᄃᆞ욀씨'라는 말이 나오는데, 이때 'ᄒᆞᆫ 적곰'은 '한 때씩'으로 해석된다.).'고 적었다. 이렇게 해석해도 좋겠다고 생각하여 기존의 풀이와 함께 언급해 둔다.

13 황병익, 「동동 '새셔가만ᄒᆞ애라'와 한림별곡 '뎡쇼년(鄭少年)'의 의미 재론」, 『정신문화연구』 109, 한국학중앙연구원, 2007, 129–130면.

14 남광우, 「고려가요 주석상의 문제점에 대하여」, 『고려시대의 언어와 문학』, 형설출판사, 1975, 64면.

15 신재홍, 「이상곡의 분절과 해석-향가와 관련하여」, 『국어교육』 140, 한국어교육학회, 2013, 193면.

16 양주동, 앞의 책, 123면.

17 김완진, 「고려가요의 물명-국어학적 고찰」, 『향가와 고려가요』, 서울대출판부, 2000, 342–344면.

김완진이 제시한 '버러'와 함께 활쏘기 자세에서 거의 같은 지점을 지시한다. 가죽 팔찌를 찬 왼손으로 활을 잡고 깍지를 낀 오른손으로 활시위를 끌어당길 때 오른손이 잡는 곳이 깃털 꽂힌 화살대이다. 이 지점을 통틀어 'ᄇᆞᄃᆡ' 혹은 '버러'라고 하지 않았을까 싶다. '버러'와 'ᄇᆞᄃᆡ'의 이형태가 여기의 'ᄇᆞᄅᆞᆺ'인 셈이다.

위의 논의에 'ᄇᆞᄃᆡ회'의 향명(鄕名)이 '件帶檜'(『향약채취월령』「구월채(九月採)」)[18]라는 점을 들어 논지를 보완할 수 있다. 이 명칭은 차자 표기로 보이는데 '件'에 해당하는 우리말은 'ᄇᆞᆯ'이다.[19] 그렇다면 'ᄇᆞᄃᆡ회 = 件帶檜'는 'ᄇᆞᄅᆞᆯ + ᄋᆡ + 회>ᄇᆞᄅᆞᄃᆡ회>ᄇᆞᆯᄃᆡ회>ᄇᆞᄃᆡ회'로 분석할 수 있다. 이에 'ᄇᆞᄃᆡ회'는 'ᄇᆞᄅᆞᆯ의 회/휗나무'라는 의미로써 화살나무를 지시하는 말로 파악된다. 이렇게 'ᄇᆞᄅᆞᆺ/ᄇᆞᄅᆞᆯ'을 화살나무로 풀이하면, 작품에 표현된바 화살나무를 '꺾어', 가지에 2~4줄로 붙은 코르크질 날개인 귀전우(鬼箭羽)를 '저미어' 놓고, 나뭇가지는 '버리'는 일의 절차가 드러난다.

11월령의 제1, 2행은 '봉당 자리에 / 한삼 덮어 누워'로 읽을 수밖에 없는 듯이 보인다. 대개 한겨울에 속적삼만 입고 차디찬 봉당에 누워 있는 여성 화자의 모습을 상정하여 처절한 상황에 놓인 외로운 처지를 그려 낸 것이라고 보았다. 그러나 과연 이러한 상황 설정이 가능한지 의문이 아닐 수 없다. 미친 사람이 아닌 바에 동짓달 봉당에 나와 속적삼만 입고 누워서 무얼 한다는 것인지 도무지 이해가 가지 않는다.

여기에는 '누워'를 '눕다'(臥)의 활용형으로만 본 것이 문제라고 생각한다. 이두에서 '누온, 는'의 표기로 '臥乎隱'이 쓰이고, 〈청불주세가〉의 향찰 중 '作將來臥乎隱'과 '落臥乎隱'은 '저즈려 누본'(저질러 놓은)과 '디누본'(떨어져 놓은)으로 읽을 수 있다.[20] 이두와 향찰의 용례에서 '臥'는 원뜻보

18 한국학연구원, 『원본 향약채취월령·속자고·속문고·차자고』, 대제각, 1987, 18면.

19 국립국어원, 『표준국어대사전』, 「우리말샘」, 'ᄇᆞᆯ' 참조. '뎌 ᄒᆞᆫ 집의 사ᄂᆞᆫ 漢 사ᄅᆞᆷ이 여러 ᄇᆞᆯ 오ᄉᆞᆯ 일코(他一家住的漢兒人 不見了幾件衣裳)(『박언』 하:16)'.

다 '置'에 가까운 의미로 쓰인 것이다. 중세어 '눕다'와 '놓다'는 의미 범주가 일정 부분 겹쳤을 가능성이 크다. 이러한 맥락에서 이 작품의 '누워'도 '놓아/두어'의 의미에 가까운 말로 볼 수 있다. 그러면 제1, 2행은 '봉당 자리에 / 한삼 덮어 놓아'가 되어 속적삼이 아니라 덧소매인 한삼을 차가운 봉당 자리에 덮어 놓는다는 말로 풀이할 수 있다. 님이 밟고 방 안으로 들어올 봉당 자리를 조금이라도 따뜻하게 해 두려는 화자의 마음이 담긴 구절이 되는 것이다.

제3행의 '슬훌 ᄉᆞ라 온뎌'는 앞 두 행의 의미 맥락을 자연스럽게 이어받을 수 있다. 곧, '슬훌'은 '슬히-'(冷, 시리다)의 동명사형, 'ᄉᆞ라'는 'ᄉᆞᆯ(燃, 사르다, 없애다) + 아'로 보아[21] '시림(냉기)을 없애 왔구나'의 뜻으로 풀이할 수 있다. 동짓달 긴긴 밤에 님을 기다리며 행여 안방 문 앞의 봉당 혹은 안방과 건넌방 사이의 봉당이 너무 차가울까 싶어 덧소매인 한삼이라도 덮어 놓아 봉당의 냉기를 조금이라도 없애려고 하는 것이다. 그리하여 제4행의 '스싀옴'이 오지 않는 님을 '저대로(自) 둔 채' 지낸다는 의미로써 앞 행들과 연결된다.

12월령의 '나ᄉᆞᆯ 盤잇 져'를 대개 '소반 위에 놓인 저'로 보아 소반과 저를 한 묶음으로 이해해 왔다. 그러나 '나ᄉᆞᆯ 盤'은 '진상할 소반'으로서 아직 진상한 것은 아닌 상태이다. '분디남ᄀᆞ로 갓곤'(산초나무로 깎은) '져'(箸, 저)는 소반 위에 놓여 있다기보다 소반 위에 놓일 그릇에 이런저런 음식을 담는 도구로 쓰였을 가능성이 크다. 강한 향내가 나는 산초나무로 만든 저는 일용품은 아니고 특별한 행사, 가령 제석 같은 때 사용했을 것이다. 그러므로 님이 그것을 가지고 음식을 집어 먹는 상황이라고 보기

---

20 신재홍, 『향가의 해석』, 집문당, 2000, 349–351면.

21 서재극, 「여요 주석의 문제점 분석–동동 · 청산별곡을 중심으로」, 『어문학』 19, 한국어문학회, 1968, 7면.; 임재욱, 「11 · 12월 노래에 나타난 동동 화자의 정서적 변화」, 『고전문학연구』 36, 한국고전문학회, 2009, 11면에서도 'ᄉᆞ라'를 '사르다'로 풀이한 바 있다.

는 어렵다.

'소니 가재ᄃᆞ'는 '손'을 '손'(手)과 '손님'(客)의 어느 것으로 보느냐, '가재ᄃᆞ'를 '가지(持)+어다'와 '가지(枝)+애∨다(모두)'의 어느 쪽으로 분석하느냐에 따라 해석이 갈렸다. '가지+어다'라면 '가져다'가 되어야 하고 '손이 가지에 다 물러지다'는 해석은 문맥상 매우 어색하다. 이에 '가재ᄃᆞ'의 'ᄃᆞ'를 4월령 '므슴다'의 'ᄃᆞ'(ᄃᆞᆺ/탓)와 동일어로 보면 어떨까 한다. 그러면 '가재'는 '가ᄌᆞᆨ/ᄀᆞᄌᆞᆨ'(齊, 가지런히 함/나란히 함)의 이형태로서 '새ᄇᆞᆰ~새배, 딛붉~딛배'와 같은 예로 볼 수 있다. 그리하여 '손(手)이 나란히 한 탓에'가 되어 앞에서 설명한 것처럼 음식을 담는 데 쓰인 '산초나무 저'의 역할과 연결될 수 있다. 그리고 '므ᄅᆞᅀᆞᆸ노이다'는 의도법의 1인칭[22] 표시 '노'를 살려 '[내가] 물러납니다'(退)의 뜻으로 본다. 그러면 12월령은 '산초나무로 깎은 / 진상할 소반에 저 같구나. / 님의 앞에 들어가 애교를 떨려니 / [여러] 손이 나란히 한 탓에 물러나렵니다.'로 해석된다. 여러 사람이 나란히 산초나무 저를 가지고 음식을 담아서 그 저는 손이 많이 탔기 때문에 진상할 소반에 올리지 못하는 것과 같이 화자도 이미 다른 사람의 손이 탄 탓에 님 앞에 들어가 애교를 떨지 못하고 쓸쓸히 물러나겠다는 의미이다.

이상의 논의를 종합하여 〈동동〉을 풀이하면 다음과 같다.

덕을랑 뒤 잔에 받들고
복을랑 앞 잔에 받들고
덕이요 복이라 하는 것을
진상하러 옵니다.

22 서재극(1975), 앞의 논문, 102면.

정월 냇물은 아아,
얼다가 녹다가 하는데
세상 가운데 나고는
몸이여, 홀로 살아가는구나.

이월 보름에 아아,
높이 켠 등불 같아라.
만인 비추실
모습이시도다.

삼월 나며 핀 아아,
만춘(궁) 진달래꽃이여.
남의 부러워할 모습을
지녀 나셨도다.

사월 아니 잊어 아아,
오셨구나, 꾀꼬리 새여.
무슨 탓에 녹사님은
옛 나를 잊으시려는구나.

오월 오일에 아아,
단옷날 아침 약은
천 년을 길이 사실
약이라 받듭니다.

유월 보름에 아아,
벼랑에 버려진 빗 같아라.
돌아보실 님을
조금씩 좇아갑니다.

칠월 보름에 아아,
백곡 벌여 두고
님과 한데 다니고 싶구나,
소원을 비옵니다.

팔월 보름은 아아,
한가위 날이지마는
님을 모셔 다니고는
오늘날 한가위이구나.

구월 구일에 아아,
약이라 먹는 국화
꽃이 안에 드니
초가집이 조용하여라.

시월에 아아,
저며진 화살나무 같아라.
꺾어 버리신 후에
지니실 한 분이 없으시구나.

십일월 봉당 자리에 아아,

십이월 산초나무로 깎은 아아,

한삼 덮어 놓아	진상할 소반에 저 같아라.
시림을 없애 왔구나.	님의 앞에 들어가 아양 떨려니
고운 이를 저대로 살아가는구나.	손이 나란히 한 탓에 물러납니다.

이렇게 해석하고 보면 〈동동〉은 1월~12월령이 일관되게 이별의 정한을 기조로 하고 있음을 알 수 있다. 화자는 빗(6월), 한삼(11월), 산초나무 저(12월) 등을 사용하고 약초(5월), 황화(9월), 화살나무(10월) 등으로 약재를 만드는 여성 인물이다. 님은 등불(2월), 만춘(궁)의 진달래꽃(3월), 오지 않는 꾀꼬리 새(4월) 등에 비유되고, 만인을 비추고(2월), 남이 부러워할 모습이며(3월), 천년을 장수할(5월) 최고위층의 보좌역으로서 촉망받는 녹사(4월) 벼슬의 남성 인물이다. 그런데 화자는 여러 사람의 손이 탄 탓에 진상할 소반에 올리지 못하는 산초나무 저처럼(12월) 다른 사람의 손이 탔지만 사랑하는 님을 그리워하며 기회 있을 때마다 잠시나마 좇기를(6월) 기원한다. 이로 볼 때 작품의 화자는 기녀라고 생각된다.

이러한 해석은 〈동동〉을 '선어'로 본 당대의 인식을 화랑, 국선, 향가의 맥락에서 이해해야 함을 시시해 준다. 향가는 원래 '시송(詩頌)의 부류'[23]라고 규정될 만큼 송축의 주제가 많았는데 이 작품에서 님을 송축하는 내용이 많은 것도 그 영향하에 있는 것이다. 향가의 송축성은 왕족 또는 귀족의 자제인 화랑에 대한 찬미의 노래가 많은 까닭이기도 한데 이 작품에서도 고위층이 될 가능성이 높은 젊은 귀족이나 왕족의 자제를 찬미하는 내용으로 되어 있다. 또한 작자를 기녀로 추정해 보면 고려의 기녀가 신라에서 전래한 향가를 짓고 노래할 환경에 있었을 가능성이 높다. 신라 때 화랑 김유신과 유화(遊花) 천관의 이야기에서 천관이 〈천관원사〉를 지은 것처럼 기녀의 향가 창작은 신라에서 고려까지 이어졌으리

23 『삼국유사』 5권, 감통, 「월명사도솔가」, 羅人尙鄕歌者尙矣 盖詩頌之類歟.

라 추정된다.

3. 화랑의 전통과 〈동동〉과의 관련성

1) 고려 시대의 국선, 선랑, 선가

고려 시대에는 '선랑, 선가' 등의 용어가 신라 화랑을 지칭하거나 화랑의 전통을 계승한 제도와 관련지어 사용되었다.

> 이지백이 아뢰었다. "……어찌 선왕의 연등회, 팔관회, 선랑 등의 일을 다시 시행하고 다른 나라의 이상한 술법을 행하지 않음으로써, 나라를 보전하고 태평을 이루는 것만 같겠습니까."; 제고를 내렸다. '……사선의 유적에 마땅히 영예를 더해야 할 것이다.……이른바 국선의 일은 근래 벼슬길로 통하는 문이 많아서 구하는 자가 없다. 마땅히 대관의 자손으로 거행하게 하라.'; 교지를 내렸다. '……하나. 선풍을 받들 것이다. 옛적 신라에서 선풍이 크게 행해져 바다와 하늘이 기뻐하고 백성과 만물이 평안하였다. 그리하여 나라 조상들 이래로 그 풍습을 받드는 일이 오래되었다. 근래에 두 서울의 팔관회가 날이 갈수록 예전의 격식이 감하여 유풍이 점점 쇠하였다. 지금부터 팔관회는 양반가의 풍족한 자 중에서 미리 택해 선가(仙家)를 삼아 옛 풍습에 따라 행함으로써 사람과 하늘이 모두 기뻐하는 데 이르도록 하라.'[24]

24 『고려사』 94권, 열전, 「서희」, 李知白奏曰……曷若復行 先王燃燈八關仙郎等事 不爲他方異法 以保國家致大平乎; 위의 책 14권, 세가 14, 「예종 11년 4월」, 下制曰……四仙之跡 所宜加榮……所謂國仙之事 比來仕路多門 略無求者 宜令大官子孫 行之; 위의 책 18권, 세가 18, 「의종 22년 3월」, 下教曰……一 遵尚仙風 昔新羅仙風大行 由是龍天歡悅 民物安寧 故祖宗以來 崇尙其風久矣 近來 兩京八關之會 日減舊格 遺風漸衰 自今八關會 預擇兩班家産饒足者 定

이지백의 상소(성종 12년, 993)에서부터 의종의 교지(22년, 1168)에 이르기까지 화랑의 전통을 계승한다는 취지에서 선랑, 사선, 국선, 선풍, 선가 등이 언급되고 있다. 여기서 대관이나 양반가 자제로써 국선 혹은 선가를 선발한다는 것은 왕족이나 귀족 출신의 화랑을 뽑았던 신라의 전통을 계승한 면모이다. 이는 다음의 예처럼 실제로 행해졌다.

> 나라의 풍속에 어릴 때 반드시 중을 따라 구두(句讀)를 익혔는데 용모가 아름다운 자는 승속에서 모두 받들어 선랑이라 일컬었다. 모인 무리가 혹 수백 명에서 천 명에 이르렀다. 그러한 풍속은 신라 때부터 시작된 것이다. 적(頔)이 10세에 승사(僧舍)에 가서 배웠는데 성품이 민첩하고 잘 깨달아 책을 받으면 대의를 두루 통했다. 얼굴이 그림 같고 풍모도 빼어나게 아름다워 보는 자마다 사랑하였다. 충렬왕이 그 말을 듣고 궁중으로 불러 보고는 국선으로 지목하였다.[25]

신라에서 유래한 풍속에 따라 민종유(1245-1324)의 아들 민적(1269-1335)이 국선이 되었다는 것이다. '중을 따라 구두를 익혔'다는 것은 충담, 월명, 범교 등의 승랑(僧郞)과 관련되고, '무리가 혹 수백 명에서 천 명에 이'른 것도 화랑도 한 무리와 비슷한 인원이며, 왕이 몸소 지목한 것도 화랑의 선발 방식을 계승한 전통이다. 또한 이는 장가들기 전의 귀족 자제를 선랑이라 칭했다는[26] 12세기 전반의 기록과도 연결된다. 이로 보아 화랑의 풍속은 12세기를 거쳐 13세기 말까지도 계승되었음을 알 수 있다.

爲仙家 依行古風 致使人天咸悅.

25 위의 책 108권, 열전, 「민종유」, 國俗 幼必從僧習句讀 有面首者 僧俗皆奉之 號曰仙郞 聚徒或至千百 其風起自新羅 頔 十歲出就僧舍學 性敏悟受書旋通大義 眉宇如畵 風儀秀雅 見者皆愛之 忠烈王聞之 召見宮中 目爲國仙.

26 『고려도경』 21권, 「조예」, 大抵皆未娶之人 在貴家子弟 則稱仙郞.

그런데 민적이 국선이 된 충렬왕대에 이 말이 동반(東班)의 군역과 관련된 용어로도 쓰이고 있다.

> 충렬왕 8년(1282)……교시하였다. '태조의 후손 중에 20명의 여자를 가졌더라도 1호의 예로써 1명만 벼슬에 들도록 허락하라. 이미 관원이 된 자는 빼내어 따로 기록하고 만약 남반이면 동반으로 바꾸고 국선으로는 뽑지 말며 군대에 있는 자는 군적을 없애라.'[27]

태조 후손에게 벼슬을 주는 데 있어 국선으로는 뽑지 말라는 것이다.[28] 전후 문맥상 여기서의 국선은 동반의 군역에 해당하는데[29] 애초 신라 때부터 국선이 군사적 활동을 했던 것을 감안하면 그 전통이 이어진 것일 수도 있다. 그러나 앞서 본 민적의 국선 선발과는 성격이 다른 음서제도의 일종으로 보인다. 국선이라는 말의 의미가 변한 것이다.

여기서 고려인이 화랑을 상기할 때 문화 활동 영역에 많은 관심을 둔 점이 주목된다. 위에서 이지백, 예종, 의종이 연등회나 팔관회, 사선 등을 거론한 것이 그러한 양상이다. 사선악부의 존재는 이를 대표하는 예이다.

> 구정(毬庭)에 윤등 하나를 설치하고 사방에 향등을 배열하였다. 또 두 채의 채붕을 다섯 길이 넘는 높이로 지어 놓고 온갖 놀이와 가무를 벌였

27 『고려사』 75권, 지 29, 선거 3 전주, 「서조종묘예」, 忠烈王八年……教 聖祖苗裔 雖挾二十女 一戶例 許一名入仕 已爲員者 政抄別錄 若在南班 改東班 勿差國仙 在軍行者 除軍籍.

28 이와 유사한 조처가 이후 두 번 더 나온다. 『고려사』 75권, 지 29, 선거 3 전주, 「서조종묘예」, 忠宣王復位(1308) 教曰 祖王苗裔 無名者 雖挾二十二女 例以一戶一名 許初職 已入仕者 別錄敍用 屬南班者 改東班 勿差國仙 亦免充軍……忠肅王十二年(1325) 教 祖王苗裔 雖挾三女 許入仕 屬南班者 改屬東班 勿差國仙 仍免軍籍.

29 신복룡, 『한국정치사』 4판; 박영사, 2003, 39면.

다. 그 사선 악부와 용, 봉황, 코끼리, 말을 장식한 수레와 배는 모두 신라의 고사이다. ; 팔관회……그 사선 악부와 용, 봉황, 코끼리, 말을 장식한 수레와 배는 모두 신라의 고사이다.[30]

동짓달 팔관회 때 벌인 가무백희에 사선 악부가 주요 공연거리였음을 알려 준다. 신라의 사선은 일정한 양식의 가무를 만든 화랑으로 인식된 것이다. 이러한 점은 다음 기록에서도 확인된다.

동도는 본래 신라[의 수도]이다. 옛날에 사선이 있어 각기 거느린 무리가 천여 명이고 가법(歌法)이 성행하였다.[31]

사선은 가법을 성행시킨 화랑으로 여겨졌다. 이러한 맥락에서 1120년 10월 예종이 팔관회 자리에서 8행 향가인 〈도이장가〉를 지은 것은 특기할 만하다.

신사일. 팔관회를 배설하고 왕이 잡희를 관람하였다. [잡희 중에] 국초의 공신 김낙과 신숭겸의 우상을 만들어 노는 것이 있었는데 왕이 보고 감탄하여 시를 지었다.[32]

팔관회의 전통 속에 향가 창작의 전통까지 포함시켜 신라의 화랑 문화를 계승하고 있다. 예종이 지은 8행 향가가 사선의 가법을 수용했는지

---

30 『고려사』 69권, 지 23, 예 11, 가례잡의, 「중동팔관회의」, 遂於毬庭 置輪燈一座 列香燈於四旁 又結二綵棚 各高五丈餘 呈百戲歌舞於前 其四仙樂部 龍鳳象馬車船 皆新羅故事 ; 『신증동국여지승람』 4권, 「개성부 풍속」, 八關會……其四仙樂部 龍鳳象馬車船 皆新羅故事.

31 『보한집』 상권, 東都本新羅 古有四仙 各領徒千餘人 歌法盛行.

32 『고려사』 14권, 세가 14, 「예종 15년 10월」, 辛巳 設八關會 王觀雜戲 有國初功臣金樂申崇謙偶像 王感歎賦詩.

는 알기 어려우나 주 창작층이 화랑도인 이상 향가가 화랑의 가법으로 인식, 향유된 것만큼은 짐작할 수 있다.

이처럼 고려는 주로 문화 활동의 면에서 신라의 화랑 제도를 이어받았는데 그 자취는 민적이 국선이 된 사례가 나오는 13세기 말까지도 보이고 있다. 충렬왕대는 곧 고려가요가 대거 궁중 속악으로 편입된 시기이기도 하다. 따라서 고려가요 〈동동〉의 선어를 화랑의 전통에서 찾는 것은 역사적 배경을 충분히 갖추고 있는 셈이다.

2) 화랑의 활동상과 〈동동〉

화랑의 활동에 관한 포괄적인 기록은 『삼국사기』에 나오나[33] 그것만으로는 그들의 일상을 그려 내기가 쉽지 않다. 『삼국유사』, 『화랑세기』 등 화랑 관련 자료들을 두루 살펴서 가능한 만큼이라도 화랑의 일상적인 활동을 찾아보아 그중에서 〈동동〉과 관련될 만한 점에 대해 논해 보고자 한다.

먼저, 화랑도가 명절 때 활동한 것과 〈동동〉의 절기 행사를 관련지을 수 있다. 신라 경덕왕 때 승랑 충담이 활동한 예가 있다.

> 3월 3일에 왕이 귀정문 누각 위에 거둥하였다. 좌우에 이르기를 "누가 길에서 잘 차려입은 스님 한 분을 모셔 오겠느냐?" 하였다.……"그대는 누군가?" "충담입니다." "어디서 오는 길인가?" "소승은 매년 3월 3일과 9월 9일에 차를 달여 남산 삼화령 미륵 세존께 대접합니다. 이번에도 차를 드리고 오는 길입니다."[34]

33 『삼국사기』 4권, 신라본기, 「진흥왕 37년」, 或相磨以道義 或相悅以歌樂 遊娛山水 無遠不至.
34 『삼국유사』 2권, 기이 제2, 「경덕왕 충담사 표훈대덕」, 三月三日 王御歸正門樓上 謂左右曰 誰能途中 得一員榮服僧來……汝爲誰耶 僧曰 忠談 曰 何所歸來 僧曰 僧每重三重九之日 烹茶

삼월 삼짇날은 봄을 시작하는 뜻깊은 명절이다. 이때 경덕왕이 신하와 함께 월성 서쪽 제일 바깥 정문인[35] 귀정문 문루에 올라 궁궐 밖 민간의 명절 행사를 관망하였다. 왕 앞에 불려 온 충담은 3월 3일과 9월 9일에 남산 삼화령 미륵세존께 차 공양을 드린다고 하였다. 삼화령 미륵세존은 선덕왕대 생의가 몽조로 얻은 돌미륵이다.[36] 삼화령은 진성여왕대 효종랑이 효녀 지은을 도와줄 때 유람했던 곳이기도 하여[37] 화랑의 유람처 중 하나이다. 이 자리에서 충담은 왕의 요청으로 향가를 지어 불렀는데 이것도 명절 행사의 일환일 수 있다. 화랑도가 차 공양, 향가 향유 등으로써 삼짇날 행사를 한 것이라 하겠다.

봄 명절 행사는 김유신 가문에서도 행해졌다. 김씨 종가의 재매 부인이 죽자 청연에 장사 지냈는데 매년 봄에 종중 남녀가 그 골짜기의 남쪽 개울가에 모여 연회를 베풀었다.[38] 삼짇날이라고 밝히지는 않았으나 골짜기 개울가의 연회는 삼짇날 명절 행사의 일환으로 보인다. 한 가문의 행사이긴 해도 김유신이 화랑의 대표 격임을 감안하면 화랑과 삼짇날 행사의 관련성은 더욱 분명해진다.

문무왕의 서제(庶弟) 거득이 화랑으로 활동했는지는 알 수 없지만[39] 그가 문무왕의 허락을 받고 국토를 순유(巡遊)한 것은[40] 후대 경문왕 경응의 경우처럼 화랑의 순유와 상통한다.[41] 그가 무진주에서 대접을 잘 받고

饗南山三花嶺彌勒世尊 今玆旣獻而還矣.

35 『동경잡기』, 동경잡기간오, 歸正乃最外之正門 又曰 歸正西門也.

36 『삼국유사』 3권, 탑상 제4, 「생의사 석미륵」, 善德王時 釋生義……至其洞掘地 有石弥勒出置於三花嶺上……忠談師 每歲重三重九 烹茶献供者 是此尊也.

37 위의 책 5권, 효선 제9, 「빈녀양모」, 孝宗郞 遊南山鮑石亭—或云三花述.

38 위의 책 1권, 기이 제1, 「김유신」, 金氏宗財買夫人 死葬於青淵 上谷因名財買谷 每年春月一宗士女 會宴於其谷之南澗.

39 『화랑세기』, 제13세 「용춘」, '龍宝事太宗 生車得馬得兩公'을 통해 거득이 화랑 가문 태생인 것은 알 수 있다.

40 『삼국유사』 2권, 기이 제2, 「문호왕 법민」, 公著緇衣 把琵琶 爲居士形 出京師 經由阿瑟羅州 – 今溟州 – 牛首州 – 今春州 – 北原京 – 今忠州 – 至於武珍州 – 今海陽 –.

떠나면서 자기 이름을 단오라고 알려 준다.[42] 5월 5일 단오를 수릿날이라고 하는 유래가 거득의 이름까지 거슬러 올라가는 것이다. 이를 통해 화랑과 단오절의 관련성을 시사받을 수 있다.

화랑의 명절 행사로는 축국(蹴鞠)[43]과 탑돌이[44]를 들 수 있다. 화랑 유신과 춘추가 정월 보름에 한 공놀이, 축국은 명절 행사의 일환이었을 것이다. 『화랑세기』에는 풍월주의 취임식이 주로 정월 또는 정월 보름에 열리는데[45] 명절에 맞춰 의식의 취지를 더욱 뜻깊게 하려는 것으로 보인다. 탑돌이는 2월 보름에 흥륜사에서 행해졌다. 흥륜사는 신라 왕실의 원찰이고 화랑과도 관련이 깊은 절이다.[46] 이 절의 전탑에서 '낭군'이라 칭해진 화랑 김현이 탑돌이를 하였다. 서라벌과 지방의 수많은 절에서 탑돌이 행사가 있었고 화랑이 거기에 참가했으리라 짐작된다.

이처럼 화랑도는 정월 보름, 2월 보름, 3월 삼짇날, 5월 단오, 9월 중구절 등의 명절과 관련되어 있다. 일 년 열두 달의 주요 명절을 맞아 펼쳐지는 민간과 궁중의 행사, 축제에 화랑도가 적극적으로 참여하였던 것이다.

다음으로, 화랑의 전반적인 활동상을 들어 〈동동〉과 비교할 근거로 삼을 수 있다. 『삼국사기』에 나오는 화랑은 대개 훌륭한 무사의 모습이다. 그런데 『화랑세기』에 보면 그러한 무사상은 통일 전쟁기에 두드러지

---

41 신재홍, 「화랑의 순유와 향가」, 『중세 여행 체험과 문학교육』, 월인, 2012, 43~44면, 55~56면.

42 『삼국유사』 2권, 기이 제2, 「문호왕 법민」, 居士欲辭行時曰 僕京師人也 吾家在皇龍皇聖二寺之間 吾名端午也-俗謂端午爲車衣-.

43 『삼국사기』 6권, 신라본기, 「문무왕」, 庾信與春秋公蹴鞠 因踐落春秋衣紐; 『삼국유사』 1권, 기이, 「태종춘추공」, 庾信與春秋公 正月午忌日-見上射琴匣事 乃崔致遠之說-蹴鞠于庾信宅前-羅人謂蹴鞠爲弄珠之戲-故踏春秋之裙 裂其襟紐; 『화랑세기』, 제18세 「춘추공」, 庾信與公 蹴鞠宅前 乃正月午忌日也.

44 『삼국유사』 5권, 감통 제7, 「김현감호」, 新羅俗 每當仲春 初八至十五日 都人士女 競遶興輪寺之殿塔 爲福會 元聖王代 有郎君 金現者 夜深獨遶不息.

45 『화랑세기』, 제9세 「비보랑」, 至是爲九世風月主……時建福二年 春正月也; 같은 책, 제12세 「보리공」, 乃得位 建福八年 春正月也……公以建福八年 春正月十五日 就土位.

46 기록상으로는 미시랑을 모신 진자, 임종, 양도, 김현 등이 흥륜사와 관련된 화랑도이다.

고 그 이전과 이후는 신라의 전통적인 선도(仙道)와 관련한 활동에 치중해 있다. 이러한 활동에서 드러나는 화랑상을 정리하면 다음과 같다.

첫째, 자연 탐구가로서의 모습이다. 『삼국사기』의 '산수 간에 노닐었다.'에서 '노닒'은 놀이 문화에서 나아가 자연 과학적 탐구 활동까지 의미한다. 그 대표적인 예가 보종(宝宗)이다.

> 얼굴빛은 늘 어린아이 같았고 항상 콩죽을 먹고 육식을 좋아하지 않았다. 아침에 일어나면 정원 안 여러 종의 고목을 둘러보았고 물고기와 학을 기르며 그 사이에서 소요하였다.……"너희가 선도를 배우려거든 마땅히 보종 형공을 좇을 것이다."……우주의 참된 기운을 깊이 통찰하고 물고기와 새, 꽃과 나무의 살아 움직이는 이치에 정통하지 않음이 없었다. 유신이 병에 걸렸을 때 문득 공이 손수 치료하여……그가 편작의 학술도 지녔음을 알게 되었다.[47]

선식, 정원 가꾸기, 소요하기와 함께 동식물에 대한 탐구, 의술 등을 행하고 있다. 불로장생을 위해 선약을 만드는 중국 신선의 모습과 겹치면서도 신라의 전통적인 자연 탐구의 모습을 보여 준다. 이는 곧 선도의 한 양상이라 할 수 있다. 보종으로 대표되는 이러한 기풍은 혈연관계로 얽힌 화랑 사이에서 널리 전수, 육성되었을 것이다.

둘째, 사랑 몰입자로서의 모습이다. 『화랑세기』는 풍월주와 화주(花主)의 관계를 자세히 기술하거나 풍월주 주변의 복잡한 여성 관계에 대해 말하기도 한다. 기존 사서에 보이지 않던 모습이 바로 '사랑을 하고 있는' 화랑상이다. 대표적인 예로 이화랑과 사다함을 들어 본다.

---

47 『화랑세기』, 제16세 「보종」, 色常如嬰兒 常餐豆粥 不喜食肉 朝起視園中多種古木 養魚飼鶴 逍遙其間……爾等欲學仙 當從宝宗兄公 ……深察宇宙之眞氣 魚鳥花木 生生之理 莫不精通 庾信公有病 公輒自治之……以此皆知 其有扁鵲之學也.

숙명 공주가 공을 그리워하여 스스로 억제치 못했다. 화가 미칠까 두려워 자살하고자 했더니 홀연 금부처가 와서 "나는 약사불이라. 공주의 배를 빌려서 거하고자 하노라."고 알렸다. 공주가 꿇어앉아 합장 배례하니 부처가 공주를 안고 엎어져 뱃속으로 들어오는 것 같았다. 이때 이화공도 그리움을 어쩌지 못해 궁중으로 몰래 들어와 공주를 뵈니, 공주가 바로 누워 안았던 것을 잃어버린 듯이 하고 있었다.[48]

무관랑이……밤에 궁궐 담을 넘다가 구지(溝池)에 떨어져 다쳤는데 얼마 안 가서 죽었다. 사다함공이 애통하다가 그 또한 마르고 병들어 7일 만에 숨졌다. 금진이 공을 안고 발을 구르며 말했다. "나 때문에 네 마음이 상하여 이 지경에 이르렀구나. 내가 어찌 살겠느냐." 공이 천천히 눈을 뜨고 말했다. "죽고 사는 것은 운명입니다.……" 공이 평소에 미진부공의 딸 미실을 사랑하였고 미실도 공을 좋아했으나 태후의 명으로 세종공에게 시집가니, 이로써 (…) 마음을 내어 어머니에게 간하지 않았던 것이다.[49]

『화랑세기』의 여러 사랑 이야기는 인물들이 얽혀 복잡한 양상을 띠는데, 이화랑－숙명 공주－진흥왕, 무관랑－금진, 사다함－미실－세종공의 관계도 그렇다. 숙명은 진흥왕의 비이면서 이화랑과 사랑에 빠져 자살을 결심할 정도로 고뇌한다. 사다함은 이제 세종의 비가 된 미실을 잊지 못하던 차에 어머니 금진과 친구 무관랑의 사통 사건으로 인해 번민하다가 병들어 죽는다. 숙명에 대한 이화랑, 미실에 대한 사다함의 사랑은

48 위의 책, 제4세 「이화랑」, 公主慕公 不能自抑 恐有禍 而欲自殺 忽有金佛來告曰 我乃藥師佛也 欲借公主之腹 而居之 公主乃跪其前 而合掌拜禮 佛乃抱公主而仆 況若入之 時公亦慕公主不禁 乃犯宮中 見公主仰臥若失抱.

49 위의 책, 제5세 「사다함」, 武……夜超宮墻 落于溝池而傷 未幾而卒 公哀痛之 亦瘦瘁 七日而盡 金珍乃抱公頓足曰 以吾之故 傷汝心 以至于此 吾何以生乎 公徐開眼曰 死生命也……蓋公素愛未珍夫公女美室 美室亦好公 而以太后命 嫁于世宗公 以此發□□之心 不諫母.

죽음에까지 이를 만큼 위험과 열정을 지닌 것이었다.

사랑에 몰입하는 배경에는 신라 왕족 및 귀족 사회의 근친혼 풍습, 정치 세력 간의 이합 등 정치 사회 문화적 요인들이 작용하고 있다. 신라 사회를 배경으로 한 화랑의 사랑은 여러 사건을 일으켰고 그것은 다시 이야기와 노래로 만들어져 전파되었다. 그 여향은 〈동동〉이 지어진 고려 시대에도 남아 있었을 것이다.

셋째, 풍류 예술가로서의 모습이다. 『삼국사기』에 '가악으로 서로 즐기고 산수 간에 노닐었다.'고 하여 화랑의 예술 활동은 익히 알려져 있는데 『화랑세기』에는 그 양상이 좀 더 구체적으로 나타난다. 향가 창작을 비롯하여 다양한 예술 분야에서 활동한 모습이 나오는 것이다.

> 문노의 낭도는 무사를 좋아하고 협기가 많으며 설원의 낭도는 향가를 잘하고 청유를 좋아했다. 그러므로 나라 사람이 문도를 가리켜 호국선이라 하고 설도를 가리켜 운상인이라 하였다. ; 비보공은 설원공과 동갑으로, 함께 노래를 배웠으나 그에게 미치지 못했고 피리를 배웠어도 미치지 못했다. ; 하종공은 15세에 화랑에 들어갔다. 토함공에게 역사를, 이화공에게 노래를, 문노공에게 검술을, 미생공에게 춤을 배웠는데 모두 그 정수를 깨우쳤다. ; 보종공은 늘 작은 청려마에 걸터앉아 피리를 불며 저자거리를 지나갔고……그림을 잘 그려 인물화와 산수화의 오묘함은 신의 경지에 이르렀다. ; 보종공이 모종공을 제 몸처럼 사랑하여 문장과 화법(畵法)을 가르쳤다.……양도공이 분발하여 힘써 그림을 그렸다. 진도(陣圖)를 그리기 좋아했고 병장기를 그린 것이 매우 정교하였다. ; 동란공이 이때 음성서의 장으로서 향가를 잘했는데, 석명이 동란공에게 노래와 춤을 배웠다.[50]

50 위의 책, 제7세 「설화랑」, 文弩之徒 好武事多俠氣 薛原之徒 善鄕歌好淸遊 故國人指文徒爲

화랑은 어려서부터 선배 화랑으로부터 학문과 예술을 배웠고 자라서 문학, 음악, 미술, 무용 등 여러 방면에서 활동하였다. 화랑도 집단이 예술 활동의 본거지가 된 양상을 잘 보여 준다. 이러한 활동은 양도의 예처럼 무사도의 실현을 목적으로 하기도 했다.

이상에서 살펴본 화랑의 활동은 〈동동〉의 선어를 화랑과 관련된 말로 보는 데 중요한 근거가 된다. 아래에 월령별로 정리한 〈동동〉의 내용을 제시한다.

[표] 〈동동〉의 시간 배경, 제재, 시적 상황

	서사	1월령	2월령	3월령	4월령	5월령
시간	현재	(15일/대보름)	15일/연등	(3일/삼짇날)		5일/단오
제재	곰배·림배	냇물	등불	진달래	꾀꼬리	아침 약
상황	덕과 복을 빎	혼자임	님 칭송	님 칭송	님의 망각	님의 장수 기원

6월령	7월령	8월령	9월령	10월령	11월령	12월령
15일/유두	15일/백중	15일/한가위	9일/중구절			(31일/제석)
빗	백종	가배 날	약용 황화	화살나무	봉당·한삼	산초나무·저
좇고자 함	함께함 기원	못 모심	고요한 집	님의 부재	홀로 지냄	물러남

먼저, 〈동동〉에서 월령체 형식으로 그려 낸 명절 풍속은 화랑이 그 행사에 참여한 신라 이래의 전통과 관련지을 수 있다. 표에서 보듯이 2월, 5월, 6월, 7월, 8월, 9월령은 문면에 명절이 드러나 있고 1월, 3월, 12월령

護國仙 指薛徒爲雲上人; 제9세 「비보랑」, 公與薛原公同年生 同學歌不及 學笛又不及; 제11세 「하종」, 公年十五而入花郎 學史于兎含公 學歌于二花公 學劍于文弩公 學舞于美生公 皆得其精; 제16세 「보종공」, 常跨小靑驪 吹笛過市……善畵人物山水 妙入神境; 제22세 「양도공」, 宝宗公愛之如己 敎以文章畵法……公乃奮發力作 好陣圖兵仪 甚精; 세23세 「군관공」, 冬蘭公時以音聲署長 善鄕歌 昔明學歌舞于冬蘭公.

은 숨어 있긴 하지만 추정이 가능하다. 1월령의 제재가 '냇물'인 점에서 정월 대보름의 답교놀이에서 다리 아래를 굽어보는 화자의 시선을 읽을 수 있다. 3월령에서 '삼월 나며'라는 표현은 '삼월 들어'의 뜻으로 3월 초입의 삼진날을 시사한다. 12월령의 '분디나무'와 '진상할 소반'으로는 섣달그믐의 제석에 나례와 같은 행사를 한 후 올리는 소반을 떠올릴 수 있다.

이와 같이 〈동동〉은 월령체로 되어 있어 매달의 명절을 중심으로 시상을 전개하고 있다. 님을 그리워하며 세월을 보내는 화자에게 때마다 돌아오는 명절이 시간의 분절을 뚜렷이 일깨워 주고 그에 따라 그리움의 정서를 배가시켰을 것이다. 그중 2월 보름의 연등회, 3월 삼진날, 5월 단오, 9월 중구절은 앞에서 본 대로 화랑이 활동한 단서를 찾을 수 있는 명절이다. 6월 유두, 7월 백중, 8월 한가위 등은 화랑 관련 기록을 찾을 수 없지만 모두 신라에서 고려로 전승된 명절이므로 신라 문화의 주 담당층인 화랑과 어떻게든 관계되었을 것이다. 이에 〈동동〉 선어에 포함된 의미 중 하나는 신라로부터 고려로 이어진 세시 풍속을 배경으로 하여 화자의 정서를 표현하고 있다는 점을 들 수 있다.

다음으로, 명절 음식과 보약이 나오는 것도 화랑의 활동과 연관될 수 있다. 〈동동〉은 매달 명절을 배경으로 함에 따라 명절 음식이 등장한다. 3월령의 '진달래'는 삼진날의 꽃지짐을 떠올리게 하고 7월령의 '백종'은 제사상에 차려진 온갖 과실과 곡식을 의미한다. 그리고 구체적인 음식명은 없지만 8월령의 '가배 날' 자체가 명절을 뜻하는 동시에 풍성한 수확물과 차례 상을 연상시키는 말이기도 하다. 같은 맥락에서 12월령의 '진상할 소반' 위에는 제석의 명절 음식이 차려졌으리라 추정할 수 있다.

그런데 명절 때 먹는 음식을 약이라고 표현한 점이 주목된다. 5월령의 '아침 약', 9월령의 '약이라 먹는 황화'가 나온다. 5월령의 약은 단오에 캐어 말려서 약초로 쓰는 쑥이나 익모초를 가리킨다. 그 약초를 말려서 만든 약재를 바치면서 '천 년을 길이 사실' 것을 기원하고 있다.[51] 약초를 넣어 탕약을 달여 직접 님에게 바친다기보다 단오에 캔 것을 말려 약재로 만들어 님에게 보내는 것이다. 〈동동〉 전체가 님이 부재한 상황에서 화자가 발화하는 것이기 때문이다.

9월령의 약은 '황화' 즉 국화이다. 이것은 5월령처럼 어떤 특정한 약이기보다 중구절의 명절 음식인 국화차나 국화주를 칭한 것이다. 그와 함께 '꽃이 안에 드니'라고 하여 국화가 약의 재료로 집 안에 들여져 있는 상황도 나타나 있다. 차나 술로 우려먹거나 실제 약재로 쓰일 수 있는 국화를 집 안에서 말리는 광경을 생각해 볼 수 있다. 그것의 향기가 초가집 지붕 아래에 은은히 퍼져 있다는 것이다.

여기에 10월령의 '저민 화살나무'를 더할 수 있다. 앞에서 논했듯이 본고는 원문의 'ᄇᆞᄅᆞᆺ'을 '화살나무'로 풀이한다. 이 나무의 가지는 잘게 썰어져 약재로 사용된다. 5월령의 약초, 9월령의 국화, 그리고 10월령의 화살나무 등이 약재가 되어 그것들로 만든 탕약, 차와 술 등이 '천 년을 길이 살' 보약의 의미 맥락을 이루고 있다.

이렇게 명절 음식은 3월, 7월령에서 구체적으로, 8월, 12월령에서 연상적으로, 그리고 5월, 9월, 10월령에서 약재로써 표현되었다. 명절 음식을 통해 건강과 장수를 기원하고 있는 것이다. 이는 앞에서 살펴본 것처럼 보종으로 대표되는 화랑이 자연 속에 노닐며 동식물의 생태를 탐구하고 의술을 익히는 등의 활동을 한 맥락과 연결된다. 이에 〈동동〉 선어의 또 다른 의미로 화랑의 자연 탐구 활동의 연장선상에서 명절 음식과 보약을 통해 건강과 장수를 기원하는 의미를 찾을 수 있다.

---

51 최미정, 앞의 논문.; 최재남, 「상부가로서 동동의 상실체험」, 『경남어문논집』 6, 경남대 국문과, 1993.에서 님의 부재를 죽음으로 보고 작품론을 펼쳤는데, 님의 장수를 비는 작품 내용과 배치되는 해석이라고 생각된다. 최미정의 해석에 대한 비판은 이도흠, 「고려속요의 구조분석과 수용의미 해석」, 『한국시가연구』 1, 1997, 388면에서도 제기되었다.

또한, 님에 대한 송축과 그리움이라는 〈동동〉의 정서와 주제가 화랑의 활동과 관련될 수 있다. 4월령을 제외하고 1월에서 9월령까지 시간적 배경으로서의 명절과 그에 따른 명절 음식이 문면에 드러나거나 암시되어 있다. 이러한 배경과 제재를 통해 각 월령에서 화자의 정서와 주제가 피력되었다. 이를 화자와 청자, 곧 나와 님의 2항으로 대비시켜 보면 서사, 2월, 3월, 4월, 5월, 6월, 7월령은 님의 태도 쪽으로 기울고 1월, 8월, 9월, 10월, 11월령은 나 자신의 처지 쪽으로 기울고 있다. 전자는 대개 님에 대한 송축과 공경을, 후자는 외로움과 그리움의 정을 표현하였다. 이러한 두 흐름은 12월령에서 합쳐지지만 희망과는 달리 일이 어그러지는 것으로 귀결된다.

이렇듯 전반부는 님에 대해, 후반부는 자신에 대해 화자의 정서와 생각을 토로하고 있다. 님 쪽으로 향했던 마음이 자기 쪽으로 돌려지는 흐름이다. 이를 명절과 연결 지어 보면 봄여름 명절은 님 쪽으로 갔다가 가을 명절을 지나면서 자기 쪽으로 돌아오는 양상이다. 9월 중구절 이후 명절이 문면에서 사라진 것은 자신에게로 향한 탄식과 외로움의 시간이 그만큼 길고 혹독하다는 것을 시사한다. 그러다가 12월에 님과의 만남이 이루어질 뻔하지만 결국 화자가 물러나는 것으로 결말이 난다.

정서의 흐름은 시간의 순환 속에 끝과 처음이 다시 연결된다. 12월령에서 서사로 넘어가면 관계가 틀어져 버린 님에 대해 송축하고, 1월령으로 가면 자신의 외로운 처지를 탄식한다. 그리고는 앞에서 본 것같이 님에 대해 생각하는 흐름이 이어지고 그러다가 자신의 처지를 하소연하는 흐름이 전개된다. 이렇게 매달의 명절을 연결점으로 하여 시간의 순환에 따라 시상이 전개되는데 그러는 중에 한 월령이 다른 월령과 상관관계를 맺게도 된다.[52] 1월령과 11월령은 외로움의 주제로 상응하고 2월, 3월령

52 박진태, 「동동과 쌍화점의 구조」, 『대구어문논총』 2, 대구대, 1984, 66-67면에서 두 월령

과 10월, 11월령은 님에 대한 칭송과 님의 부재로 대응하고 있다. 6월, 7월에서 님을 좇고 싶고 님과 함께하고 싶다고 기원하던 것이 8월령 이후는 자신의 외로움 쪽으로 돌아서고 있다.

〈동동〉의 이러한 시상 전개에 대해 자아와 대상의 관계를 순환적 세계관을 통해 형상화했다고 할 만하다. 대상 쪽으로 갔다가 자아 쪽으로 향하는 흐름 속에 둘 사이의 화해가 이루어질 듯하다가 결국 파국을 맞이하고 그런 다음에 다시 순환 궤도에 오르는 식이다. 이러한 세계관은 넓게 보아 동양적 세계관이라고 할 수 있고 화랑의 세계관도 이에 포함될 것이다.

송축의 주제와 그리움의 정서는 왕족과 귀족의 자제가 지도자급이 되었던 화랑 제도에서는 일반적인 것이었다고 할 수 있다. 특히 애정에 몰입하는 일이 빈번하였던 화랑 집단의 정서적 분위기로 보아 귀족 사회의 위계질서 내에서 고귀한 이를 송축하는 일과 사랑의 감정으로 인해 그리워하고 하소연하는 일은 많이 있었을 것이다. 이러한 집단적 분위기가 화랑의 정서적 특질의 하나라고도 할 수 있다. 이를 바탕으로 백운과 제후, 김유신과 천관, 김현과 호랑이 처녀 등의 사랑 이야기가 나왔고 그것은 고려인에게도 강한 인상을 주었을 것이다. 이러한 점에서 〈동동〉 선어의 의미 중 하나로서 순환적 세계관을 바탕으로 님을 송축하거나 그리움을 토로하는 정서적 태도를 보탤 수 있다.

끝으로, 화랑이 향유한 향가의 율격과 형식이 〈동동〉과 공통되는 면이 있음을 지적하고자 한다. 현존 향가는 4행, 8행, 10행, 장가의 네 가지 하위 양식이 확인되고 중심 율격은 대체로 3음보로 파악된다.[53] 〈동동〉은 전체적으로는 월령체 형식을 취했으나 각 연은 대개 3음보 4행의 율격을

씩 고독-사랑의 대립 구조를 추출한 바 있다.

53 신재홍, 『향가의 미학』, 집문당, 2006, 117-203면.

갖추고 있어서 4행 향가와의 율격적 관련성이 깊다고 할 수 있다. 한국 서정시의 역사적 전개는 크게 보아 3음보의 향가, 고려가요에서 4음보의 시조, 가사로 나아갔다고 할 수 있는데[54] 〈동동〉과 향가의 율격 면에서의 친연성은 이러한 역사적 흐름 위에 놓인 현상으로 보인다.

이와 함께 〈동동〉의 월령체 자체도 향가 중 장가가 갖는 8행 3연의 형식과[55] 비교할 만하다. 〈동동〉의 월령체를 계절별로 나누면 봄은 '~ㄹ셔, ~샷다, ~샷다'로, 여름이 '~신뎌, ~노이다, ~노이다'로 끝나 종결 어미가 ABB형으로 구성되어 있다. 종결 어미만 주목한 것이지만 봄에 속한 3연과 여름의 3연이 4행 3연의 일정한 규칙성을 보이는 것은 향가 장가가 8행 3연으로 이루어진 점과 함께 3연이 한 단위를 이루고 있음을 보여 준다. 반면, 가을은 '~노이다, ~샷다, ~ᄒᆞ애라'로, 겨울은 '~샷다, ~ㄹ셔, ~노이다'로 6연을 한 단위로 종결 어미가 처음과 끝에 쓰이고 있다. 3연 형식의 확대라고 할 만하다. 이로써 4행 향가의 3음보 4행, 장가의 3연 결합 등이 〈동동〉의 율격 및 형식과 일정한 관련을 가진다는 점을 알 수 있다.

이상의 논의를 종합하면, 〈동동〉의 선어란 첫째, 신라로부터 고려로 이어진 세시 풍속을 배경으로 하여 시적 화자의 정서를 표현하였다, 둘째, 명절 음식과 보약을 통해 건강과 장수를 기원하는 뜻을 드러내었다, 셋째, 순환적 세계관을 바탕으로 하여 님을 송축하거나 그리움을 토로하는 등의 정서적 태도가 담겼다, 넷째, 향가의 율격과 형식이 일정한 영향을 끼쳤다, 등을 의미한다고 하겠다. 이러한 내용적, 형식적 특성들을 보이는 〈동동〉의 시적 면모를 신라의 화랑 문화와 관련지어 고려 당대에 선어라고 지칭한 것이라 생각한다.

---

54 정병욱, 『한국고전시가론』, 신구문화사, 1979, 34면. ; 신재홍(2006), 앞의 책, 144면.

55 신재홍(2006), 앞의 책, 202면.

4. 결론

본고는 〈동동〉에서 논란이 된 구절들을 재해석하고 『고려사』에 기록된 〈동동〉의 '선어'에 대해 신라에서 고려로 이어진 화랑, 국선, 향가의 전통 속에서 살펴보았다.

〈동동〉의 시어 중 '므슴 다'(무슨 탓), '錄事'([문하]녹사), '새셔'(초가지붕), 'ㅂ룻'(화살나무), '두퍼 누워'(덮어 놓아/두어), '소니 가재 다'(손이 나란히 한 탓) 등을 다시 해석하였다. 이로써 1월~12월령이 일관되게 이별의 정한을 기조로 함을 알 수 있다. 시적 화자는 다른 사람의 손이 탄 상태에서 최고위층의 보좌역으로서 촉망받는 녹사 벼슬의 님을 그리워하며 기회 있을 때 잠시나마 좇고 싶어 하는 기녀로 생각된다.

고려는 주로 문화 활동의 면에서 신라의 화랑 제도를 계승했는데 그 자취는 민적이 국선이 된 사례가 나오는 13세기 말까지 나타난다. 이때는 고려가요가 궁중 속악으로 편입된 시기이기도 하여 고려가요 〈동동〉의 선어를 화랑의 전통에서 찾는 것은 역사적 배경을 충분히 갖추고 있다. 이에 화랑의 활동과 관련하여 〈동동〉의 선어에 내포된 의미를 찾아보았다. 첫째, 신라로부터 고려로 이어진 세시 풍속을 배경으로 정서를 표현하였다는 점, 둘째, 명절 음식과 보약을 통해 건강과 장수를 기원하고 있다는 점, 셋째, 순환적 세계관을 바탕으로 님을 송축하거나 그리움을 토로하고 있다는 점, 넷째, 향가의 율격과 형식이 일정한 영향을 끼쳤다는 점 등이 선어라는 용어의 의미에 포함된다고 보았다.

향가는 왕족 또는 귀족의 자제인 화랑이 주 담당층이 되어 그들에 대한 찬미의 노래가 많았던 까닭에 송축의 주제가 우세하였다. 〈동동〉 역시 고위층으로의 진출이 기대되는 젊은 자제를 찬미하고 송축하는 주제가 두드러진다. 이와 함께 향가가 지닌 개인 서정시로서의 성격은 〈동동〉에서 화자의 일관된 주제 의식과 정서에서 드러나는 것과 상통한다.

이러한 점에서 〈동동〉의 선어는 화랑, 국선, 향가의 맥락에서 이해되어야 한다.

〈동동〉은 향가의 전통을 이어받아 창작된 고려가요 작품이다. 기녀로 추정되는 작자가 이별의 상황에서 님을 애타게 그리워하고 다시 만나기 바라며 멀리서라도 그의 신상을 염려하는 마음을 월령체의 형식에 담아 절절히 그려 내었다. 향가에서 물려받은 송축의 주제에 더하여 고려가요 특유의 사랑 주제가 영롱하게 아로새겨진 명작이라 할 것이다.

08

〈정석가〉의 소재와 구조

1. 서론

〈정석가〉에 대한 연구는 다른 고려가요와 마찬가지로 어석에서 출발하여 다각도에서 접근한 성과가 축적되었다. 관련 자료가 없는 터라 작품 원문을 놓고 이러저러한 방법으로 분석하고 해석하였는데 그러는 중에 관점의 편차가 크게 벌어지기도 하였다. 그래도 작품의 제목과 제1연의 '딩아 돌하'를 빼고는 어석이 일정하게 수렴되어 내용에 대한 이해는 비교적 무난한 편이다. 그렇지만 제목과 '딩아 돌하'의 해석,[1] 애정, 송축, 그 밖의 주제 논의,[2] 표현 방식과 구조,[3] 제6연의 편입 문제,[4] 발생 시기[5]

---

1 김태준, 『고려가사』, 학예사, 1939, 64–69면. ; 양주동, 『여요전주』, 을유문화사, 1947, 332–347면. ; 박병채, 『고려가요의 어석연구』, 이우출판사, 1978, 256–271면. ; 임주탁, 「정석가의 문학적 성격」, 『고전문학연구』 11, 한국고전문학회, 1996, 29–70면. ; 이경자, 「정석가 신고」, 『어문학』 75, 한국어문학회, 2002, 259–293면. ; 박재민, 「정석가 주석 재고와 문학적 향방(2) – '딩아 돌하'를 중심으로」, 『고전문학연구』 41, 한국고전문학회, 2012, 41–75면. 자세한 연구사는 이경자, 앞의 논문, 261–263면. ; 박재민, 앞의 논문, 44–47면에 정리되어 있다.

2 윤철중, 「정석가 연구」, 『상명대학교 논문집』 10, 상명대, 1982, 53–73면. ; 김학성, 『한국고전시가의 연구』, 원광대 출판국, 1980, 117–119면. ; 윤영옥, 『고려시가의 연구』, 영남대 출판부, 1991, 194–203면. ; 최용수, 『고려가요연구』, 계명문화사, 1993, 96–126면. ; 이계양, 「정석가 연구」, 『인문과학연구』 17, 조선대 인문과학연구소, 1995, 167–179면. ; 임주탁, 앞의 논문. ; 이대규, 「고려가요 정석가 해석」, 『국어국문학』 35, 부산대 국어국문학과, 1998, 47–64면. ; 1998, 임주탁, 「정석가의 함의와 생성 문맥」, 『한국문학논총』 35, 한국문학회, 2003, 25–49면. ; 유경환, 「정석가의 원형적 상징성」, 『새국어교육』 66, 한국국어교육학회, 2003, 419–440면. ; 이성주, 「사회의식에서 본 정석가」, 『인문학연구』 7, 가톨릭관동대 인문과학연구소, 2004, 5–23면. ; 이정선, 「정석가의 소재의 의미와 구조로 본 사랑과 그 한계」, 『영남학』 29, 경북대 영남문화연구원, 2016, 313–340면.

3 김상억, 「정석가 고」, 『고려가요연구』, 새문사, 1982, Ⅰ·155–Ⅰ·177면. ; 박진태, 「만전춘 별사와 정석가의 구조」, 『인문과학연구』 2, 대구대 인문과학연구소, 1983, 31–41면. ; 이규호, 「정석가식 표현과 시간의식」, 『국어국문학』 92, 국어국문학회, 1984, 109–139면. ; 박노준, 『고려가요의 연구』, 새문사, 1990, 62–89면. ; 김미영, 「정석가의 의미소통구조에 관한 연구」, 『연세어문학』 26, 연세대 국어국문학과, 1994, 65–84면. ; 윤성현, 「정석가의 구조와 의미형상 기법」, 『동방학지』 101, 연세대 국학연구원, 1998, 109–138면. ; 조하연, 「정석가의 구조와 상상력」, 『선청어문』 40, 서울대 국어교육과, 2012, 667–689면.

4 윤철중, 앞의 논문. ; 신은경, 「서경별곡과 정석가의 공통 삽입가요에 대한 일고찰」, 『국어

등에서 논란이 이어져 왔다.

작품의 주 내용은 절대 불가능한 일이 실현되어야만 님과 이별할 수 있다, 곧 님과는 절대로 이별할 수 없다는 뜻을 네 번에 걸쳐 반복한 것이다. 이러한 주제와 표현이 민요에서 나온 것인지 개인 창작에 의한 것인지에 따라 작품의 성격도 민요 또는 개인 서정시로 달리 이해할 수 있다. 대부분의 논의는 민요의 발상과 표현 방식에서 유래한 노랫말을 궁중의 속악 연주에 알맞게 개작하여 엮었다고 보고 있다. 그러나 궁중 연향의 상황과 분위기에 맞추어 어느 개인이 창작하였을 가능성도 배제하기 어렵다.[6] 이와 관련하여 좀 더 깊이 있는 논의를 통해 작품에 대한 정합적, 구체적, 역사적 이해를 진전할 필요가 있다.

본고는 작품의 소재[7]와 구조에 주목한다. 전체 6연의 작품에서 각 연은 '돓, 셰몰애, 옥, 므쇠, 므쇠' 등 재료의 성격을 띤 소재가 분명하게 나타나 있다. 뿐만 아니라 각각의 이것들과 관련된 '밤, 련ㅅ곶, 텰릭, 한쇼' 등도 시적 형상화를 위한 중심 소재이다. 두 부류의 소재들은 범주 안과 범주 사이에서 일정한 관계를 지니는 것으로 보인다. 이에 소재 간에 유의미한 관계를 탐색하여 정합적인 의미 맥락을 구성해 볼 수 있다. 소재들의 공통점과 관계성, 표현 내용의 문맥적 상황, 의미의 구조적 짜임새 등을 살펴서 작품의 주제와 성격을 좀 더 구체적으로 드러내려는 것이다. 이를 바탕으로 작품이 창작, 향유되었을 상황과 배경까지도 추정할 만하다.

국문학』 96, 국어국문학회, 1986, 205–232면. ; 유종국, 「정석가의 편사에 대한 양식비평적 고찰」, 『국어문학』 43, 국어문학회, 2007, 175–203면.

5 박재민, 「정석가 발생시기 재고」, 『한국시가연구』 14, 한국시가학회, 2003, 5–28면. ; 임주탁(2003), 앞의 논문.

6 김상억, 앞의 논문, Ⅰ · 174– Ⅰ · 175면. ; 임주탁(1996), 앞의 논문, 64면.

7 김상억, 이성자, 임주탁(2003), 조하연, 이성선 등의 논문에서 서로 다른 시각으로 소재론을 펼친 바 있다.

논의 과정에서 기존의 연구 성과를 비판적으로 수용할 것이다. 소재 사이의 관계를 찾는 데 필요한 자료의 검토도 이루어진다. 무엇보다도 작품 자체의 면밀한 분석에 집중하여 소재와 구조를 중심으로 한 의미 맥락을 구성해 내고자 한다.

2. 소재 간의 관계

1) 재료적 소재들의 관계

먼저, 작품 제1~5연의 첫 행만을 인용하면 다음과 같다.[8]

제1연: 딩아 돌하 當今당금에 계샹이다

제2연: 삭삭기 셰몰애 별헤 나ᄂᆞᆫ

제3연: 玉옥으로 蓮련ㅅ고ᄌᆞᆯ 사교이다

제4연: 므쇠로 텰릭을 ᄆᆞᆯ아 나ᄂᆞᆫ

제5연: 므쇠로 한쇼를 디여다가

위에서 보듯이 '돓, 셰몰애, 옥, 므쇠, 므쇠'가 중심 소재로 나온다. 이

8 작품은 김명준, 『악장가사 주해』, 다운샘, 2004, 부록, 16–18면, 104–106면, 182–184면에서 표기를 대조하여 인용한다.

것들이 광물로서 공통된다는 것은 여러 차례 지적되었고 광물이 갖는 물질적 속성과 문화적 배경에 의거하여 그 상징적 의미가 논의되기도 하였다.[9] 그런데 왜 하필 광물만 취하였을까 하는 문제는 여전히 해명이 필요한 과제이다.

제1연의 '딩돌'은 작품의 제목인 '정석(鄭石)'과 관련지어 논의되었다. 한자의 훈과 음인 '돌'과 '석(石)'은 악기 '경(磬)'에 대한 우리말과 한자 표기로 이해된다. 그 앞의 '딩'에 대해서는 제목의 '정(鄭)'과 관련짓기도 하고 다른 말로 보기도 한다.[10] 일단 대체적인 동의가 이루어진, '돌 석'이 '경'의 우리말 및 한자 표기라는 점에 대해 좀 더 살펴보기로 하겠다.

사전에서 '경(磬)'과 '석(石)'을 찾으면 '경쇠(磬-)'의 다음 뜻 중 세 번째 것으로 나온다.

1. 점을 치는 일을 직업으로 삼는 맹인이 경을 읽을 때 흔드는 놋 종지 모양의 작은 방울.
2. 놋으로 주발과 같이 만들어, 복판에 구멍을 뚫고 자루를 달아 노루 뿔 따위로 쳐 소리를 내는 불전 기구.
3. 틀에 옥돌을 달아, 뿔 망치로 쳐 소리를 내는 아악기(雅樂器).[11]

경쇠의 세 번째 뜻에 따라 '돌'이 뜻하는 '경'은 '편경(編磬)' 또는 '특경(特磬)'에 해당하는 말로 풀이되어 왔다. 그러나 무속과 불교의 의식에서

9 광물가공적 비유, 광·식물, 광·동물의 혼합 소재(김상억, 앞의 논문, Ⅰ·172–Ⅰ·173면.), 제2·3연 돌은 경(磬), 제4·5연 쇠는 종(鐘)의 악기 질료(이경자, 앞의 논문, 279–280면.), 밤→옥→쇠로 강화된 단단함을 기반으로 한 영원성(이정선, 앞의 논문, 318면, 325면) 등을 논하였다.

10 대부분의 어석에서 '정(鄭), 정(鉦), 딩'을 관련지었으나 이경자, 앞의 논문, 276면에서 '정(鄭)'과 '딩'을 다른 말로 보았다.

11 국립국어원, 『표준국어대사전』, '경쇠' 항목.

사용되는 첫 번째와 두 번째 뜻의 경쇠도 소리를 내는 악기이므로 '돌'이 이에 해당하는지 검토할 필요가 있다. 경쇠가 기역 자의 판 모양인 (편/특)경뿐 아니라 종지나 주발 모양의 경을 뜻하는 말임은 아래의 기록에도 나온다.

> 경은 옥돌의 굽은 것이다. 지금 절에서 모두 작은 종을 경이라 하고 우리말로는 경쇠라고 하는데 – 쇠는 금이다. – [유래를] 알 수 없다. 『제서』「백관지」에 '태조가 철경(鐵磬)을 만들다.' 하였고, 이기(690?–751)의 시에 '낙엽이 금경(金磬) 소리에 맞추다.' 했으며, 『운산잡기』에 '청동경(靑銅磬)'이 있으니 [이것들은] 중국 고유의 금경이다. 그러나 거(倨, 긴 변)와 구(句, 짧은 변)로 꺾여 양쪽 가닥이 잇닿은 것은 석경(石磬)과 같을 뿐 종을 경이라 하지는 않는다. 송기(998–1061)의 『필기』에 '지금 중들이 가지고 다니는 동발(銅鉢)을 경이라 이름한다.' 했으니 또한 거와 구가 있는 것만을 경이라 하지는 않았다. 우리나라 사람은 처마 끝에 작은 발(鈸)을 둥근 목탁처럼 매달아 바람을 맞으면 소리 나게 하는데 이것을 풍경(風磬)이라 한다. [이] 또한 잘못이다.[12]

정약용(1762–1836)은 경이 거와 구로 굽은 옥돌을 지칭한다고 하였다. 절에서 쓰는 작은 종도 경쇠라 하는데 그 유래는 알 수 없고 처마에 다는 발을 풍경이라 하는 것은 잘못이라고 하였다. 그러면서 송기의 저술에서 동발을 경이라 한 예를 들어 송나라 때 종지 모양의 그릇을 경이라 하였음을 지적하였다. 경과 경쇠·풍경을 구분하려는 의도이지만 경이라는

---

12 정약용, 『아언각비』 2, 「磬」. 磬者 玉石之倨句者也 今之僧院 皆以小鍾爲磬 方言云磬衰 衰者金也 不可知也 齊書百官志 太祖造鐵磬 李頎詩曰墜葉和金磬 雲仙雜記有靑銅磬 中國固有金磬矣 然其倨句曲折 兩股相比 則同於石磬 不至以鍾而爲磬也 宋祁筆記云今浮屠持銅鉢 亦名爲磬 則又不必倨句者爲磬也 東人簷端小鈸 垂丸如鐸 風觸作聲 名之曰風磬 亦誤.

용어가 송나라 때나 우리나라에서 혼용되었음을 드러낸 것이다. 이와 함께 경의 재료로 옥돌 외에도 철, 금, 청동 등이 쓰였음도 보여 주고 있다.

제1연의 '돌'이 뜻하는 '경'이 종지, 주발 모양의 경쇠일 가능성에 대해 다음의 '사경(砂磬)' 관련 기록으로써 좀 더 자세히 살펴볼 수 있다.

> 매번 달밤에 뭇 움직임이 멈추면 사경을 쳐 자신[의 뜻]을 부치니 눈물을 흘리지 않는 이가 없었다. 지금의 태악서에 사경이 전하는데 그 소리가 공에게서 시작하였다.[13]

> 음률[의 조예] 또한 높아서 고악보의 여러 곡을 통달하지 않은 것이 하나도 없어 음영과 가창이 모두 절주에 맞았다. 매번 달밤에 사기(沙器)를 벌여 놓고 물을 담아서 꽃나무 가지로 높고 낮게 치면 소리가 맑고 멀리 퍼져 높이 구름 하늘에 들어가니 듣는 이가 격동하였다……익녕군 이하 여러 대에 덕을 쌓아 호사를 물리치고 비단옷을 벗어 버리고 몸소 학문에 노력하여 사대부 가문이 되었다. 거문고 켜고 경을 두드리며 매일같이 선왕의 풍화를 노래하였는데 공에 이르러 발전이 더욱 컸다.[14]

> 그렇다면 철, 모래로도 경을 만들 수 있다. – 호시승 『진주선』에 '양나라에서 방향(方響)의 제도로써 동경(銅磬)을 만들고 남제에서 경고(更鼓)를 철경(鐵磬)으로 바꾸다.'고 했으니 금부에도 경이 있다. 지금 중이 치는 동발 또한 경이라 하는데 본명을 잊은 것이다. 우리나라 함천군이 사경을

13 허목, 『기언』 45, 「咸川君墓誌銘」. 每月夜 群動既息 擊砂磬以自寓 人無不出涕者 今太樂傳砂磬 其聲自公始也.

14 정온, 『동계집』 4, 「贈純忠積德補祚功臣顯祿大夫咸川君墓誌銘 幷序」. 音律亦高 古樂譜諸曲無一不通 吟詠歌唱 皆中節奏 每於月夕 排沙器盛水 以花枝 高低擊之 其聲寥亮 高入雲霄 聽者激聳……自益寧以下 累世積德 斥豪奢 擺紈綺 劬躬績學 爲士大夫家 彈琴鼓磬 日詠先王之風 至於公 其發益大.

잘 쳤으니 태악서에 사경이 전하는 것은 공에게서 시작하였다.–[15]

태종의 아들 익녕군 이치(1422–1464), 그 아들 수천군 이정은(?–?), 손자 함천군 이억재(1503–1585)로 이어진 종실 가문의 음악 전수에서 거문고에 능했던 이정은에 이어 이억재가 사경의 연주에 뛰어났음을 기록한 것이다. 위에서 보듯이, 사경 연주는 '사기를 벌여 놓고 물을 담아서 꽃나무 가지로 높고 낮게 치'는 방식이다. 그 소리는 맑고 높아 듣는 이를 울리거나 격동케 하였다. 사경을 연주하는 것은 본인의 뜻을 부치고 선왕의 풍화를 노래하기 위해서였다. 이로써 사경은 가는 모래로 만든 그릇 모양의 악기로서 여러 개를 벌로 배열하고 물을 담아 몸통의 위아래를 치며 연주함을 알 수 있다. 청자의 반응으로 보아 노래 연주에 장단을 맞출 뿐 아니라 가락을 이루어 감정에 호소하는 연주임도 짐작이 간다.

이억재의 사경 연주를 주목하는 것은 제2연 첫 행의 '셰몰애' 때문이다. 제1연의 '돌ㅎ'이 판판한 경이 아니라 오목한 경쇠를 뜻하는 것일 수 있다면, 제2연의 '셰몰애' 즉 가는 모래는 경쇠 중에서 사경의 재료로 볼 수 있다. 이 관점을 연장해 적용하면 제3연의 '옥'은 옥경(玉磬), 석경의 재료, 제4, 5연의 '므쇠'는 철경, 금경, (청)동경 등의 금속을 포괄하는 재료라고 할 수 있다. 그리하여 제2~5연의 '셰몰애, 옥, 므쇠, 므쇠'라는 광물적 소재는 오목한 경쇠의 여러 재질인 가는 모래, 옥돌, 금속 등을 칭한 것으로 여겨진다.

사경 연주에 이어 옥경 연주에 대해서는 다음의 기록을 참조할 수 있다.

---

15 이규경, 『오주연문장전산고』 인사편·기용류, 樂器, 「石磬琴魚石磬辨證說」. 如是則鐵砂可爲磬–胡侍承 眞珠船 梁因方響之制爲銅磬 南齊易更鼓爲鐵磬 則金部亦有磬 今釋氏所擊銅鉢亦謂之磬 忘其本名也 我東咸泉 善擊砂磬 太樂傳砂磬 自公始–.

> 나는 친구 오경보, 이윤지와 더불어 경을 치기를 좋아하였다. 내 일찍이 경보의 작은 누에 '옥경'이라 편액을 써 주고 매번 한가한 날에 서로 어울려 두드리고 쳐서 그 소리를 듣는 것으로 낙을 삼았다.……경보가 필화를 입어 북쪽으로 유배되어 삼강역에서 죽으니 내가 차마 다시는 경루를 지나가지 못했다. 드디어 중간의 언덕에 기대어 작은 정자를 지어서 경보의 마음을 이루어 주었다. '경심'이라 편액을 붙이고 가운데에 옛 석경을 매달아 두었다. 매번 강산이 고요하고 적막하거나 시절의 풍경이 변하여 슬퍼하고 기뻐할 만하면 윤지와 더불어 석경을 쳐 소리를 내어 무심히 들으며 스스로 걱정을 잊었다.[16]

이인상(1710-1760)이 친구와 함께 옥경을 연주하고 그 소리를 즐겼다는 것이다. 누각이나 정자에 옥경을 매달아 두고 두세 사람이 돌아가며 그것을 쳐서 연주하는 모습이 나타나 있다. 기록만으로는 매단 것이 판판한 옥경인지 주발 모양의 옥경인지 알 수 없다. 그러나 특경 또는 편경의 한 쪽이라면 이것은 한 음만을 내는 악기이므로 위와 같이 두세 사람이 돌아가며 연주할 때의 차별성을 가지지 못할 것이다. 또 편경의 재료는 구하기 힘든 것이어서 정자에 걸어 두고 지나가는 사람들에게 개방할 만한 물건이 아니다. 이에 주발을 뒤집어 놓은 모양의 옥경을 정자 대들보에 매달아 놓고, 사경 연주와 같이 몸통의 위아래를 치면서 가락 있는 소리를 낸 것으로 보아야 한다. 이 기록은 18세기의 것이라서 고려 시대로 소급해 추정할 만한 연주 방식을 나타내고 있지 않다. 다만 이억재 관련 기록과 더불어 생각하면, 사경과 옥경이 귀족이나 사대부의 음악

16 이인상, 『능호집』 3, 「磬心亭記」. 余與友人吳敬父李胤之 性好擊磬 余嘗扁敬父小樓曰玉磬 每於暇日 相與敲擊而聽之 以爲樂焉……敬父言事北遷 歿于三江 余不忍復過磬樓 遂作小亭倚中皋 以遂敬父之心 扁之曰磬心 中懸古石磬 每當山靜江空 時物變遷 可悲可喜 則輒與胤之擊石發聲 聽之以無心 以自忘情焉.

취미를 위한 도구로 쓰인 점은 고려 시대까지 소급해 보아도 될 듯싶다.

철경, 금경, (청)동경에 관해서는 앞에서 『아언각비』와 『오주연문장전산고』의 기록에도 나왔다. 이에 더하여 다음 기록을 참조할 만하다.

> 병기인즉, 요령[鉦]·소라[鑼]·쨍과리[鐃]·징[鐲]·나팔(喇叭) 등은 모두 전환서에서 만들도록 한다. 비록 3영문의 것이라도 모두 본서에서 만들어 가며 외방 12성도 모두 본서에서 가져다가 쓴다. 악기인즉, 크게는 종과 큰 쇠북[鎛], 작게는 중들이 쓰는 경쇠[磬]와 무당이 치는 요령[鉦] – 옛 시에도 중들이 쓰는 작은 종을 동경(銅磬)이라 하였다. – 을 모두 전환서에서 만든다. 비록 장악원에서 쓰는 것이라도 모두 본서에서 만들어 가며, 외방 12성과 여러 사찰에서까지 모두 본서에서 가져다 쓴다.[17]

이 책에서도 정약용은 '승경 무정(僧磬巫鉦)'이라 표현하면서 옛 시에 중의 작은 종을 동경이라 한다고 주를 달았다. 구리와 주석의 합금으로 만든 경쇠인 동경도 종 모양의 것을 지칭하는 말인 것이다. 앞에 인용한 기록에서 (청)동경은 철경, 금경과 함께 기역 자의 판판한 석경과 같은 모양이라 하였다. 그렇다면 이것들은 옥경과 마찬가지로 판판한 것과 오목한 것 둘 다 지시하는 말로 생각된다.

기록 중에 '무정(巫鉦)'의 '정(鉦)'은 요령이고 징은 따로 '탁(鐲)' 자로 칭하고 있음에 유의할 필요가 있다. 작품 제목 '정석'의 '정(鄭)'을 '정(鉦)'의 음을 따 성씨로 의인화하였다는 해석이 있어 왔다. 이 경우 '정(鉦)'은 '딩아 돌하'의 '딩'(징[釘, 못]의 고어)과 동음인 징이라는 악기를 뜻한다고

---

17 정약용, 『경세유표』 2, 「冬官工曹」 6, 典圜署. 戎器則鉦鑼鐃鐲喇叭之屬 皆自典圜署鑄之 雖三營門 皆於本署鑄去 外達于十二省 皆取用於本署 樂器則大而鍾鎛 小而僧磬巫鉦-古詩亦 以僧之小鍾 爲銅磬-皆自典圜署鑄之 雖掌樂院 皆於本署鑄去 外達于十二省諸寺刹 皆取用於本署. 인용문은 한국고전번역원의 번역을 가져왔다.

본 것이지만, 편편한 경이든 오목한 경쇠이든 경과 병치된 것으로서 징은 어울리지 않는다. 이보다는 위의 기록처럼 비슷한 모양인 요령이 경과 나란히 칭해질 만하다.

여기서 무속에서 쓰는 오목한 경쇠 모양의 '정주(鉦-), 정쇠(鉦-)'를 주목할 수 있다.[18] 이것을 가지고 추는 춤을 '정주춤, 정쇠춤'이라고 한다. '정의아비'라는 고어도 있는데 허수아비를 뜻한다. 그 어원을 '정(鉦)의 아비', 즉 요령이 달린 허수아비로 볼 수 있을 듯하다. '정(鉦)'에 접미사나 조사가 붙어 '정-주, 정-쇠, 정-의 아비'가 형성되는 것과 같은 맥락에서 '정-석, 정-돌'이라는 어휘가 만들어질 여지가 있다. 그렇다면 '정석(鄭石)'은 '경쇠[石]'를 강조하려고 '요령[鉦]'을 덧붙여 '정(鉦)-석(石)'이라 한 말에서 '정(鉦)' 대신에 동음의 '정(鄭)'씨 성을 붙여 의인화한 단어로 볼 수 있다. 그렇다면 제목 '정석가'는 중심 소재로는 '경쇠의 노래', 의인화된 인명으로는 '[경쇠 악사] 정석(정돌, 정경쇠)의 노래'로 풀이할 수 있다.

'정석'을 '징과 경'이 아니라 '경쇠'로 이해하면 '딩아 돌하'의 '딩'을 '징'으로 보기는 어렵다. 앞서도 지적했듯이 '딩'은 '징'(못)의 고어인데 경쇠와는 악기 '징'보다도 거리가 멀다. 뒤의 '돓'과의 관계를 생각하면 '딩아'는 '돓'을 수식하는 악기 구음으로 본 견해가[19] 적절하다고 할 수 있다. 이와 관련하여 채록 민요 속의 다음 구절이 주목된다.

> 사모에 달 풍경아
> 딩경 소리 요란하다[20]

---

18 국립민속박물관, 『한국민속대백과사전』, '정주'. ; 음악사연구회, 『네이버 악기백과』, '정주' 참조. ; 최진아, 「무속의 물질문화 연구」, 한국학중앙연구원, 박사 논문, 2008, 34-35면.

19 이경자, 앞의 논문, 271-274면.

20 박재민(2012), 앞의 논문, 56면.

인용문의 '딩경 소리'는 문맥상 풍경 소리를 '딩 하고 울리는 경 소리'라고 말한 것이다. 이 '딩경'은 '딩아 돌하'에서 '돓[磬]'을 음성상징어 '딩아'가 수식하는 것과 같은 짜임새의 말이다. '딩'과 '딩아' 모두 경쇠 소리를 구음으로 표시한 것으로 이해된다.

또 하나 생각해 볼 것은 제4, 5연의 '므쇠'이다. 두 연에 나온 단어를 이제까지 같은 뜻의 '무쇠'로 보았으나 각 연이 경쇠의 재료들을 소재로 한 것이라면 같은 재료를 반복하지는 않았을 것이다. '므쇠'는 '믈+쇠'의 ㄹ탈락 형인데, '믈'은 '물'의 중세어이지만 '므르다/므ᄅᆞ다'의 어간 '므르/므ᄅᆞ-'(軟)의 축약 형으로도 볼 수 있다. 따라서 '므쇠'는 '믈+쇠>므쇠'와 '므르/므ᄅᆞ-+쇠>믈쇠>므쇠'의 두 가지로 풀이할 수 있다. 그런데 '·쇠'에 붙는 '·믈'은 거성인 데 비해 '므ᄅᆞ-'는 평성으로[21] 서로 달라서 성조에 의해 '·므·쇠'와 '므·쇠'의 구분이 가능하다. 이에 '므쇠'는 금속을 대표하는 쇠의 강도가 센 것(강철强鐵/鋼鐵)과 무른 것(연철軟鐵)의 뜻으로 각각 쓰였다고 볼 수 있다.

제4, 5연에는 '므쇠' 외에 '철사(鐵絲), 철수산(鐵樹山), 철초(鐵草)'가 '쇠-'의 의미를 지니고 있는데 이 경우의 '철(鐵)-'은 '쇠'의 통칭이다. 그에 비해 '므쇠'는 의도적으로 구분된 의미를 갖는 듯하다. 제4연이 쇠를 옷감으로 삼아 '텰릭을 ᄆᆞᆯ아', '주롬 바고이다'라고 했으니 바느질하기에 수월한 '므쇠'는 연성(軟性)일 가능성이 높다. 제5연은 '한쇼를 디어다가'라고 하여 쇠로 황소 형상을 만드는 데 뭉텅이로 빚음으로써 섬세한 바느질에 비해 경성(硬性)이어도 무방하다. 이에 제4연의 '므쇠'는 '무른쇠', 제5연의 '므쇠'는 '무쇠'로 이해된다. 두 연의 '므쇠'는 평성과 거성의 성조 차이에 따라 구분되어 청자에게 수용되었을 것이다. 같은 말의 두 가지 뜻을 각 연에서 활용한 것은 시어의 함축적 의미에 대한 청자의 관심을 끌기 위

---

21 유창돈, 『이조어사전』, 연세대출판부, 1995, 해당 항목 참조.

한 작자의 창작 기교이겠다.

이상의 논의를 정리하면 다음과 같다. 제1연 '딩아 돌하'의 '돓'은 제목 '정석(鄭石)'의 '석'과 함께 '경(磬)'을 뜻하는 말이다. '경'은 기역 자의 판판한 경와 주발 모양의 오목한 경쇠를 둘 다 지칭하지만 '정석'을 '정(鉦)'과 '석(石)'의 중복 표현으로 보아 경쇠를 강조한 말, 그리고 그로부터 의인화한 말로 볼 수 있다. 이럴 경우 '딩아'는 악기의 구음으로 뒤의 '돓'을 수식하는 말이 된다. 이렇게 제1연의 '돌'을 오목한 경쇠로 보면 제2~5연 첫 행에 나온 '가는 모래, 옥, 무른쇠, 무쇠' 등은 사경, 옥경·석경, 철경·금경·동경 등 경쇠의 재료라는 공통점이 있다. 소재상으로는 제1연의 '돌'이 포괄적 명칭이 되고 제2~5연의 '가는 모래, 옥, 무른쇠, 무쇠'가 각각의 광물적 소재를 지칭하는 말들이라 할 수 있다.

소재의 지시 대상과 소재 간의 관계를 바탕으로 작품의 창작 배경을 추정할 만하다. 이 작품은 경쇠 전문 악사인 어떤 경사(磬師)가 자신이 연주하는 여러 경쇠의 재료를 소재로 취하여 연향의 분위기에 맞추어 창작한 노래로서 '경쇠의 노래'라고 할 수 있다. 마침 경사의 성이 정씨라면 그의 별명이 '정돌, 정경쇠'일 수가 있으므로 '[경사] 정돌의 노래, 정경쇠의 노래'가 되기도 할 것이다.

2) 형상적 소재들의 관계

이번에는 불가능한 사건을 표현한 제2~5연의 제1~3행을 인용해 본다.

제2연 : 삭삭기 셰몰애 별헤 나는
구은 밤 닷 되를 심고이다
그 바미 우미 도다 삭 나거시아

제3연 : 玉옥으로 蓮련ㅅ고즐 사교이다
바회 우희 接柱졉듀ᄒᆞ요이다
그 고지 三同삼동이 퓌거시아

제4연 : 므쇠로 텰릭을 몰아 나ᄂᆞᆫ
鐵絲텰ᄉᆞ로 주롬 바고이다
그 오시 다 헐어시아

제5연 : 므쇠로 한쇼를 디여다가
鐵樹山텰슈산애 노호이다
그 쇠 鐵草텰초를 머거아

앞에서 제2~5연의 광물 소재가 경쇠의 여러 재료라는 공통점과 관계성을 지닌 것에 대해 논하였다. 이러한 관점을 불가능한 사건의 표현에 사용된 소재에도 적용해 볼 만하다. 그렇게 하면 '밤, 연꽃, 철릭, 황소'라는 형상적 소재들과의 관계부터 살필 수 있다. 이것들은 '가는 모래- 밤, 옥 - 연꽃, 무른쇠 - 철릭, 무쇠 - 황소'로 연결되어 있는데 재료적 소재와 형상적 소재의 관계가 필연적인 것은 아니다. 이보다는 '밤 - 굽다 - 심다, 연꽃 - 새기다 - 접주하다, 철릭 - 마르다 - 주름 박다, 황소 - 짓다 - 놓다'의 체언과 서술어로 이루어진, 행위들 사이의 관계에서 공통점을 찾을 수 있다.

서술어를 보면 어떻게 하여 무엇을 만들어 내는 내용이다. 밤과 연꽃은 식물인데 그것을 '심다, 접주하다'라고 하여 재배하는 모습이 나타난다. 철릭은 옷인데 천을 '마르다', 주름을 '박다'의 행위를 하여 지어 낸 것이다. 동물인 황소는 '놓다'와 연결되는데 이어지는 행의 '그 소가 철초를 먹어야'를 고려하면 소를 놓아기른다는 의미가 강하다. 이러한 표현들은 식물을 재배하고, 동물을 사육하고, 의복을 재단하여 봉제하는 등 일상생활에 관련된 물질과 행위에 대한 것이라는 공통점을 갖는다.

그런데 밤을 굽는 것과 연꽃을 접붙이는 것 사이에는 차이가 있다. 같은 식물이지만 앞의 것은 먹는 것에, 뒤의 것은 관상(觀賞)하는 것에 해당하기 때문이다. 먹는 것과 관상하는 것은 일상의 행위인데 관상 쪽에 비중을 두고 보면 이는 중세의 일반 민중이 일부러 시간을 내어 하기는 어려운 일이다. 밤을 구워 먹는 것과 연꽃을 보고 즐기는 것을 둘 다 할 수 있는 사람은 여유가 있는 부류의 인물일 것이다. 옷을 만드는 것도 일상복이 아니라 무사가 입는 철릭을 만드는 것이기에 민중의 생활과는 거리가 있다. 황소를 산에다 풀어 놓고 풀을 먹여 기른다는 것도 농민이 농사를 짓기 위해 소를 기르는 것과는 상당히 다른 양상이다.

이렇게 보면, 밤을 굽고 연꽃을 접붙이고 철릭을 말라 주름 박고 황소를 놓아기르고 하는 것은 일반 백성의 삶보다는 귀족층의 연회에 관련된 행위들로 보인다. 궁중의 연향에서 나올 법한 음식, 관상을 위한 꽃, 잔치자리를 지키는 무사, 방목된 황소와 그것으로 만든 요리 등을 그려 볼 수 있다. 그리하여 이 소재들은 일정한 의미 범주로 한정되어 있음을 알 수 있다. 작품 창작의 배경 및 동기도 이러한 의미 범주 내에 있을 텐데 아마도 연향의 현장에서 창작되어 불린 것이라고 여겨진다. 이러한 관점에서 각 연의 소재와 내용을 설명해 보면 다음과 같다.

제2연은 사경의 재료인 '가는 모래'로 된 벼랑에 '구운 밤 닷 되'를 심는다고 하였다. 그리고 '그 밤이 움이 돋아 싹[이] 나'는 일을 가정하였다. 궁중 연향에서 사경을 연주하는 장면을 떠올려 보면, 이는 연향의 음식상에 놓인 밤을 소재로 하였을 가능성이 있다. 밤만으로 한 그릇을 채웠을 수도 있고 다른 음식에 고명으로 올린 것일 수도 있다. 연주의 도구인 사경과 음식인 밤을 어우러지게 하여 불가능한 사건을 그려 보았다고 하겠다.

제3연은 옥경의 재료인 '옥'으로 '연꽃'을 '새긴다'고 하였다. 연꽃은 불교의 상징이기도 하지만 연못이라 칭하듯이 못에 피는 대표적인 꽃이기도 하다. 궁중의 연못은 일반적으로 삼신산과 같은 상징성을 띤 석가산을 만들고 그 주위의 땅을 넓게 판 곳에 물을 채운 것이다. 연꽃을 '바위 위에 접주(接柱)한다'는 표현은 그와 같은 궁중 연못을 배경으로 연상해 보았다고 생각된다.

이어지는 제3행 '그 꽃이 삼동(三同)이 피어야'에서 '삼동'의 해석이 논란이 되었다.[22] 기존 해석 중에서 '세 동(묶음)'으로 보면 연못 가운데 있는 석가산의 굽이진 세 군데, 또는 삼신산을 연못 속 세 지점에 조성했을 경우의 그 세 곳에 무더기로 피어 있는 연꽃 더미를 떠올리게 된다. 그리하여 제3연의 '연꽃'과 '바위'는 궁중 원지(園池)를 장식한 소재들로 볼 수 있다.

제4연은 철경·금경·동경의 금속 재료 중 강도가 무른 '무른쇠'로써 '철릭을 말라'라고 하였다. 철릭은 무사가 입는 옷이다. 무른쇠로 된 천을 마르고 철사로 주름을 박아서 완성한 철릭이다. 바느질은 기본적으로 여성의 일이니 이 표현 속에는 무사의 옷을 만드는 여성이 상정되어 있다. 이 옷을 입은 무사는 연향이 벌어지는 궁궐 주위에서 호위를 서는 군사를 연상시킨다. 이렇게 보면 철릭이라는 표현도 궁중 연향의 분위기에서 벗어난 것이 아니다.

제5연도 철경·금경·동경의 금속 재료 중 강도가 센 '무쇠'를 가지고 '황소를 지어다가 / 철수산(鐵樹山)에 놓는다'고 하였다. 황소는 철로 된 나무와 풀이 자라는 산에서 방목되었다. 이렇게 길러졌기에 이 황소는 논밭을 가는 황소와는 구분된다. 그보다는 축산의 소, 즉 식용 고기로

22 박재민, 「정석가 주석 재고와 문학적 향방(1) – '삼동, 삭삭기'를 중심으로」, 『고전과 해석』 12, 고전문학한문학연구학회, 2012, 7–31면.

사용할 소로 생각된다. 그러한 황소가 나무와 풀이 있는 산에서 풀을 뜯어 먹어 살이 피둥피둥 찌는 모습을 떠올릴 수 있다.

이와 같이 제2~5연에서 불가능한 일을 표현한 소재들은 모두 궁중의 연회에서 취하거나 연상할 수 있는 것으로 구성되었다. 그리하여 이 소재들의 공통된 의미 범주를 연향의 자리로 한정할 수 있다. 이러한 소재상 공통점의 연장선상에서 제6연의 '구슬'에 대해 논할 수 있다.

제6연 : 구스리 바회예 디신ᄃᆞᆯ
긴힛ᄃᆞᆫ 그츠리잇가

여기서 '구슬'은 제3연의 '옥'과 연관 지어 나온 소재로 보인다. 이와 함께 제4연의 '철릭'과도 관련을 맺고 있다고 생각된다. 철릭이 무사의 옷인 데 비해 구슬은 여자의 차림새를 장식하는 목걸이, 귀고리, 팔찌 등의 재료이다.[23] 연향의 자리에 있는 호위 무사에 대비되어 춤추고 노래하는 기녀나 참석자인 귀족 여성에게 부착된 장식품이라 할 수 있다.

제3연에서 '옥'으로 연꽃을 만들어 '바위' 위에 접붙인다고 했는데 여기서는 '구슬'을 '바위'에 떨어뜨린다고 하였다. 앞의 바위를 연못 가운데의 석가산과 같은 인공물로 볼 수 있는 것처럼 이 바위도 인공물일 가능성이 있다. 건물 앞의 널찍한 섬돌이나 정원에 조성된 조경석 등을 생각해 볼 수 있다. 공연을 하는 기녀 또는 잔치에 참석한 여성이 실수로 목걸이나 귀걸이, 팔찌 따위를 바위에 떨어뜨려 '끈'에 꿰어 있던 '구슬'이 깨어지는 상황을 설정한 것이다.

이렇듯 제6연이 작품 전체의 의미 맥락과 정합적인 관계를 맺고 있다

23 이제현의 한역시 '縱然巖石落珠璣 纓縷固應無斷時 與郎千載相離別 一點丹心何改移'(『익재난고』 4, 「소악부」)의 '주기(珠璣)'와 '영루(纓縷)'에서도 이 점을 시사받을 수 있다.

면 이 연은 본래부터 작품에 속해 있었다고 봄이 타당할 것이다.[24] 이 작품의 한 연으로 있던 것이 이별의 상황에서 님을 믿고 따르겠다는 화자의 다짐을 표현한 〈서경별곡〉에 인용되었으리라 추정한다.[25]

3. 작품의 의미 구조

앞에서 논한 소재들의 관계성을 염두에 두고 작품의 의미 구조를 살펴보고자 한다. 반복구가 갖는 연행상의 역할이 있겠으나 여기서는 그것을 제외하고 의미부만을 대상으로 고찰하겠다. 전 6연의 작품에서 제1연은 2행, 나머지는 4행으로 이루어졌는데 의미상 제2~5연은 2+1+1행으로, 제6연은 2+2행으로 분석된다. 제2~5연의 마지막 제4행에는 의미부를 이루면서 후렴구로도 기능하는 '有德유덕ᄒᆞ신 님(믈) 여히ᄋᆞ와 지이다'가 붙어 있다. 전체적으로는 서사, 본사, 결사의 3단 구성으로서 제1연이 도입부, 제2~5연이 전개부, 제6연이 결말부라고 할 수 있다. 2행으로 시상을 도입하여 2+1+1행의 전개부를 진행한 다음에 2+2행으로 결말을 맺은 것이다.

딩아 돌하 當今당금에 계샹이다
先王션왕 聖代셩ᄃᆡ예 노니ᄋᆞ와 지이다

---

24 이러한 이해는 이 작품을 '완결된 한 편의 문학 텍스트'(임주탁(1996), 앞의 논문, 58면.), '유기적 구조'(조하연, 앞의 논문, 683–687면.)로 본 견해들의 연장선상에 있다.

25 이는 제6연이 '독립가요'로서 〈서경별곡〉과 〈정석가〉에 삽입되었다거나(신은경, 앞의 논문, 209–225면.) 〈서경별곡〉의 것이 〈정석가〉에 편입되었다는(임주탁(2003), 앞의 논문, 13면.) 견해와는 다른 입장이다.

도입부인 제1연은 연향의 현장성이 반영되고 연주의 의의가 표명되었다. 제1행은 '딩아~ [하고 울리는] 경쇠여, [님이 여기] 지금에 계십니다.'라고 하였다. 정(鉦)과 경(磬)의 합성어를 의인화한 '정석(鄭石)'을 '돌하'라고 불러 지금 이곳에 '[님이] 세시는' 궁중 연향의 분위기를 의식하도록 경계시켰다. 임금이 계신 자리이므로 경쇠 연주자인 화자로서는 정중하면서도 흥취를 높이고 송축의 뜻을 표하려는 자세를 취한 것이다. 의인법과 돈호법을 써서 청중의 흥미를 유발하고 있는데 작품의 제목은 이 연에서 따왔을 것이다.

제2행은 '선왕(先王)의 성스러운 시대에 노닐고 싶습니다.'이다. '노닐다'는 '놀며 다니다'와 '계속 놀다'의 두 가지 뜻 중에서 시간 의식이 들어간 후자가 적합하다. 화자는 '돌하'라고 명명한 경쇠를 가지고 놀이를 펼치겠다고 하면서 그러는 의의가 선왕으로부터 계승된 성스러운 시대를 찬미하는 것이라고 하였다. 앞 장에서 본 이억재의 사경 연주가 선왕의 풍화를 노래하기 위한 것이라는 기록과 상통하는 대목이다. 선왕의 태평성대에 공연된 경쇠 연주가 오늘의 자리로 이어졌음을 상기한 것으로, 후속 연들의 마지막 행에서 한결같이 님을 모시겠다고 말하는 것은 이러한 계승 의식의 연장이라고 할 수 있다.

이처럼 도입부는 경쇠를 의인화하여 말 상대로 삼아 지금 이 자리의 경쇠 연주가 선왕의 성대에 놀았던 것을 계승하는 것임을 천명하였다. '돌' 즉 경쇠를 제재로 삼았음을 나타내어 이후의 전개부에서 그와 관련된 소재들을 취해 공연의 의의를 구체적으로 표현할 것임을 시사한 것이기도 하다.

제2~5연은 2+1+1행의 구성으로써 '재료와 관련한 기발한 행위 - 불가능한 사건 가정 - 가정하에 님과 이별 가능'이라는 의미 전개를 공유하고 있다. 제1연의 현장성을 이어받아 경쇠의 재료들을 소재로 하여 연향의 자리라는 의미 범주 안에서 내용을 구성하였다. 전개부의 네 연은 같은 구조와 공통된 소재 및 의미 범주 내에서 발화된 것이라 할 수 있다. 그러면서도 각 연의 소재와 내용에 차이가 있어서 병렬적이면서도 입체적으로 시상을 펼치고 있다.

> 삭삭기 셰몰애 별헤 나는
> 구은 밤 닷 되를 심고이다
> 그 바미 우미 도다 삭 나거시아
> 有德유덕ᄒᆞ신 님믈 여ᄒᆡᄋᆞ와 지이다

제2연의 제1, 2행은 '[사경의 재료인] 사각사각한 가는 모래 벼랑에 / [연향에 쓰인] 구운 밤 닷 되를 심겠습니다.'라고 하였다. 현장의 연주악기였을 사경과 구운 밤[26]에서 착상을 얻어 시적 상황을 구성하였다. 밤을 굳이 '닷 되' 심는다고 한 것은 오행(五行) 사상에서 나왔을 것이다. 오음(五音)의 음률, 오색(五色)의 음식처럼 궁중 연향을 베풀 때 공연과 차림에서 고려할 오행의 숫자가 있었을 텐데 이러한 관념을 수용하여 닷 되의 구운 밤을 모래 벼랑의 오방(五方)에 한 되씩 심는 것으로 하였다고 생각된다.

그런 다음에 제3행에서 '그 밤이 움이 돋아 싹[이] 나야'라고 하였다. 구운 밤에서 움이 돋아 싹이 나는 것은 절대 불가능함에도 그 일이 일어나는 것을 가정하였다. 구운 밤을 모래 벼랑에 심는다는 것도 상식 밖인데 그 밤에서 움이 돋는다는 것은 아예 불가능하다. 밤을 굽고 그것을 모래 벼랑에 심는다고 하여 겹겹으로 불가능한 조건을 달아서 절대 불가능한 일을 가정한 것이다.

---

26 밤은 송나라 사신 서긍도 주목한 과일이다. '고려의 과일 중에 밤은 복숭아만큼 크며 맛이 달고 좋다. 옛 기록에 여름에도 있다 하여 그 까닭을 물으니 질그릇에 담아서 흙 속에 묻으면 해를 넘겨도 상하지 않는다고 한다.'(『선화봉사 고려도경』 23, 잡속2, 토산.)

발화의 현장성을 생각해 보면 이러한 설정이 갖는 효과가 더욱 컸으리라 짐작된다. 노랫말 속의 구운 밤은 노래를 듣고 있는 사람 앞에 놓인 먹는 밤과는 청각 대 시각의 대비가 이루어진다. 또한, 알밤을 땅에 심어 움이 돋아 싹이 났다 해도 오랜 시간이 흘러야 줄기가 생기고 가지를 뻗어 나무로 성장한다. 나무에서 딴 것이 밤톨이고 그것이 요리가 되어 지금 눈앞의 상에 올라 있다. 따라서 오랜 시간 대 현재라는 시간적 대비도 인식될 수 있다. 연행 현장에서 노랫말을 들으며 느끼는 이와 같은 감각적, 시간적 대비를 통해 가정된 상황이 갖는 불가능성의 의미는 극대화된다.

그러고는 제4행에서 '유덕하신 님을 여의고 싶습니다.'라고 하였다. 앞의 불가능한 일이 벌어져야 님과 헤어질 수 있다는 것이니 이별은 절대로 있을 수 없는 일이 된다. 이러한 표현을 가정된 반어법이라 할 수 있다. 여기서의 '님'은 제1연부터 전개된 시상으로 보아 사랑하는 상대라기보다 '[임금]님'으로 보아야 할 것이다. 제1연의 현장성과 함께 '선왕성대'에 연결되어 있을 뿐 아니라 수식어 '유덕하신'이라는 칭송과 찬미는 애인보다 임금에게 더 적합하기 때문이다.

玉옥으로 蓮련ㅅ고즐 사교이다
바회 우희 接柱졉듀ᄒᆞ요이다
그 고지 三同삼동이 퓌거시아
有德유덕ᄒᆞ신 님 여ᄒᆡᄋᆞ와 지이다

제3연의 제1, 2행은 '[옥경의 재료인] 옥으로 [원지(園池)의] 연꽃을 새기겠습니다. / [석가산의] 바위 위에 접붙이겠습니다.'라고 하였다. 이번에는 옥과 함께 궁중 원지의 소재를 가지고 표현하였다. 연향의 장소는 참석자의 흥취를 돋우기 위해 주변 풍경이 아름다운 곳이 선택될 것이다.

건물에 딸린 정원이 가꾸어져 있다면 연향 중에 경치를 감상하며 즐길 수 있다. 이에 화자는 연회석의 풍경을 이루는 원지의 연꽃과 석가산의 바위를 소재로 삼은 것으로 보인다.

옥으로 연꽃을 새기는 것은 정교한 솜씨가 요구되는 공예가의 일이다. 그리고 꽃가지를 나무에 접붙이는 일은 능숙한 원예사가 하는 일이다. 공예가, 원예사와 같은 전문 직업인이 최고의 능력을 발휘하기에는 궁중이 적합하다. 화자는 경쇠 연주의 전문 악사이므로 앞의 두 직업인과는 예인으로서 공감하는 바가 크다. 그리하여 풍경의 주요 소재인 연꽃과 바위에 예인의 손길이 닿는 시적 상황을 설정한 것이다.

그런 다음 제3행에서 '그 꽃이 세 동(묶음)이 피어야'라며 불가능한 일을 가정하였다. 세 묶음의 꽃은 원지의 석가산 둘레에 들어가고 나오고 한 세 지점, 혹은 봉래·방장·영주의 삼신산으로 구분되었을 경우의 세 곳에 무더기로 핀 모습을 그린 것으로 보인다. 셋이라는 숫자는 제2연의 다섯처럼 전통적인 관념의 반영이라 할 수 있다. 특히, 전통 정원의 조성에 기초가 되는 삼재(三才) 사상을 염두에 두었거나 석가산이 보통 삼신산을 본뜨기 때문에 그것과 연관될 것이다.

그러고는 유덕하신 님 운운의 제4행이 반복된다. 제2연에서 사경과 음식상의 밤을 소재로 한 데 이어 여기서는 옥경과 궁원의 꽃·바위를 소재로 하였다. 음식에서 풍경으로 관심을 이동하여 연향의 흥취를 고조시키면서 제4행의 반복을 통해 칭송과 찬미, 충성과 공경의 의미를 강화한 것이다.

므쇠로 텰릭을 ᄆᆞᆯ아 나ᄂᆞᆫ
鐵絲텰ᄉᆞ로 주롬 바고이다
그 오시 다 헐어시아
有德유덕ᄒᆞ신 님 여희ᄋᆞ와 지이다

제4연의 제1, 2행은 '[철경·금경·동경의 금속 재료 중 강도가 무른] 무른쇠로 [무사의 옷인] 철릭을 말라 / 철사로 주름 박겠습니다.'라고 하였다. '철릭'을 말한 것은 연회장 주변을 지키는 무사의 존재를 끌어들인 발상에서 나온 것이다. 노래와 연주를 하고 있는 화자의 눈에 들어온 무사들은 연향과 관련하여 특별한 느낌을 주었을 법하다. 흥겹고 들뜬 분위기에 대비하여 엄격한 자세로 주변을 감시하는 그들을 통해 오히려 연향의 색다른 매력을 표현할 수 있다고 생각했을지 모른다.

이와 함께 '무른쇠'로 된 천을 '마르고' 쇠로 된 실로 '주름 박는', 바느질하는 여성으로서 재봉사가 상정된 점도 주목된다. 제3연에 공예가, 원예사가 전제된 데 이어 여기서는 무사와 재봉사가 배경에 있다. 이 두 부류는 연향의 향유자가 아니라 그것을 가능하게 한 존재들이다. 중간층에서 하층에 속하는 남녀를 상정함으로써 연향의 공간적, 계층적 배경을 확대하는 양상이다.

제3행에서 '그 옷이 다 헐어야'라고 하여 또 하나의 불가능한 일을 말하였다. 무른쇠로 만든 철릭이 다 헐어야 한다는 가정이다. 그런데 이 행만 떼어 놓고 보면 '옷'이 갖는 보편성 덕분에 연회에 참석한 모든 이에게 해당하는 일이 된다. 그들은 남녀 불문하고 우아하고 화려한 복장을 차리고 연회에 참석하였을 것이다. 노랫말을 들으면서 자기가 입고 있는 옷이 '무른쇠'로 만들어지고 그것이 '다 헐게' 되었을 때를 떠올릴 만하다. 무른쇠 철릭이 다 헐어 버릴 수 없듯이 그들의 무른쇠 옷도 낡아서 바스라질 수 없다고 공감했을 것이다.

그리하여 제4행의 '유덕하신 님 여의고 싶습니다.'로 넘어가면 철릭 입은 무사만이 아니라 옷을 입은 참석자 모두가 님에 대한 충성을 바치는 뜻이 된다. 찬미와 충성의 의미가 또 한 번 증폭되는 것이다.

므쇠로 한쇼를 디여다가

鐵樹山텰슈산애 노호이다

그 쇠 鐵草텰초를 머거아

有德유덕ᄒᆞ신 님 여ᄒᆡ아와 지이다

제5연의 제1, 2행은 '[철경·금경·동경의 금속 재료 중 강도가 센] 무쇠로 [가축인] 황소를 지어다가 / [방목지인] 철수산에 놓겠습니다.'라고 하였다. 제2연에서 음식상의 밤을 가져온 데 이어 여기서는 황소를 소재로 삼았다. 밤과 황소는 작고 크고, 식물과 동물, 간식거리와 한 끼니 등의 대비가 뚜렷하다. 이러한 대비가 아니어도 소를 잡아 잔치하는 모습이 그려진다. 이 같은 식용의 황소를 무쇠로써 만들어 쇠로 된 나무와 풀이 무성한 산에서 방목한다는 것이다.[27]

제3행에서 '그 소가 [방목지의] 철초를 먹어야'라고 하였다. '먹다'는 말에 주의한다면 이는 방목지에서 풀을 뜯어 먹으며 살이 찌도록 소를 사육하는 것을 연상시킨다. 물론 불가능의 표현이므로 무쇠 황소가 쇠나무, 쇠 풀을 다 먹어 치울 수 없다는 뜻이다. 그렇지만 이것은 방목하여 기른 황소가 연회의 주 요리 중 하나로 만들어져 음식상에 오르는 것을 염두에 둔 표현으로 보인다. 앞 연들에 상정된 공예가, 원예사, 무사, 재봉사에 더하여 요리사까지 문면의 배후에 있는 양상이다.

이제 제4행의 님을 여읠 수 없다는 말은 연회에 소를 잡아 대접한 주인을 칭송하고 경배하는 의미로 나아간다. 모두가 배불리 먹고 즐기도록 한 '님'을 영원토록 따르고 모시겠다는 다짐이 무쇠 황소의 비유로부터 유도된 것이다.

27 고려 시대 방목장을 추정할 만한 예로 강화도와 주변 도서에서 말과 소를 방목한 지도(1678년 제작)를 들 수 있다. 지도 속에 '우장(牛場)'이라 표시된 지역도 있다(박진훈, 「토지 소유와 중세적 토지 지배 관계」, 『고려시대사2 – 사회와 문화』, 푸른역사, 2017, 118면.).

구스리 바회예 디신ᄃᆞᆯ
긴힛ᄃᆞᆫ 그츠리잇가
즈믄 ᄒᆡᄅᆞᆯ 외오곰 녀신ᄃᆞᆯ
信신잇ᄃᆞᆫ 그츠리잇가

제6연은 제2~5연의 2+1+1행 구성과 달리 2+2행으로 되어 있다. 이는 제1연의 2행 구성을 확장한 것으로 이해된다. 전개부를 거쳐 작품의 주제를 갈무리하는 행에 이르러 도입부 2행 구성의 취지를 되살려 확대한 것이라 할 수 있다. 연행의 현장성과 선왕 성대의 찬미를 표현한 2행 구성을 비유와 진술의 2+2행으로 확장한 것이다. 그러면서 제2~5연의 제4행에서 반복하여 말한 칭송과 찬미, 충성과 공경의 의미를 집약하는 구성이다.

제1, 2행은 '[장식품의] 구슬이 바위에 떨어진들 / 끈이야 끊어지겠습니까.'라고 하였다. 마지막 연에 이르러 비유의 소재로 연회 참석자에게 속한 물건을 택하였다. 광물이라는 점에서 제1연의 '돌'과 통하고 제3연의 '옥'과는 직접 관계가 있는 '구슬'을 가져왔다. 이제까지 '밤, 연꽃, 철릭, 황소' 등 음식, 풍경, 주변인을 취한 데에서 연회 참석자로서 연향의 향유자나 공연자가 지닌 장식품을 소재로 삼은 것이다. 연회에 참석한 귀족 여성 또는 공연하는 기녀가 장식한 귀걸이나 목걸이, 팔찌의 구슬이 연회 장소의 널찍한 섬돌이나 조경석에 떨어지는 상황을 설정한 것이다. 이는 제4연의 남성 무사에 여성 인물을 대비한 것이고 쇠로 된 '실'과의 관련하에 '끈'을 제시한 것이라 할 수 있다.

이어서 제3, 4행은 '천 년을 홀로 지낸들 / 신(信)이야 끊어지겠습니까.'라고 하였다. 앞의 비유가 지닌 의미를 인간사에 적용해 진술한 것으로 제1행의 '선왕 성대에 노닐고 싶습니다.'와 제2~5행의 '[절대 불가능한 일이 일어나야] 유덕하신 님을 여의고 싶습니다.'의 의미를 아우르는 말이다. '천 년'이라는 시간성, '홀로'라는 공간성을 합쳐서 '신(信)'의 의미로 수렴하였다. 이는 칭송, 찬미, 충성, 공경, 경배 등의 의미를 모두 담아서 그 핵심이 님을 믿고 따르는 데 있음을 천명한 것이다.

이와 같이 작품은 서사, 본사, 결사의 세 단락으로 이루어져 님에 대한 칭송, 충성, 신의의 뜻을 표현하였다. 제1연에서 연행의 현장성을 드러내어 경쇠를 연주하며 노래하는 의의를 밝혔다. 제2~5연은 경쇠의 재료가 되는 가는 모래, 옥, 무른쇠, 무쇠 등을 소재로 연회석의 밤과 소 요리, 주변 원지의 연꽃과 바위, 무사의 철릭 등 연향 장소의 물질을 연관 지어 표현하였다. 그리하여 연향의 분위기와 흥취를 고조하는 한편 그것의 의의가 님을 찬미하는 것임을 나타내었다. 그러고는 작품 마지막인 제6연에서 연회 참석자의 장식품인 구슬을 비유로 삼아 님을 믿고 따르겠다는 뜻을 천명하였다. 이로써 작품은 연향의 유흥적 분위기가 물씬 풍기면서도 품위를 갖춘 한 편의 송가(頌歌)가 되었다.

4. 결론

〈정석가〉는 관련 자료가 전하지 않아 작품 이해에 어려운 점이 많다. 작품의 주제와 성격을 파악하기 위해서는 작품 자체에 대한 세밀한 분석이 선행되어야 한다. 본고는 소재와 구조에 초점을 두고 분석하여 전체 6연의 의미 맥락이 정합성을 지니도록 해석해 보았다. 그러는 중에 '정석(鄭石)'과 '딩아 돌하'에 대한 풀이도 시도하고 연행의 상황과 그 효과도 추정해 보았다.

각 연의 제1행에 '돌, 가는 모래, 옥, 무른쇠, 무쇠, 구슬' 등 광물적 소재가 나온다. 제목의 '석(石)'과 제1연의 '돌'이 오목한 경쇠를 지시한다고 보면 제2~5연의 '가는 모래, 옥, 무른쇠, 무쇠'는 사경, 옥경·석경, 철경·금경·동경의 재료로서 '돌'과 관련된다. 이에 〈정석가〉라는 이름이 '경쇠의 노래', 나아가 '[악사] 정돌/정경쇠의 노래'를 뜻한다고 여겨진다. 이와 함께 제2~6연의 '밤, 연꽃·바위, 철릭·철사·옷, 황소·철수산·철초, 구슬·바위' 등은 일정한 의미 범주 내에 있는 소재들이다. 그것은 연회석의 음식(밤·소고기), 원지(연꽃·석가산), 연회장을 지키는 무사의 옷(철릭), 연회 참석자의 장식품(구슬) 등으로서 연향의 자리와 관련된 것이라는 공통점을 지닌다.

이러한 소재 간의 관계를 통해 연행의 상황과 노랫말이 주는 효과에 대해서 추정해 볼 수 있다. 경쇠 전문 악사인 화자가 공연을 하고 있는 상황에서 연향의 자리와 관련된 소재들을 취하여 노랫말을 구성했을 것이다. 소재들의 배후에는 공예가, 원예사, 무사, 재봉사, 요리사, 기녀 등 연향을 보조하는 인물을 상정해 두었다. 무사의 옷, 방목된 황소를 통해서는 연향의 색다른 매력을 드러내려는 의도도 감지된다. 그리하여 연향의 유흥적 분위기와 흥취를 고조하는 방향으로 시상이 전개되었다고 할 수 있다.

작품은 서사, 본사, 결사의 세 단락으로 이루어져 있다. 제1연에서 연행의 현장성을 드러내며 경쇠 연주의 의의가 선왕 성대를 칭송하는 것임을 밝혔다. 제2~5연은 경쇠의 재료가 되는 가는 모래, 옥돌, 무른쇠, 무쇠 등을 바탕으로 연향의 자리에서 취한 물건과 사람을 소재로 삼아 시상을 전개하였다. 각 연의 마지막 행에 절대 불가능한 상황이라야 유덕하신 님을 여읠 수 있다는, 가정된 반어법을 통해 님에 대한 찬미와 충성을 표하였다. 제6연은 연회 참석자의 장식품인 구슬을 비유로 삼아서 님에 대한 신의를 천명하여 각 연의 주제를 집약하였다. 이러한 소재와 의미 구조로 볼 때 이 작품은 연향의 분위기와 흥취가 녹아 있으면서도 군신 관계의 신의와 품격을 갖춘, 한 편의 우아한 송가임을 알 수 있다.

위와 같은 본고의 논의는 작품 내적 분석에만 치중한 것이어서 작품

외적으로 역사적인 고증을 통해 뒷받침하기 어렵다는 한계를 지닌다. 다만, 작품 해석의 정합성과 정밀도를 높이는 데 조금이라도 도움이 되었기를 바란다.

09

〈만전춘별사〉의 궁원 풍경과 서정성*

* 이 장은 신재홍, 『향가의 연구』, 집문당, 2017, 309-329면의 글에서 향가 〈원가〉와 비교한 부분은 제외하고 이 책의 취지에 맞게 논문 체제를 재구성하고 내용을 보충한 것이다.

1. 서론

〈만전춘별사(滿殿春別詞)〉는 〈쌍화점〉, 〈이상곡〉과 함께 고려가요 중에서 남녀상열지사의 하나로 지목된 작품이다. '남녀 상열(男女相悅)'은 남녀의 애정과 성관계를 다룬 고려가요의 내용에 대해 조선 시대 사대부의 비판적 시각이 담긴 평어라 할 수 있는데, 작품의 소재와 주제 면에 주목한 지적이라는 점에서 내용 파악의 한 단서로 삼을 만하다. 그렇지만 작품의 구성과 성격에 대해서는 정치한 구조 분석과 문맥 파악을 통해 좀 더 심층적인 양상을 드러낼 필요가 있다.

원문의 해독에서 크게 논란이 되는 구절은 없으나 작품 성격에 대한 이해에서는 논의가 분분한 실정이다.[1] 구성 및 형식에 대하여 전 5연인지 6연인지가 논란이 되고 내용 파악에 있어서도 여러 의견이 제출되었다. 작품의 전반적인 성격에 관하여 상이한 화자의 목소리가 조합된 것이라는 견해와[2] 단일 화자에 의해 일관된 정서가 표출된 것이라는 견해가[3] 대립하고 있다. 전자의 관점에서는 각 연이 다소 느슨하게 연결된 작품으로 보고 제3연같이 〈정과정〉의 일부가 들어간 것도 조합적 성격에 기인한 것으로 설명한다. 이에 비해 후자의 관점에서는 각 연을 연결하는 일

---

1 이임수, 「여요 만전춘의 문학적 복원」, 『문학과 언어』 2, 문학과언어연구회, 1982, 120-123면. ; 김성문, 「만전춘별사의 시적 문맥과 정서 표출 양상 연구」, 『우리문학연구』 21, 우리문학연구회, 2007, 35-37면에서 간략한 연구사를 참조할 수 있다.

2 여증동, 「만전춘별사 가극론 시고」, 『진주교대논문집』 1, 진주교대, 1967, 5-20면. ; 임주탁, 「역사적 생성 문맥을 고려한 만전춘별사의 독법과 해석」, 『한국시가연구』 11, 한국시가학회, 2002, 168-175면. 화자에 대한 논의는 유보한 채 여러 표기나 장르의 조합으로 본 연구로는 최정여, 『한국고시가연구』, 계명대출판부, 1989, 276-277면. ; 김학성, 『국문학의 탐구』, 성균관대출판부, 1987, 37-39면, 56-60면이 있다.

3 성현경, 「만전춘별사의 구조」, 『고려시대의 언어와 문학』, 형설출판사, 1975, 375면 ; 박노준, 『고려가요의 연구』, 새문사, 1990, 250면. ; 최미정, 『고려 속요의 전승 연구』, 계명대출판부, 1999, 75면. ; 김성문, 앞의 논문, 38-45면. ; 윤성현, 『속요의 아름다움』, 태학사, 2007, 55-62면.

관된 목소리와 주제가 있고 그것이 유기적인 구조로 짜여 있는 완결된 작품으로 본다.

작품의 구성에 대한 이해는 중세 정형시로서의 형태적 특징을 파악하는 데 우선되어야 할 문제이다. 여러 형식들이 조합된 것으로 보는 관점에서는 일정한 규칙과 통일성을 갖춘 면모를 도외시함으로써 작품에 대한 구조적인 이해가 소홀해질 것이다. 그렇다고 정제된 형식과 구성을 분석해 내는 데에는 작품이 지닌 복합적인 성격을 무시하고 억지로 짜 맞추는 식의 논의가 될 염려가 있다. 한편, 작품의 내용과 성격을 이해하는 데에도 어려움이 있다. 창작 배경이나 동기를 알려 주는 기록이 거의 없으므로 내용 파악의 논거를 어디서 가져올지 막막한 것이다. 결국 원문에 대한 정밀한 분석을 통해 작품에 대한 이해를 심화하는 수밖에 없는 형편이다.

본고는 다음의 몇 가지를 논의의 출발점으로 삼고자 한다. 첫째, 전각이나 궁전을 뜻하는 제목의 '전(殿)'자,[4] 둘째, 구사된 시어들이 갖는 일정한 경향성, 셋째, 단일 화자의 시상 전개로 짜인 의미 구조 등이 그것이다. 이를 하나하나 살펴서 종합해 보면 창작의 배경이 궁중의 정원인 궁원(宮園)이라는 점, 단일 화자의 의식과 정서가 작품 전체에 걸쳐 표현되었다는 점이 드러나리라 생각한다.

이에 먼저 원문의 율격을 분석하여 작품의 형식 및 구성에 대해 좀 더 명확한 이해를 도모해 본다. 그런 다음에 작품에 사용된 시어들의 성격과 관계, 각 연 사이의 의미 맥락을 살펴서 시적 상황과 의미 구조를 드러내고자 한다. 이를 바탕으로 작품이 지닌 서정성의 깊이를 감지해 볼 수 있을 것이다. 그리하여 작품이 궁녀 혹은 후궁으로 추정되는 작자

4 성현경, 앞의 논문, 382면. ; 이임수, 앞의 논문, 125–128면에서 작품 제목의 '전'을 궁전, 후전(後殿), 후정(後庭)으로 보았다.

가 궁원을 배경으로 지은 서정시라는 점이 밝혀지리라 본다.

2. 작품의 구성과 시어 분석

『악장가사』 소재 〈만전춘별사〉를 율격을 고려하여 행갈이를 하고 전체를 6연으로 제시하면 다음과 같다.

어름 우희 댓닙 자리 보와
님과 나와 어러 주글만뎡
(어름 우희 댓닙 자리 보와
님과 나와 어러 주글만뎡)
情경 둔 오ᄂᆞᆳ 밤 더듸 새오시라
더듸 새오시라

耿耿孤枕上경경고침상애 어느 ᄌᆞ미 오리오
西窓서창을 여러ᄒᆞ니 桃花도화ㅣ 發발ᄒᆞ두다
桃花도화ᄂᆞᆫ 시름업서 笑春風쇼츈풍 ᄒᆞᄂᆞ다
笑春風쇼츈풍 ᄒᆞᄂᆞ다

넉시라도 님은
ᄒᆞᆫᄃᆡ 녀닛 景경 너기다니
(넉시라도 님은
ᄒᆞᆫᄃᆡ 녀닛 景경 너기다니)
벼기더시니 뉘러시니잇가
뉘러시니잇가

올하 올하 아련 비올하
여흘란 어듸 두고 소해 자라 온다
소콧 얼면 여흘도 됴ᄒᆞ니
여흘도 됴ᄒᆞ니

南山남산애 자리 보와 玉山옥산을 벼여 누어
錦繡山금슈산 니블 안해 麝香샤향 각시를 아나 누어
(南山남산애 자리 보와 玉山옥산을 벼여 누어
錦繡山금슈산 니블 안해 麝香샤향 각시를 아나 누어)
藥약 든 가ᄉᆞᆷ을 맛초ᄋᆞᆸ사이다
맛초ᄋᆞᆸ사이다

아소 님하
遠代平生원ᄃᆡ평ᄉᆡᆼ애 여힐ᄉᆞᆯ 모ᄅᆞᄋᆞᆸ새[5]

전 6연의 구성과 각 연의 율격 분석을 위해서는 몇 가지 전제가 필요하다. 첫째, 고려가요의 기본 율격이 1행 3음보이고 4행 또는 2행으로 한 연을 구성한다는 점이다. 둘째, 향가로부터 계승되어 온 2행 6음보를 고려해야 한다는 점이다. 셋째, 동시대의 경기체가에 나타나는 3+4음보 등을 두루 적용할 필요가 있다는 점이다. 이와 함께 반복구를 어떻게 처리해야 할지도 문제이다. 제1, 3, 5연에서 제1·2행의 반복구는 가창의 연행 상황이 반영되어 삽입된 가사로 보인다. 이에 비해 제1~5연 마지막 행의 반복구는 〈유구곡〉, 〈사모곡〉과 같이 본문의 한 행을 이루는 구절로 이해된다. 이러한 관점에서 반복구의 일부를 제외하고 보면 전 6연의 본

5 『악장가사』, 대제각, 1988.

사가 제1~5연은 4행, 제6연은 2행으로 구성되었다고 할 수 있다.

각 연의 율격은 다음과 같이 분석할 수 있다. 제1연 제1·2행이 3+3음보 제3·4행이 4+2음보, 제2연 제1·2행이 4+4음보 제3·4행이 4+2음보, 제3연 제1·2행 2+3음보 제3·4행 3+2음보, 제4연 제1·2행 4+4음보 제3·4행 4+2음보, 제5연 제1·2행 4+4음보 제3·4행 4+2음보, 제6연의 두 행은 2+4음보 등으로 분석하는 것이다. 이로 보아 각 연의 각 행은 대체로 1행 3음보 또는 2행 6음보의 주 율격에 1행 4음보의 율격이 복합된 작품이라 할 수 있다.

이를 2행 단위로 살펴보면 각 연의 율격적 특성이 조금 다르다는 점을 알 수 있다. 제1, 3, 6연은 (3+3)+(4+2)음보 또는 4+2음보로 되어 있어 2행 6음보의 향가를 계승한 1행 3음보의 고려가요 양식이라고 할 수 있다. 이에 비해 제2, 4, 5연은 (4+4)+(4+2)음보로서 4음보가 우세한 형식적 특성을 보여 준다. 고려 말에 형성된 시조와 가사의 율격이 1행 4음보로 이루어져 있으므로 이 연들은 새로 부상한 시가 양식의 영향을 받은 것이라 할 수 있다.[6] 이미 경기체가의 전반부와 후반부가 3음보형과 4음보형으로 구성되어 있고 이 작품 제3연의 'ᄒᆞᆫᄃᆡ 녀닛 景경 너기다니'에서 그 양식과 교섭한 양상이 드러나 있어 3음보형에 4음보형이 결합하는 것은 특이하다고 할 수는 없다. 그럼에도 이 작품에 이르러 1행 3음보의 고려가요가 1행 4음보의 새로운 율격을 받아들여 연을 복합적으로 구성한 점은 특기할 만하다. 율격적 특성으로 볼 때 이 작품은 3음보에서 4음보로 이행하는 시가사의 과도기 단계에 속한 한 형태라 하겠다.

---

6 정병욱, 『한국고전시가론』, 신구문화사, 1977, 134면에 〈만전춘별사〉의 제2, 5연에서 반복구 전부를 제외한 형태를 제시하고 '시조 형태에 아주 가까운 두 개의 시련(詩聯)'이라 하여 시조가 고려가요에서 나왔다는 주장의 근거로 삼았다. 본고는 고려가요의 한 연이 대개 4행 단위이므로 〈만전춘별사〉의 두 연을 3행으로 본 것과는 견해를 달리하지만, 1행 4음보의 시조 율격이 고려가요에 내재함으로써 시조의 형성에 고려가요가 상당한 영향을 끼쳤다고 보기에 위의 견해와 상통하는 면이 있다.

위와 같은 구성과 형식으로 이루어진 이 작품에는 일정한 성격과 경향성을 지닌 시어들이 구사되어 있다. 우선, 작품의 소재가 된 사물을 보면 '얼음, 댓잎 자리'(제1연), '베개[枕], 창문[窓], 복숭아꽃[桃花], 봄바람[春風]'(제2연), '경(景)'(제3연), '오리, 비오리, 여울, 연못[沼]'(제4연), '남산(南山), [잠]자리, 옥산(玉山), [베개], 금수산(錦繡山), 이불, 사향(麝香), 사향 각시, 약(藥), 가슴'(제5연) 등이다. 이 중에서 '복숭아꽃, 봄바람, 오리, 비오리, 여울' 등은 자연물이고 '베개, 창문, 사향, 약' 등은 인공물이다. '경, 연못, ~산'은 자연물이거나 인공물, 아니면 양쪽이 결합한 것일 수도 있다.

그런데 문맥상으로 보아 '연못'은 '여울'과는 대조적인 의미로 쓰였다. 이에 여울이 자연에 속한 것이라면 연못은 인공이 가해진 것일 가능성이 크다. '경'은 동시대 경기체가의 형식을 특징짓는 시어 '경(景)'과는 유사한 의미와 기능을 한다고 생각된다. 〈한림별곡〉 같은 작품에 보이는 과거장, 그네 터 등을 지칭하는 '경'과의 관련성을 고려한다면 여기서의 '경'은 인공 혹은 인공이 가미된 자연의 모습이라 할 수 있다.

'~산'의 경우, 실제의 산 이름이기보다는 가상의 명칭으로 보인다. '남산, 옥산, 금수산'은 뒤의 '사향, 약'과 연결되어 사향노루가 돌아다니고 약초를 캘 수 있는 장소로 그려져 있다. 이렇게 산과 사향노루, 약을 관련시킨 것을 통해 작품에 쓰인 '~산'은 불로장생을 상징하는 사슴과 불로초를 품고 있는 삼신산(三神山)의 의미와 겹친다고 할 수 있다.[7] 그런데 '산' 앞에 붙은 '남-, 옥-, 금수-'는 뒤따라 나오는 '자리, [베개], 이불'과 연결되어 '남쪽 자리, 옥 베개, 금수 이불'이라는 시어를 형성한다. 이것들은 그 다음에 나오는 '사향 각시'(사향을 지닌 각시), '약 든 가슴'(약을 품은

7 황병익, 「만전춘별사 5연의 어휘 재고」, 『한국시가연구』 16, 한국시가학회, 2004, 163-175면에서 여러 자료를 살펴 '남산'과 '금수산'은 구체적인 지명으로 '옥산'은 전설 속의 산으로 풀이하였다. 본고에서는 세 단어가 동일한 층위에 있는 말이어야 합리적인 문맥을 이룬다고 생각하여 셋 다 전설상의 산, 즉 삼신산과 관련지었다.

사람의 가슴) 등과 비슷한 수식–피수식의 관계로 짜여 있는 말들이라 할 수 있다.

시어 사이에 위와 같은 두 가지 연결 관계를 볼 때, '～산'은 불로장생과 잠자리의 의미가 결합해 있는 조어라고 할 수 있다. 불로장생의 신선세계를 배경으로 삼아 성관계가 이루어지는 제5연은[8] 제1연 '님과 나와 어러 주글만뎡'의 의미와는 대척적인 위치에 놓여 있다. 제1연의 제1, 2행은 얼음 위의 댓잎 자리에서 성관계를 갖다가 죽어도 좋다는 뜻인 데 반해, 제5연은 삼신산을 배경으로 잠자리를 가짐으로써 불로장생할 수 있다는 의미이기에 두 연 사이에는 죽음과 불사(不死)라는 대립성을 지니는 것이다.

그런데 제1연의 '얼음'으로 표현된 시적 배경이 있듯이 제5연의 '～산'이라는 말이 들어간 이유가 있을 것이다. 이를 추정하기 위해서는 두 연 사이에 공통되는 소재를 살펴야 하는데 이 지점에서 궁원이 연결 고리가 될 수 있다. 제1연의 얼음은 궁원 연못에 언 얼음이고 제5연의 '～산'은 궁원에 삼신산을 본뜬 석가산(石假山)[9]에서 발상을 얻은 말로 보면 제1연과 제5연이 서로 통하는 문맥을 이룬다. 이러한 제5연은 〈한림별곡〉 제7연에서[10] 화자가 정자에 앉아 봉래·방장·영주의 삼신산이 조성된 정원을 완상하는 모습과 유사한 창작 배경을 지녔다고 볼 수 있다.

---

8 전규태, 「만전춘별사 고」, 『고려시대의 가요문학』, 새문사, 1982, Ⅰ-111면. ; 현혜경, 「만전춘별사에 나타난 화합과 단절」, 『고려시가의 정서』, 개문사, 1985, 220면. ; 최미정, 앞의 책, 75–76면. ; 박노준, 『향가여요의 정서와 변용』, 태학사, 2001, 77면에서도 제5연을 공상, 상상, 원망(願望) 등의 세계로 보았다.

9 정원에 조성된 석가산은 '자연의 기암절벽을 모방하여 꾸미거나 아니면 신선계를 울타리 안에 도입하려는 의도가 내재해 있는 듯하다.'고 한다(정동오, 『한국의 정원』, 민음사, 1986, 87면.).

10 『악장가사』, 「한림별곡」, 봉릐산 방댱산 영쥬삼산 / ᄎᆞ삼산 홍류각 쟉약션ᄌᆞ / 록발익ᄌᆞ 금슈댱리 쥬렴반권 / 위 등망오호ㅅ경 긔 엇더ᄒᆞ니잇고 / (葉) 록양록듁 ᄌᆡ뎡반애 록양록듁 ᄌᆡ뎡반애 / 위 뎐황잉 반갑두세라

이렇게 작품의 시어들을 분석해 보면 자연물보다 인공물 위주로 소재들을 취한 양상이 드러난다. 이와 관련하여 작품의 제목에 유의할 필요가 있다. 제목인 '만전춘별사'에 대해 작품 내용과는 상관없는 사조명(詞調名)으로 보기도 하지만[11] 작품의 주제를 상징적으로 표현하기 위한 제명[12]으로 보는 쪽이 우세하다. 본고는 후자의 입장에서 제목의 글자 뜻 그대로 '전(殿)에 가득한 봄'으로 이해한다. 그러면 제목에서부터 '~전'이라는 어떤 건물을 시사하는 의미를 감지할 수 있는데 이러한 명칭이 붙는 것은 대개 궁궐에 속한 건물로 생각된다. 그리하여 구사된 시어가 인공물 위주로 되어 있다는 점과 연결 지어 작품의 배경이 궁전의 뜰인 궁원과 같은 인공적인 환경으로 볼 수 있다.

3. 작품의 의미 구조

앞에서 살펴본 구성과 형식을 고려하여 작품의 본사만을 현대어로 옮기면 다음과 같다.

> 얼음 위에 댓잎 자리 보아
> 님과 나와 얼어 죽을망정
> 정 둔 오늘 밤 더디 새어라,
> 더디 새어라.
>
> 경경한 외베개 위에 어느 잠이 오리오.

---

11 박노준, 앞의 책, 245면.

12 윤영옥, 「만전춘 별사의 재음미」, 『고려가요연구의 현황과 전망』, 집문당, 1996, 235면.

서창을 여니 복숭아꽃이 피도다.
봉숭아꽃은 시름없어 '소춘풍' 하는구나.
'소춘풍' 하는구나.

'넋이라도 님과
한데 다닐' 광경 여기더니
'우기던 이 누구였습니까?'
누구였습니까?

오리야 오리야, 어리고 아름다운 비오리야,
여울랑 어디 두고 못에 자러 오느냐?
못곧 얼면 여울도 좋으니,
여울도 좋으니.

남산에 자리 보아 옥산을 베어 누워
금수산 이불 안에 사향 각시를 안아 누워
약 든 가슴을 맞춥시다.
맞춥시다.

아아, 님이여
오래도록 평생에 여읠 줄 모릅시다.

위와 같이 해석되는 작품은 각 연 사이에 유기적인 관계를 이루면서 화자의 목소리가 일관되게 발화되고 있다. 먼저, 전 6연 중에서 제1, 2연과 제4, 5연에 쓰인 시어들의 의미상 연결 관계가 유사하다는 점이 주목된다. 제1, 2연은 '얼음－[댓잎] 자리 보다－고침상(孤枕上)－잠이 오다'로 연결되고, 제4, 5연은 '자러 오다-[연못이] 얼다-[남산에] 자리 보다-[옥산을] 베고 눕다'로 이어진다.[13] 제1, 2연의 '얼음-자리 보다-베개-잠'과 제4, 5연의 '자다-얼다-자리 보다-베다'가 서로 고리를 이루며 전개되고 있는 것이다. 이것을 도시해 보면 다음과 같다.

얼음(얼다)[14]

↗ ↘

잠(자다) 자리 보다

↖ ↙

베개(베다)

성적인 것과 관련된 상황과 행위가 하나의 계열을 이루어 앞 두 연과 뒤 두 연에서 유사하게 전개되는 양상이다.

다음으로, 제2연과 제4연에서 화자가 창 안에서 밖을 바라보거나 연못에 떠다니는 비오리를 바라보는 시점이 공통된다. 제4연의 비오리가 노니는 연못은 제5연의 석가산이 연못 속의 조성물이라는 것으로 연결되고 나아가 제1연의 얼음이 연못이 얼어붙은 것으로 볼 단서가 된다. 그리하여 화자는 애초에 얼어붙은 연못을 떠올린 다음, 시선을 돌려 창밖의 복숭아꽃을 향했다가 연못 위의 비오리로 간 뒤에 연못 가운데 조성된 석가산으로 옮겨간 것으로 볼 수 있다. 이렇듯 각 연에 설정된 상황과

13 강명혜, 「궁중속악적 측면에서 살펴본 여요의 의미와 가능」, 『한국시가연구』 1, 한국시가학회, 1997, 342면에서 제1연과 4연이 '얼음', 제2연과 5연이 '녹음'의 대립된 이미지로 구성되어 있다고 보았다. 이에 비해 본고는 제1, 2연과 제4, 5연이 각각 '얼음'과 '잠자리 보기'로 연결된 의미의 계열을 이루면서 호응하고 있는 점에 주목한다.

14 '얼다, 자리 보다, 베다, 자다'의 의미 계열에서 '얼다'는 '얼음이 얼다'의 표면적 의미보다 '교합, 성교하다'의 의미가 다른 시어들과 더욱 밀착된 관계를 이룬다. 이에 '얼음, 얼다'는 성교의 의미를 짙게 풍기는 중의적 표현으로 쓰였다고 하겠다.

행위, 화자의 시점 이동 등이 보여 주는 유기적 관련성을 통해 화자가 일정한 의도를 가지고 님과의 성적인 관계와 현재의 심정을 형상화하고자 했음을 짐작할 수 있다.

화자의 의도는 작품의 내용과 주제로 구현되었다. 제1연은 님과 함께 했던 과거를 회상하는 것으로 생각된다. 그 당시에는 얼음 위 댓잎 자리에서 성관계를 갖더라도 좀 더 오래 같이 있기를 바랐다. 반복구를 제외하고 제3행에 나온 '오늀밤'으로 인해 제1연의 내용을 현재 사건으로 볼 수도 있으나 그렇게 되면 제2연 이하의 시상 전개를 정합적으로 설명하기가 곤란하다. 제1연 전체는 '~라고 했었지.' 정도의 말로 감싸인 문장으로서 화자가 과거를 회상하는 것으로 보아야 작품 전체의 시상이 자연스럽게 연결된다.

제1연의 과거 회상에 뒤이은 제2연은 님과 이별한 현재 상황이 그려졌다. 님이 부재한 채 외로운 베개를 베었으나 잠이 오지 않아 전전반측하고, 서쪽 창을 여니 화사한 복숭아꽃이 시름없이 봄바람을 희롱하고 있다. 그러한 궁원 풍경은 화자의 심정과는 상반된 모습이어서 한숨이 깊어진다. 이렇게 제1연과 제2연은 '함께했던 과거의 회상－혼자 남은 현재의 상황'의 대비되는 내용으로 짜여 있다.

그리고 제4연에서 화자가 연못의 비오리에게 말을 건네며 외로움을 달래는 모습이 그려졌다. 이는 제2연에 나타난 현재 상황과 동질적인 것이어서 그 연장선상에서 설정된 것이라 할 수 있다. 그런데 제5연에 가서는 삼신산에 뛰노는 사향노루의 사향에서 채취한 향을 지니고 불로장생의 약을 가슴에 담은 각시인 '사향 각시'로 자신을 지칭하고 있다. 화자 스스로 상상의 날개를 펼쳐 사향 각시가 되어 있는 자기를 님이 안고 가슴을 맞추자고 간청하는 것이다. 이러한 모습을 염두에 두고 '님'이 화자를 안은 상태에서 화자가 제 가슴을 '님'에게 대겠다고 표현한 것이다.

이렇게 보면 제4연과 제5연이 '외로운 현재의 처지－상상을 통한 만남'의 내용으로 서로 대비된다. 이는 제1연과 제2연의 '회상-현실'의 대비에 이어서 '현실-상상'의 대비를 이루는 양상이다. 화자는 님과 헤어져 외로워하는 현재 상황에서 님과 함께했던 과거, 님과 함께할 미래의 상상 세계를 대비하여 시상을 전개한 것이다. 이로써 화자의 현재 처지와 상황을 더욱 절실하게 표현하고 있다.

제3연은 대비적으로 구성된 제1, 2연과 제4, 5연의 사이에 들어가 화자의 속마음을 하소연하는 내용이다. 그 하소연을 궁중 속악으로 불리던 삼진작(三眞勺)의 가사 〈정과정〉에서 인용한 것이 특징이다. 다른 고려가요와 노랫말을 공유한다는 점을 근거로 작품의 조합적 성격을 주장할 수도 있으나, 화자가 기존 가요의 노랫말을 의도적으로 차용했다고 보는 것이 작품의 유기적인 구성을 설명하는 데 좀 더 합리적이라고 생각한다. 과거 회상에서 돌아와 외로운 현실을 읊은 제2연 뒤에 님을 향한 화자의 하소연이 나온 것은 아주 자연스런 배치이다. 제2연에서 지금의 외로운 처지를 한탄하고 제3연에서 그 원인이 님과 멀어진 탓이라 여겨서 님에게 하소연한 것이다. 그리고 제4연에서 다시 현재의 외로운 마음을 추스르려고 연못 풍경을 바라보는 것으로 시상이 전개되었다.

제6연은 상상 속 만남의 제5연에 이어서 님과 영원히 함께하기를 기원한 것이다. 제3연이 과거-현실의 제1, 2연을 중간 정리하여 하소연한 것이라면, 제6연은 현실-상상의 제4, 5연을 이어받아 제5연의 상상의 만남이 영원히 지속되기를 바라는 화자의 기원을 나타낸 것이다. 이러한 면과 함께 제6연은 제1~5연의 시상 전개에 따라 표현한 내용을 전체적으로 수렴, 요약하여 기원의 주제로 제시하였다. 이로써 제1, 2연과 제4, 5연의 대비적 구성, 제2연의 현실에 이은 제3연의 하소연, 제5연의 상상적 만남에 이은 제6연의 기원으로 작품이 구성되었음이 드러난다.

이상의 논의를 종합하여 시상 전개와 의미 구조를 정리해 볼 수 있다. 제1연에서 궁원의 얼어붙은 연못에서 성관계를 갖는 모습까지 그려 보면서 님과 함께했던 과거를 회상하고, 제2연의 지금은 님과 멀어져 외로움에 잠 못 이루다가 궁원에 무심히 핀 복숭아꽃을 바라보며 한탄하고, 제3연에서 〈정과정〉의 노랫말을 인용하여 깨어진 관계에 대해 님에게 하소연하며, 제4연의 답답한 마음에서 연못에 떠다니는 비오리를 보며 궁원 밖의 세상을 동경하기도 하고, 제5연에서 궁원 연못에 조성한 석가산에서 유추하여 신선 세계에 들어 님에게 안긴 모습을 상상해 보고, 제6연에 님과 헤어지지 않고 영원히 함께하기를 기원한 것이다.

위와 같은 시상 전개를 통해 각 연은 '회상(제1연) – 현실(제2연) –하소연(제3연) – 현실(제4연) – 상상(제5연) – 기원(제6연)'의 내용으로 구성되었다. 이러한 구성 중에서 제1, 2연은 과거 – 현재, 제4, 5연은 현실 – 상상의 대립적 관계를 이루고 제2연과 제4연의 현실 사이에 제3연의 하소연이 들어가며 마지막 연인 제6연에서 기원의 주제로 마무리하였다. 궁원에서 보고 겪은 현실 세계와 궁원으로부터 유추된 회상과 상상의 세계를 넘나드는 시상 전개를 통해 작품의 의미 구조가 유기적으로 짜인 것이다. 작품 제목인 '만전춘'까지 염두에 둘 때, 작품의 의미는 외롭고 쓸쓸한 현실의 봄에서(제2연) 님과 함께 불로장생하는 상상의 봄으로(제5연) 지향해 간 것이라 하겠다.

4. 궁원 풍경 속의 서정

앞 장에서 〈만전춘별사〉에 나타나는 단일 화자의 존재와 유기적인 작품 구조에 대해 논하였다. 내용과 주제를 살펴보면 화자가 일정하게 제한된 곳에서 지내며 오랫동안 쌓인 정서와 의식을 작품을 통해 풀어내었음을 짐작할 수 있다. 이러한 화자의 형상을 통해 궁궐과 같이 닫힌 공간에서 생활하는 궁녀[15] 또는 후궁이 지은' 작품이 아닐까 추정할 수 있다. 그러한 신분의 작자가 한동안 총애를 입었다가 이제는 외면당해 버림받은 처지에서 자기를 돌아보지 않는 '님'을 기다리며 그리워한 노래로 보이는 것이다. 그 님은 임금일 수도 있고 왕족의 일원일 수도 있을 텐데, 비록 회상이나 상상이라 할지라도 국왕과의 성관계를 노골적으로 그렸다고 보기는 어려우므로 후자일 가능성이 크다고 생각한다.

이러한 맥락에서 창작의 동기는 궁궐 안에서 맺어진 화자와 님 사이의 관계가 어그러진 데에 있다고 생각된다. 아마도 궁녀나 후궁인 작자가 님에게서 멀어진 여성 화자가 되어 발화의 주체로 나선 것이겠다. 그리하여 작품은 님의 은총을 잃고 관계가 깨어진 상태에서 화자의 외롭고 원망스런 심정을 토로한 것이 주된 내용을 이룬다.

이에 궁원의 풍경은 만인이 흠모하는 즐겁고 화려한 것이기보다 한없이 슬프고 쓸쓸하게 느껴지는 대상이 되었다. 제1연에서 연못에 얼음이 꽁꽁 언 모습부터가 흥겨운 정취와는 거리가 멀다. 얼음 위에 댓잎자리를 보아 님과 정열적으로 성관계를 갖는 장면을 그려 보았다고 하더라도 그 행위의 불타는 감정과는 정반대로 얼음의 차디찬 촉감이 더욱 강렬하게 와닿는다. 제2연에서 화자는 잠 못 이루며 뒤척이고 새벽까지 깨어 있다가 달이 지는 서쪽 창문을 연다. 막 피어난 복숭아꽃이 산들산들 부는 봄바람에 하늘거리는 모습이 흥겹기도 하련마는 당나라 시인 최호(崔護)의 시구 '도화의구소춘풍(桃花依舊笑春風)'을 떠올리면서[16] 그 꽃은 자기와 달리 '시름없어' 그러려니 생각한다. 궁원에 핀 화사한 봄꽃이 오히려 화자의 어두운 심정을 대조하여 드러내고 있다.

제3연에서 〈정과정〉의 가사를 읊조리는 것은 화자의 현재 심정을 하

15 이임수, 앞의 논문, 136-137면.; 나정순, 「고려가요에 나타난 성과 사회적 성격」, 『한국고전여성문학연구』 6, 한국고전여성문학회, 2003, 408-409면에서 '궁녀'를 화자로 보았다.

16 윤영옥, 앞의 논문, 242-243면.; 정민, 「한시와 고려가요 4제」, 『고전시기 엮어 읽기』 상, 태학사, 2003, 274-279면.

소연하기 위해서이다. 유배지에서 넋이라도 님과 함께하고 싶다는 간절한 염원을 담은 그 노랫말에 공감하면서 화자와 님과의 관계를 깨어지게 만든 사람들이 원망스럽다고 호소하여 자신의 속마음을 드러내고 있다. 제4연은 제2연과 같은 현재 상황에서 연못 위에 노니는 비오리에게 말을 건넨 것이다. 쓸쓸한 심정을 달래기 위해 그렇게 한 것인데 못이 얼면 여울로 가도 잘 놀 수 있으니 좋겠다면서 비오리를 부러워하고 있다. 제5연은 삼신산을 본뜬 연못의 석가산으로부터 상상을 펼쳐 신선 세계에 들어 님과 잠자리를 함께하는 모습을 그려 본 것이다. 외롭고 버림받은 마음을 달래고자 불로장생의 세계에서 님을 모시는 광경을 떠올리며 위안과 희망을 얻고자 하였다.

봄에 화사한 꽃이 피고 연못 위에는 비오리가 떠다니는 궁원 풍경은 화자의 외롭고 슬프고 원망스런 마음에 비추어 마냥 쓸쓸하고 처량하게 느껴진다. 이는 왕과 귀족들이 한가롭게 노니는 수려하고 그윽한 풍광의 궁원과는 상반되는 심상이다. 작품 외적으로 궁원의 일반적인 의미와 심상이 고려되었을 테니 그와 대조되는 설정을 통해 화자의 처지와 정서가 더욱 외롭고 원망스럽게 표현되는 효과를 얻고 있다.

작품 속 궁원의 안과 밖이 대비되어 설정된 점도 미적인 효과를 높이고 있다. 제3연은 〈정과정〉의 가사 일부를 옮겨 왔으므로 이로 인해 〈정과정〉의 창작 배경과 주제를 연상하게 한다. '흔딕 녀닛 경(景)'은 궁궐 안에서 친밀한 관계를 유지하는 임금과 신하로부터 유추하여 임금과 궁녀/후궁의 모습을 떠올리게 한다. 그러한 관계가 깨어져 님에게 버림받은 신하의 심정에 화자가 공감하면서 님과 함께하고자 하는 염원을 표현하였다. 이어지는 '벼기더시니 뉘러시니잇가'를 통해 화자와 님 사이를 멀어지게 한 어떤 존재나 사건에 대한 원망의 마음을 드러내었다. 이와 같이 〈정과정〉의 가사 일부를 가져와 궁궐 안에서 함께한 것과 궁궐 밖으로 떨어져 나간 것을 선명하게 대비시켜 화자의 현재 상황을 부각하고 있다.

제4연은 비오리를 대상으로 궁원 안과 밖의 대비를 연못과 여울로 표현하고 있다. 화자는 쓸쓸한 심정으로 궁원의 연못에 비오리가 떠다니고 있는 풍경을 바라본다. 창을 통해 또는 궁원에 나와 물끄러미 바라보다가 문득 말을 건넨다. "여울은 어디 두고 [이 궁원의] 연못에 자러 오느냐?"라고 묻는 것이다. 스스로 대답하기를 "[여기] 연못이 얼면 [너희가 애초에 있었던] 여울[로 돌아가는 것]도 좋으리니."라고 한다. 이러한 자문자답의 표현에서 연못은 궁원 안에 속한 곳인 데 반해 여울은 궁원 밖의 어느 곳으로서 대비되어 나타난다.

작품의 실제적인 배경으로 추정할 수 있는 장소로 고려 정궁을 들 수 있다.[17] 그 궁궐은 만월대(滿月臺)에 자리 잡고 있었다.

> 만월대는 황성의 북쪽, 송악산 아래 양지 밝은 경사지를 최소한의 인공을 가하여 깎아 내고 석축을 쌓아 여러 개의 넓은 단을 만들어 조성하였다.……서쪽에서 남쪽으로 흘러와 동쪽으로 흘러가는 객수(客水)인 금천(禁川) 광명천이 있다.……때로 석가산을 조산하였는데 돌이나 괴석을 첩첩이 쌓아 산을 만들었고 또 못에 물을 끌어들이기도 하였다.[18]

위와 같은 만월대의 궁원 배치를 참조한다면 작품 속의 '여울'은 광명천의 흐름을 염두에 둔 표현이라고 생각해 볼 만하다. 광명천에서 궁원으로 흘러든 물이 연못을 휘두른 다음에 다시 광명천으로 흘러 나갔을 것

---

17 〈만전춘별사〉의 배경은 정궁이 아니라 개경 또는 지방에 있었던 이궁(離宮)이나 행궁(行宮), 혹은 왕족의 저택에 조성된 궁원 중 하나일 수도 있다. 여기서는 잠정적으로 고려시대 여러 궁원의 모델이 되었을 만월대의 궁원을 작품 창작의 배경으로 상정하고 논하였다.

18 주남철, 『한국의 정원』, 고려대출판부, 2009, 40–43면.

이다. 이렇게 그려지는 지형적 구도로 미루어 여울이라고 지칭된 것은 화자가 지금 있는 궁원에 조성된 연못에서 흘러나가 광명천으로 합류하는 물줄기로 볼 수 있다.

연못과 여울이 안과 밖에 있는 점에서는 서로 떨어져 있다고 하겠으나 물의 흐름으로 보면 서로 연결된 것이기도 하다. 물의 유동성뿐 아니라 작품에 나온 '비오리'로써 그러한 가능성이 시사되어 있다. 연못과 여울을 넘나드는 존재로 비오리가 그려져 있기 때문이다. 그러나 그것들은 화자와 님을 연결하는 역할까지는 하지 못한다. 화자는 다만 궁궐 밖으로 날아갈 수 있는 비오리를 부러워하고 있을 따름이다. 안과 밖이 차단된 상태에서 궁원 밖의 님을 궁원 안으로 들이려는 노력도 해 보지 못한 채 자신의 외로운 심정을 비오리에 의탁해 본 것이다.

안과 밖의 대비에 더하여 변화와 불변이라는 대립적 의미도 궁원 풍경에 부여되어 있다. 궁원에서 연못, 복숭아꽃, 비오리, 석가산 등이 화자가 보는 경치이다. 이것들 중에서 연못에 얼음이 어는 것과 복숭아꽃이 피는 것은 계절의 변화를, 연못 위의 비오리가 날아왔다 날아가는 것은 장소의 이동을 말해 준다. 이는 시간과 공간의 변화를 보여 준다고 할 수 있다. 이에 비해 삼신산을 본뜬 석가산은 불로장생의 신선 세계를 상징함으로써 불변의 의미를 지닌다. 이렇듯 궁원의 풍경에는 변화와 불변의 대립적 의미가 담겨 있다. 그것을 바라보는 화자는 풍경의 변화를 아쉬워하고 불변의 세계를 동경한다. 궁원 풍경에 부여된 이러한 의미 지향은 님과 헤어진 현재를 부정하고 다시 만나 영원히 함께할 것을 염원하는 주제로 이어진다.

이와 같이 작품은 궁원의 풍경을 대상으로 하여 의미가 구조화되고 주제가 표현되었다. 님과 멀어진 현실 속에서 외로움과 원망의 정서를 품고 바라보는 궁원의 화사하고 유유자적한 풍경이 도리어 더욱 상심이 되는 양상을 그리고 있다. 님이 떠난 현재보다는 님과 함께한 과거를 회상하며 위로를 얻고 불변의 장소에서 님과 다시 만나 사랑할 날을 고대하는 심정이 궁원 풍경을 배경으로 현실과 상상을 오가며 구구절절이 형상화된 것이다.

5. 결론

본고는 〈만전춘별사〉를 단일 화자의 의식과 정서가 구조적인 의미 맥락에 따라 표현된 작품으로 보고 논의하였다. 먼저 작품의 형식과 구성의 면을 살펴보았다. 작품은 전 6연으로 이루어져 있다. 제1, 3, 6연은 (3+3)+(4+2)음보여서 2행 6음보의 향가를 계승한 1행 3음보의 고려가요 양식이라 할 수 있다. 이에 비해 제2, 4, 5연은 (4+4)+(4+2)음보로 4음보가 우세한데 이는 고려 말에 형성된 시조, 가사의 1행 4음보 율격에서 영향을 받은 것으로 보인다. 3음보에서 4음보로 이행하는 시가사의 과도기 단계에 나타난 한 형태라는 점에 형식적 의의가 있다고 하겠다.

작품은 궁원을 배경으로 하여 외로움과 그리움의 정서를 표현한 내용이다. 님에게서 버림받은 화자의 처지, 과거와 미래에 대비되는 현재 상황, 안과 밖의 대조적 조망, 변화보다는 불변의 세계를 지향하는 의지 등이 담겨 있다. 고려의 궁궐 안에 정원들이 조성되어 있었고 그 궁원을 두고 사시사철 경치를 완상하고 유흥을 즐기는 왕과 귀족, 그에 딸린 궁녀와 하인들이 있었을 텐데 이러한 중세 왕조의 궁중 생활을 배경으로 한 것이다.

각 연은 서로 유기적인 관계 속에 시상을 엮어 주제를 형상화하고 있다. 화자가 님에게서 멀어진 처지에서 궁원의 풍경을 바라보며 자신의 심정을 표현한 것이다. 궁원 연못의 얼음 위 성관계 장면까지 그려 보며 님과 함께했던 과거를 회상하고(제1연), 지금은 오지 않는 님 생각에 밤새

뒤척이다가 궁원에 복숭아꽃이 핀 것을 보고 그에 대조되는 처지에 상심하면서(제2연 제1·2행) 옛 시인의 시구를 떠올려 풍경과 엮어 보기도 하고(제2연 제3·4행), 자신의 애타는 마음을 궁중 속악으로 연주된 〈정과정〉의 가사를 인용하여 님을 향해 하소연해 보며(제3연), 궁원의 연못 위에 떠다니는 비오리에게 말도 건네며 궁원 밖의 세상을 부러워하고(제4연), 연못 가운데 조성된 석가산에서 유추하여 불로장생의 신선 세계에서 님과 잠자리를 함께하는 것을 상상하고(제5연), 결국에는 님과 헤어지지 않고 영원히 함께하기를 기원한 것이다(제6연).

〈만전춘별사〉는 궁녀 또는 후궁으로 추정되는 작자가 님과 함께했던 때를 회상하고 관계가 깨어진 현재에 시름겨워하면서도 님과 다시 만나 영원히 같이하기를 염원한 작품이다. 궁원을 배경으로 애절한 정서와 염원이 유기적인 의미 구조를 통해 잘 표현되어 있다. 남녀 관계에 대해 다루면서 성적인 심상을 선명하게 표현한 것이 남녀상열지사라는 평가를 받은 요인이 되었을 것이다. 그러나 각 연의 구성과 표현에서 기다림과 그리움의 정서, 송축과 기원의 의미가 절실하게 나타나 있어 서정성의 깊이도 지니고 있다. 애정과 공경의 주제, 외로움과 원망의 정서가 여성화자의 감각과 표현을 통해 섬세하게 그려짐으로써 상당한 품격을 갖춘 사랑 노래가 된 것이다.

10

후렴구·여음구의 구성과 기능

1. 서론

고려가요는 전대의 향가 양식을 계승한 면모와 함께 독자적인 양식적 특성을 지니고 있다. 그중 하나가 향가에는 없는 후렴구와 여음구가 대다수의 작품에 나온다는 점이다. 이는 현전 작품들이 『악장가사』와 같이 음악의 가사로서 기록된 데 따른 것으로 후렴구, 여음구가 들어간 형태 그대로 하나의 양식이 되었다고 할 수 있다.

연구 초기에는 '다롱디리, 動動다리'와 같은 구를 '현성 고음(絃聲鼓音)의 의성어'[1]로 풀이하였다. 또 『시용향악보』 수록 작품의 여음을 각각 악기의 의성, 감탄사, 진언, 소리와 말의 결합, 말 모는 소리 등으로 보았고[2] 여러 시가 장르의 여음에 대한 종합적인 분류와 검토도 있었다.[3] 그 후 의성어 설에서 나아가 당대에 관습화된 악기의 구음(口音)으로 해석함으로써[4] 연구의 진전을 이루었다. 악기의 구음 외에 다른 어구도 후렴구, 여음구로 사용되었기에 그것의 전반적, 시가사적 양상에 대한 고찰,[5] 감탄사에 국한하여 그 음악적 분장(分章) 기능에 대한 연구도[6] 이루어졌다. 근래에는 여음에 따른 작품 주제 분류, 여음의 정서 표출 기능, 여음구

---

1 양주동, 『여요전주』, 을유문화사, 1947, 50면, 78면.

2 이병기, 「시용향악보의 한 고찰」, 『한글』 115, 한글학회, 1955, 367-393면.

3 황희영, 「한국시가여음고」, 『국어국문학』 18, 국어국문학회, 1957, 42-76면.

4 정병욱, 「악기의 구음으로 본 여음구」, 『관악어문연구』 2, 서울대 국어국문학과, 1977, 1-26면.

5 진동혁, 「고려가요의 여음구」, 『수도논문집』 4, 수도여사대, 1969, 37-53면. ; 박춘규, 「여대 속요의 여음 연구 – 여음의 운율과 활용적 기능을 중심으로」, 『어문논집』 14, 중앙어문학회, 1979, 67-87면. ; 송정숙, 「한국고시가의 여음연구」, 『국어국문학연구』 6, 1980, 121-156면. ; 김용숙, 「속요의 여음에 관한 연구 – 유형과 기능을 중심으로」, 『군산수대연보』 18-2, 1984, 35-50면. ; 임동규, 「고려가요의 여음 연구」, 단국대 교육대학원, 석사 논문, 1989, 1-53면.

6 조흥욱, 「고려가요에 사용된 감탄사의 악보에서의 의미와 그 변모 양상에 대하여」, 『한신논문집』 3, 한신대, 1986, 71-92면. ; 양태순, 「음악적 측면에서 본 고려가요 – 정과정을 중심으로」, 『한국고전시가의 종합적 고찰』, 민속원, 2003, 146-171면.

·반복구의 시적 구조상 역할에 대한 연구가[7] 나왔다. 작품 전체의 시상 전개나 의미 구조 속에서 후렴구, 여음구의 문학적 기능을 이해하려는 경향이 높아진 것이다.

후렴구와 여음구가 대개 악기의 구음이라는 것은 널리 인정받는 견해이다.[8] 그런데 그것이 구음만이 아니라 감탄사 같은 다른 요소와도 결합하여 길거나 짧은 구를 이룬다. 이에 악기 구음, 감탄사 등 각 구성 요소들의 의미와 기능, 그것들이 연결된 구와 원작 가사와의 관계에 대해 좀 더 세밀한 검토가 필요하다. 악기의 구음인 이상 연행의 상황이 노랫말의 기록에 반영된 면이 있으므로 그것이 원작과 어떠한 관계 속에 연행적 성격을 지니는지도 살펴보아야 한다. 그리하여 원작과 연행 작 사이의 거리를 인식한 바탕 위에서 현전 고려가요에 대한 이해를 심화할 필요가 있다.

현전 고려가요 중에는 〈유구곡〉, 〈만전춘별사〉처럼 후렴구나 여음구가 붙지 않은 작품도 있다. 붙었더라도 〈정과정〉, 〈처용가〉같이 감탄사 '아으'만 쓰인 것도 있다. 〈정읍사〉의 여음구 '다롱디리'는 다른 작품에서 '다롱다리, 다링디리'와 같은 약간의 변형으로 나타나는 데 비해 〈상저가〉의 여음구 '히애, 히야해'는 이 작품에만 보인다. 오랜 기간에 걸쳐 애호된 것이 있는가 하면 어느 시기, 어느 작품에 국한되어 쓰인 것도 있어 후렴구, 여음구의 삽입 시기와 범위가 작품에 따라 달랐을 것으로 생각된다. 연행 상황에 맞추어 후렴구와 여음구를 집중적으로 삽입한 시

---

7 강명혜, 「여음을 통한 고려가요의 의미 연구(1) – '다로러 다리'류를 중심으로」, 『동방학』 12, 한서대 동양고전연구소, 2006, 99–127면. ; 김지은, 「음성상징으로 본 고려속요의 여음 연구」, 중앙대 대학원, 석사 논문, 2010, 1–60면. ; 김진희, 「고려가요 여음구와 반복구의 문학적·음악적 의미」, 『한국시가연구』 31, 한국시가학회, 2011, 101–127면.

8 이에 대한 이견도 있다. 전경욱, 「고려속요의 구음과 '라리련'·'라리라'의 관련 양상」, 『민족문화연구』 60, 고대 민족문화연구원, 2013, 257–281면에서 후렴구, 여음구가 불교 구음 '라리련', 범곡 '라리라'에서 파생한 것이라고 주장하였다.

대가 있었고 그 후 그것이 관습화된 형태로 속악의 연주곡이 되어 전승되었을 것이다. 그 시기를 확정할 수는 없으나 후렴구, 여음구의 이러한 역사성과 연행성을 상정해 두는 것이 논의의 중심을 잡는 데 도움이 되리라 본다.

이에 먼저 후렴구와 여음구가 기록된 양상을 정리해 본다. 정리된 것을 토대로 그것들이 어떠한 구성 방식을 취하고 있는지 살펴볼 것이다. 그리고 후렴구, 여음구가 작품의 본사와 관련되어 어떠한 역할을 하는지, 연행의 상황을 반영한 면모는 어떠한지에 대해 논의해 보겠다. 후렴구와 여음구가 지닌 문학적, 연행적 기능에 대한 전반적인 고찰을 통하여 고려가요의 이해를 좀 더 심화하려는 것이다.

2. 기록의 양상

먼저 『악학궤범』 소재 고려가요에 기록된 후렴구와 여음구는 다음과 같다(*표시는 후렴구, 표시 없는 것은 여음구).

아으 動動다리* 〈동동〉
아으 〈동동〉
어긔야 어강됴리 아으 다롱디리 〈정읍사〉
어긔야 어강됴리 〈정읍사〉
아으 〈처용가〉
아으 〈정과정〉

〈동동〉은 전 13연의 각 연 뒤에 동일한 후렴구가 반복되었고 제2~13연 첫 행 끝에 '아으'가 붙었는데 음보의 구성상 본사에 포함되기도 하고 여음구로 쓰이기도 하였다. 〈정읍사〉는 전 6행의 의미부로 이루어졌고 제2, 4, 6행 다음에 여음구가 붙어 있는데 제4행 뒤의 것은 반절만 나와 있다. '어긔야'는 의미부인 제2, 4, 6행에 쓰인 시어로서 이것이 발화의 시작부기 되어 여음구가 구성되었다. 〈처용가〉와 〈정과정〉은 감탄사 '아으'가 행 앞이나 뒤에 여음구로 붙어 있다.

다음으로 『악장가사』 소재 고려가요의 후렴구와 여음구는 다음과 같다.

나는 〈정석가〉
有德유덕ᄒᆞ신 님믈 여히ᄋᆞ와 지이다* 〈정석가〉
有德유덕ᄒᆞ신 님 여히ᄋᆞ와 지이다* 〈정석가〉
얄리 얄리 얄랑셩 얄라리 얄라* 〈청산별곡〉
얄리 얄리 얄라셩 얄라리 얄라* 〈청산별곡〉
아즐가 〈서경별곡〉
위 두어렁셩 두어렁셩 다링디리 〈서경별곡〉
나는 〈서경별곡〉
위 덩더둥셩 〈사모곡〉
다로러거디러 〈쌍화점〉
더러둥셩 다리러디러 다리러디러 다로러거디러 다로러 〈쌍화점〉
위위 다로러거디러 다로러 〈쌍화점〉
다롱디 〈이상곡〉
죵죵 〈이상곡〉
霹靂生陷墮無間벽력싱함타무간 〈이상곡〉
죵 〈이상곡〉
霹靂 生陷墮無間벽력아싱함타무간 〈이상곡〉
나는 〈가시리〉
위 증즐가 大平盛代대평셩ᄃᆡ* 〈가시리〉

ᄇᆡ떠라 ᄇᆡ떠라 〈어부가〉

지곡총 지곡총 어ᄉᆞ와 어ᄉᆞ와 〈어부가〉

닫드러라, 이어라 이어라, 돋ᄃᆞ라라 돋ᄃᆞ라라, 이퍼라 이퍼라, ᄇᆡ셰여라 ᄇᆡ셰여라, 돗디여라 돗디여라, ᄇᆡ매여라 ᄇᆡ매여라, 돗디여라 돗디여라, 아외여라 아외여라, 이퍼라 이퍼라, 돗더러라 돗더러라, 셔ᄉᆞ라 셔ᄉᆞ라 〈어부가〉

〈청산별곡〉과 〈가시리〉만이 각 연의 끝에 일정한 후렴구가 반복해 나타난다. 〈정석가〉는 반복구를 제외하고 4행 1연 구성에서 각 연 제4행에 같은 구절이 반복되는데 이것이 후렴구에 해당한다. 그런데 이 구절은 본사의 의미부에 속해 있어서 앞의 두 작품처럼 의미부에 덧붙은 후렴구와는 구분되는 양상을 띤다.

여음구는 다양하게 나타난다. '나ᄂᆞᆫ, 즁'과 같이 한두 음절로 이루어진 것부터 〈쌍화점〉처럼 '더러둥셩'으로 시작하여 길게 늘어진 것, 〈이상곡〉의 한자 어구, 〈어부가〉의 일련의 뱃일 지시어까지 다채로운 양상을 보여 준다. 의미부와 여음구 사이에 의미 연관이 있는 경우도 있고 그와 상관없이 악기 소리의 구음인 경우도 있다. 의미의 연관성도 〈이상곡〉같이 내용상 관련이 깊은 것과 〈어부가〉처럼 서정적인 내용보다 배를 타고 즐기는 유람의 형식에 국한된 관계로 이루어진 것 등 편차가 있다.

〈만전춘별사〉도 『악장가사』에 수록된 고려가요이지만 후렴구나 여음구가 붙어 있지 않다. 이로써 보면 후렴구·여음구의 존재는 고려가요 가사에 필수적 요소라기보다 연행 조건에 따라 붙은 수의적 요소라고 할 수 있다.

그리고 『시용향악보』 소재 고려가요의 후렴구와 여음구는 다음과 같다(『악장가사』의 것과 표기가 같은 구는 생략).

위 두어렁셩 두어렁셩 다링디리리 〈서경별곡〉

리라리러나 리라리라리* 〈나례가〉

얄리 얄리 얄라 얄라셩 얄라 〈청산별곡〉

히애 〈상저가〉

히야해 〈상저가〉

히야해 히야해 〈상저가〉

다리러 다로리 로마하 디렁디리 대리러 로마하 도람 다리러 다로링 디러리 다리렁 디러리 〈성황반〉

다로럼 다리러 〈내당〉

다로림 다리러 〈내당〉

디러렁다리 다리러디러리* 〈대왕반〉

다롱다리 三城大王 다롱다리 三城大王 〈삼성대왕〉

얄리 얄리 얄라 얄라셩 얄라* 〈대국〉1, 2, 3

〈상저가〉의 여음구가 독특하고 〈대국〉1, 2, 3의 후렴구는 〈청산별곡〉과 거의 같으며 나머지 작품들의 여음구나 후렴구는 『악학궤범』, 『악장가사』 수록 작품들의 것과 유사하다. 그렇지만 'ㄷ'음으로 시작하거나 'ㅇ'음이 매개가 되는 후자의 것들에 비해 'ㄹ'음으로 시작하는 후렴구가 나타나고 '로마하, 도람, 다로럼'처럼 'ㅁ'음이 들어간 것들이 있어서 다소간 차이를 보인다.

〈유구곡〉도 『시용향악보』에 수록되어 있으나 후렴구나 여음구가 붙어 있지 않다. 이러한 점은 앞의 〈만전춘별사〉처럼 작품의 연행 조건에 따른 기록의 양상으로 보인다.

끝으로 『대악후보』 소재 고려가요의 후렴구와 여음구는 다음과 같다(다른 책의 기록과 다른 부분만 인용).

위 두어렁셩 두어렁셩 다랑디려리 〈서경별곡〉

다로러니 〈쌍화점〉

더러둥셩 다로러 〈쌍화점〉

위위 다로러거디러거 다롱디 다로러 〈쌍화점〉

다롱디리 〈이상곡〉

〈서경별곡〉의 여음구는 '러'를 '려'로 잘못 쓴 것 같은데 '다랑디려(러)리'는 『악장가사』보다 『시용향악보』에 가까운 표기이다. 〈쌍화점〉의 두 번째 여음구는 『악장가사』보다 축약되었고 첫 번째와 세 번째에 '니', '거'가 첨가되어 있다. 〈이상곡〉은 『악장가사』에 비해 '-리'가 더해졌다.

3. 구성 방식

고려가요에 쓰인 후렴구와 여음구의 전반적인 구성 방식을 살펴보기에는 〈정읍사〉의 여음구 '어긔야 어강됴리 아으 다롱디리'가 중요한 시사점을 준다. '억+으+야>어그야>어긔야'는 '억'과 '야'의 두 감탄사가 합쳐진 말로 생각되고, 본사에 이미 나온 것을 가지고 여음의 시작 구로 삼은 점이 주목된다. '어강됴리, 다롱디리'에서 'ㅇ'은 앞뒤의 말을 연결하는 기능을 하고 '억+으+아>어그아>어가+ㅇ+디오리>됴리', '다로+ㅇ+디리'로 분석할 수 있다. 이렇게 보면 '어긔야 어강됴리 아으 다롱디리'는 '감탄사-감탄사+현악기 구음-감탄사-현악기 구음+현악기 구음'으로 짜인 여음구라고 할 수 있다.

'디오리>됴리, 다로, 디리' 등을 현악기 구음으로 보는 데는 좀 더 논의가 필요하다. 앞에서 보인 후렴구, 여음구 중에는 'ㄷ-ㄹ' 연결구가 많은데 이것들은 대체로 다음의 세 부류로 나눌 수 있다.

[표 1] 'ㄷ-ㄹ' 연결구의 구성

'다로-' 형	'다리-' 형	'디러-' 형
다로러 거 디러[9]	다리러 디러리	디러렁 다리
다로럼 다리러	다리러 디러	디렁 디러리[10]
디로림 디리러	디리렁 디러리	디렁 디리
다로링 디러리	다링 디러리	
다롱 다로리[11]	다링 디리	
다롱 다리		
다롱 디리		
다롱 디		

'ㄷ-ㄹ' 연결구의 앞부분은 '다로-, 다리-, 디러-' 형이고 두 구가 결합하면서 '-ㅇ-, -ㅁ-'이 앞뒤 구를 매개하며[12] 결합구의 마지막 음절은 '-러, -리'이다. 〈서경별곡〉의 같은 행 안에 『악장가사』는 '다링디리'로, 『시용향악보』는 '다링디러리'로 기록되어 있어 '디러리'와 그것에서 '러'가 빠진 '디리'가 같이 쓰였음을 알 수 있다. 이렇게 주로 3음절끼리 결합한 구, '러'나 '리'의 생략에 의한 3+2음절, 2+3음절, 2+2음절 등 축약형의 구가 고려가요의 후렴구와 여음구를 이루고 있다.

여러 변형이 나온 'ㄷ-ㄹ' 연결구가 어떤 말에서 유래되었는지 추정해 보아야 하는데 'ㄷ'과 'ㄹ'음이 연결된 악기 구음에서 찾는 것이 타당하리라 본다. 거문고의 구음은 하이(下二) 음에서 상이(上二) 음까지 '덩-둥-당-동-딩', 적(笛, 대금)의 구음은 '러-루-라-로-리'여서 'ㄷ'과 'ㄹ'이 각각의 악기 구음에 쓰일 뿐 연결되어 있지는 않다. 그런데 거문고의 '무현(武絃)

9 '다로러'와 '디러' 사이에 들어간 '거'는 '거디러'로써 해금의 구음이라고 한 견해가 있는데(정병욱, 앞의 논문, 23쪽) 본고는 '거'만으로 해금의 구음으로 본다.

10 이 여음구는 조선 초 속악 〈잡처용〉에 나오는데 비교를 위해 제시하였다.

11 이것도 〈잡처용〉의 구이다.

12 이는 '덜렁덜렁, 가랑가랑, 쉬엄쉬엄, 띄엄띄엄' 등에서의 'ㅇ, ㅁ'의 역할과 관련될 것이다. 뒤에서 다룰 '드랭, 드르랭'의 'ㅇ'도 이와 무관하지 않은 듯하다.

에서부터 5현을 거꾸로 안으로 그어 문현(文絃)에 이르러 그치는 것을……속칭 'ᄃᆞ랭"이라 하고 '두 줄 이상의 출현음의 구음을 나타내는 연타현에서는……月(ᄃᆞᄅᆞ랭)'이 포함되어 있다고 한다.[13] 거문고 연주법에서 술대로 무현을 뜬 다음 여러 줄을 그어서 내는 음들을 'ㄷ-ㄹ' 연결의 구음으로 표시한 것이다. 이 'ᄃᆞ랭, ᄃᆞᄅᆞ랭'이 고려가요의 후렴구, 여음구에 많이 보이는 'ㄷ-ㄹ' 연결구에 가장 가까운 구음이라 할 수 있다. 그리하여 '다롱디리' 류의 여음구를 현악기 구음으로 본 것이다.

한편, '어긔야'가 본사의 어구를 활용한 여음구인 점에 유의하면 〈성황반〉의 '도람'과 〈정석가〉, 〈서경별곡〉, 〈가시리〉에 나온 '나ᄂᆞᆫ'이 여음구로 사용된 유래를 추정해 볼 수 있다. '도람'은 〈정과정〉 마지막 행에 쓰인 시어인데 그 뜻과 상관없이 음만을 가져와 악기 소리를 표기하는 데 사용한 것으로 보인다.[14] '나ᄂᆞᆫ'은 〈가시리〉 각 연의 행 끝에 나오는데 제3연에는 '두어리마ᄂᆞᄂᆞᆫ'만으로 행을 이루고 있어 이 구절의 어미에 포함된 '-ᄂᆞᄂᆞᆫ'이 여음구 '나ᄂᆞᆫ'을 대신하는 양상을 띤다. 〈서경별곡〉 제1연에 '-마르ᄂᆞᆫ', 〈사모곡〉에는 '-마ᄅᆞᄂᆞᆫ'이 나와 있어 '-ᄂᆞᄂᆞᆫ, -르는, -ᄅᆞᄂᆞᆫ'의 어미에서 두음법칙이 적용된 '나ᄂᆞᆫ'을 한 구로 독립시켜 여음구로 활용하였을 가능성이 있다. '도람'은 'ㄷ-ㄹ' 연결의 여음구들과 음이 통하고 '나ᄂᆞᆫ'은 관악기 구음인 '너-누-니'[15]와도 호응하기 쉬어서 차용된 것이 아닐까 한다.

'어긔야'와 '아으'가 감탄사라는 점도 시사하는 바가 크다. '아으'(동동·처용가·정과정), '위'(서경별곡·사모곡·가시리), '위위'(쌍화점) 등 사람의 입에서 나는 감탄의 말이 단독으로 혹은 악기의 구음과 결합하여 후렴구

13 이상규, 「국악기 구음법의 사적 고찰」, 서울대 대학원, 박사 논문, 2003, 12면, 34면.

14 양태순, 「정과정(진작)과 성황반에 대하여」, 앞의 책, 172–187면에서 두 작품이 유사한 악곡으로 편성되었다고 하였다. '도람'의 인용은 이와 관련하여 이루어졌을 것이다.

15 홍종진, 「금합자보에 나타난 적보와 그 음악」, 『국악교육』 34, 한국국악교육학회, 2012, 190면.

나 여음구를 이루고 있다. 감탄사만으로 여음구가 된 ‘아으’(동동·처용가·정과정), ‘히얘, 히야해’(상저가)도 있으나 대개는 감탄사가 앞에 나오고 악기의 구음이 뒤따르는 형태가 일반적이다.

이러한 감탄사 여음구에 ‘아즐가’(서경별곡), ‘증즐가’(가시리), ‘어ᄉᆞ와’(어부가)도 포함될 수 있다고 생각한다. 사전에 ‘얼씨구’의 평안북도 방언은 ‘앗쭝’, 평안도 방언은 ‘어쭝’으로 기재되어 있다.[16] 평양을 배경으로 한『서경별곡』에 쓰인 ‘아즐가’는 ‘앗쭝/어쭝’과 음운상 ‘아-아/어, ㅈ-ㅉ, ㄱ-ㅇ’ 등 같은 음, 된소리화, 연구개와 후두의 근접한 발음 위치 면에서 관련성이 깊다고 할 수 있다. 이를 바탕으로 추론해 보자면 ‘아즐*(어근)+ᄒᆞ다(접사)>아즐ᄒᆞ다>아즗다*’의 어간 ‘아즗-’에 연결어미 ‘-아’가 붙어 ‘아즐하*>아즐가’로 표기된 것이 아닐까 한다. ‘아즐가’에 대한 추론의 연장에서 ‘어ᄉᆞ와’를 생각해 볼 수 있다. ‘어ᄉᆞ와’는 시조 종장에 보이는 ‘어즈버’와 함께 ‘어ᄉᆞᆯ*/어즐*(어근)+ᄇᆞ다/브다(접사)>어ᄉᆞᆯ바/어즐버>어ᄉᆞ와/어즈버’로 나타난 것일 수 있다. 이는 ‘아즐가, 어ᄉᆞ와, 어즈버’의 공통 어근으로 ‘아즐*/어즐*/어ᄉᆞᆯ*’을 상정해 본 것이다.

이러한 추론에 따라 ‘아즐가’와 ‘어ᄉᆞ와’는 같은 어원에서 나온 말로서 평안 방언 ‘앗쭝/어쭝’과 함께 현대어 ‘얼씨구’에 해당하는 감탄사로 볼 수 있다. 또한 ‘얼씨구’는 ‘절씨구’와 결합하여 쓰이고 ‘얼쑤절쑤’, ‘아리쓰(스)리’ 등 ‘ㅇ’과 ‘ㅈ/ㅆ/ㅅ’음이 짝을 이루어 나타나는 점을 고려하면 ‘아즐가’와 ‘증즐가’도 그와 같은 관계에 있다고 생각된다. 말하자면 ‘얼씨구절씨구’처럼 ‘아즐가증즐가’가 연결되어 쓰였을 가능성이 있는 것이다.

여기서 ‘얄리 얄리 얄라(랑)셩 얄라리 얄라’(『악장가사』 청산별곡), ‘얄리 얄리 얄라 얄라셩 얄라’(『시용향악보』 청산별곡, 대국1, 2, 3)를 살펴볼 만하다. ‘어강됴리, 아으 다롱디리’처럼 감탄사와 현악기 구음이 결합하

16 국립국어원,『표준국어대사전』「우리말샘」‘얼씨구’ 항목 참조.

거나 이어지는 방식에 따라 '야+ᄃᆞ라리>야ᄃᆞ라리>야ᄅᆞ라리>얄라리>얄리/얄라'로의 음운 변화 및 축약을 상정할 수 있다. 앞에서 본 '러'나 '리'의 축약형처럼 '야ᄅᆞ라리'에서 'ㆍ' 탈락과 '라' 또는 '리'의 생략을 통해 '얄리'와 '얄라'가 나왔다고 보는 것이다.

여음구를 구성하는 또 다른 요소로 표지어를 들 수 있다. '얄라(랑)셩'에 쓰인 '셩'은 '두어렁셩'(서경별곡), '덩더둥셩'(사모곡) '더러둥셩'(쌍화점)에도 나온다. 모두 'ㅇ'음을 앞에 두고 붙어 있다는 공통점이 있다. '셩'이 '얄라, 두어러'에 붙을 때 'ㅇ'음이 매개 역할을 하고 '덩더둥, 더러둥'에 붙을 때는 이미 앞 말에 들어 있는 'ㅇ'이 그 역할을 대신한 것으로 보인다. 이렇게 보면 '셩'은 앞 말에 대한 표지, 즉 '성(聲)'의 표기로 생각된다. '얄라 소리, 두어러 소리. 덩더둥 소리, 더러둥 소리'라는 의미를 표시한 말로 이해하는 것이다. '덩더둥'과 '더러둥'은 '動動다리'의 '動動'처럼 타악기 구음으로, '두어러'는 현악기 구음이기보다는 감탄사 '두어라'의 이표기로 보는 것이 좋을 듯싶다.

이상의 고찰을 통해 『악학궤범』, 『악장가사』, 『시용향악보』에 기록된 후렴구와 여음구의 구성을 정리해 보면 다음과 같다(현악기 구음+현악기 구음은 현악기 구음으로만 표시).

[표 2] 고려가요 후렴구·여음구의 구성

구성 요소 및 방식	작품별 사례
감탄사	아으, 어긔야, 나ᄂᆞᆫ, 아즐가, 히얘, 히야해
현악기 구음	다로러거디러, 다롱디, 쫑(쫑), 다리러 다로리 로마하[17] 디렁디리 대리러 로마하 도람다리러 다로링 디러리 다리렁 디러리, 다로럼 다리러, 다로림 다리러, 디러렁다리 다리러디러리
관악기 구음	리라리러나 리라리라리
유의어	有德유덕ᄒᆞ신 님(믈) 여ᄒᆡᄋᆞ와 지이다, 霹靂生陷墮無間벽력ᄉᆡᆼ함타무간, 빅뻐라 빅뻐라 등

감탄사-현악기 구음	위위 다로러거디러 다로러, 위위 다로러거디러거 다롱디 다로러
감탄사-타악기 구음 + 현악기 구음	아으 動動다리
감탄사-타악기 구음 + 표지어	위 덩더둥셩
감탄사+현악기 구음-감탄사+현악기 구음+표지어-감탄사+현악기 구음	얄리 얄리 얄라(랑)셩 얄라리 얄라, 얄리 얄리 얄라 얄라셩 얄라
감탄사-감탄사+현악기 구음-감탄사-현악기 구음	어긔야 어강됴리 아으 다롱디리
감탄사-감탄사+표지어-현악기 구음	위 두어렁셩 두어렁셩 다링디리, 위 두어렁셩 두어렁셩 다랑디려리
감탄사-감탄사-유의어	위 증즐가 大平盛代대평셩딕
현악기 구음+관악기 구음	다로러니
현악기 구음-유의어	다롱다리 三城大王 다롱다리 三城大王
타악기 구음+표지어-현악기 구음	더러둥셩 다리러디러 다리러디러 다로러거디러 다로러, 더러둥셩 다로러
기구 의성어-감탄사	지곡총 지곡총 어ᅌᅪ 어ᅌᅪ
유의어-감탄사-유의어	霹靂 生陷墮無間벽력아ᄉᆡᆼ함타무간

4. 문학적 기능

위에서 정리한 후렴구와 여음구의 구성을 보면 악기 구음만으로 이루어진 것도 있으나 대다수가 감탄사와 악기 구음의 연결 형태로 되어 있다. 악기의 구음이라 해도 5음계의 각 음을 고정적으로 지시하는 구음들이 아니라 연속된 악기 소리를 가지고 조합, 축약하여 감탄사와 이어지게 해 놓은 것이다. 대개 모음으로 시작하는 감탄사에 'ㄷ-ㄹ'의 연결음이 이어진 형태로 각 연 뒤나 각 행 사이에 삽입되어 하나의 문학적 양식을

17 '로마하'는 〈잡처용〉의 '둥덩 다리러 로마'에 나온 '로마'의 장음형으로 보이는데 '로 + ㅁ + 아/아하'로 분석할 수 있다. '로'는 그 앞에 나온 현악기 구음 '다리러'에 딸린 음절로, '아/아하'는 감탄사로 보아 구분할 수도 있으나 여기서는 긴 현악기 구음에 포함시켜 두었다.

이룬다. 그리하여 원작의 시상 전개 및 의미 구조에 일종의 휴지부를 둠으로써 후렴구, 여음구가 작품 내적으로 일정한 역할을 하고 있다.

〈서경별곡〉은 여음구가 빈번하게 삽입된 작품 중 하나라고 할 수 있다. 작품 제1연을 제시하고 여음구의 기능에 대해 논하기로 한다.

> 西京셔경이 아즐가 西京셔경이 셔울히마르는
> 위 두어렁셩 두어렁셩 다링디리
> 닷곤 듸 아즐가 닷곤 듸 쇼셩경 고외마른
> 위 두어렁셩 두어렁셩 다링디리
> 여힉므론 아즐가 여힉므논 질삼뵈 ᄇᆞ리시고
> 위 두어렁셩 두어렁셩 다링디리
> 괴시란듸 아즐가 괴시란듸 우러곰 좃니노이다
> 위 두어렁셩 두어렁셩 다링디리[18]

4행이 1연을 이루는 연 구성에서 각 행의 시작 구절 다음에 '아즐가'가 붙고 행마다 뒤에 '위 두어렁셩 두어렁셩 다링디리'가 붙었다. 여음구만 보면 '아즐가, 위, 두어러(라)'와 같이 감탄사가 중심을 이루고 있어 화자의 감탄하는 말이 구절 사이, 행 사이에서 계속 발화되는 양상이다.

제1연 제1행 '西京셔경이 아즐가 西京셔경이 셔울히마르는'에서 '얼씨구(아즐가)'가 들어가 '서경이'를 두 번 발화함으로써 그 시어의 음상과 의미를 강조하고 있다. 이어서 '위'로 시작하는 여음구가 나오고 제2행으로 넘어가 '닷곤 듸 아즐가 닷곤 듸'라고 하여 또다시 여음구에 의해 시어가 반복된다. 이러한 구성을 통해 청자에게는 '서경이, 닦은 데' 등 각 행 첫 어절이 심중하게 의식된다. 이렇게 한 구절 한 구절을 확연하게

18 『악장가사』, 한국학문헌연구소, 1973, 38–39면.

말해 주고, 또 행 사이에서 '위~'의 감탄사 위주의 여음구를 넣음으로써 각 구절, 각 행의 표현이 하나하나 뚜렷한 인상으로 전달된다.

작품의 전체 4연은 이별의 경과에 따라 구성되었는데 그중 제1연과 제3연에서 다툼의 어조가 두드러진다. 제1연에서 화자는 서경이 서울이고 닦여서 번성한 곳이라는 님의 말을 일부 긍정하면서도 자기를 사랑하신다면 데리고 가 달라고 간청한다. 그것이 거절된 다음에는 이별의 현장인 대동강변에 나와 제3연에서 님을 배에 태우는 사공에게 화풀이를 한다. '위 두어렁셩 두어렁셩 다링디리'의 여음구는 이러한 어조가 표현된 행 사이에 들어가 있다. '위, 두어러(라)'의 감탄사가 삽입됨으로써 다툼의 어조에 담긴 원망의 정서에 대해 공감하는 뜻을 나타내고 있다.

이와 같이 〈서경별곡〉의 여음구는 각 연의 어구, 행 사이에서 의미를 반복 강조하는 역할을 한다. 나아가 전 4연의 시상 전개를 통해 각 연의 시적 상황에서 우러나는 화자의 어조와 정서에 동조하는 음성적 기능까지 맡고 있다. 그리하여 여음구가 작품 전체에 걸쳐 정서와 의미의 강화, 확산에 기여하는 양상을 보인다.

〈쌍화점〉은 전 4연으로 이루어졌는데 각 연의 구성이 같아서 제1연의 분석을 통해 다른 연에도 적용할 수 있다.

雙花店솽화뎜에 雙花솽화 사라 가고신딘
回回휘휘 아비 내 손모글 주여이다
이 말ᄉᆞᆷ미 이 店뎜 밧긔 나명 들명
다로러거디러
죠고맛감 삿기 광대 네 마리라 호리라
더러둥셩 다리러디러 다리러디러 다로러거디러 다로러
긔 자리예 나도 자라 가리라
위위 다로러거디러 다로러

긔 잔 ᄃᆡᄀᆞ티 덦거츠니 업다[19]

각 연의 의미부는 4행+2행으로 구성되어 있는데 제3, 4, 5행 뒤에 여음구가 나온다. 전4행과 후2행으로 구분해 보면 전반부와 후반부가 나뉘는 자리, 전4행 중 제3행과 제4행 사이, 후2행의 제5행과 제6행 사이 등 세 곳에 여음구가 들어가 있다.

첫 번째 여음구는 '이 말ᄉᆞ미 이 店뎜 밧긔 나명 들명'이라 가정한 후 잠시 뜸을 들이는 데 삽입되어 '죠고맛감 삿기 광대 네 마리라 호리라'고 하여 어느 사람을 지목하는 구절로 이어지도록 이끈다. 여음구로써 가정과 지목 사이에서 시적 긴장감을 높이고 있다. 두 번째 여음구는 전반부 4행과 후반부 2행을 구분하는 자리에 쓰였다. 앞의 독백체에서 뒤의 대화체로 전환, 시상 전개상의 도약을 뒷받침하고 있다. 세 번째 여음구는 제2화자의 등장과 발화, 그에 대한 제1화자의 응답 사이에 들어가 두 화자 간 대화에 일정한 간격을 마련해 준다. 이렇듯 세 곳에 삽입된 여음구는 진술 방식과 시상의 전환, 긴장감 고조, 대화의 거리 확보 등 조금씩 다른 기능을 하고 있다.

작품의 각 연은 쌍화점, 삼장사, 두레우물, 술 팔 집에서 제1화자가 그 주인에게 손을 잡힌 사건에 대해 말하고 제2화자가 그 말에 반응하여 동참하고자 하니 다시 제1화자가 주의를 주는 식으로 전개된다. 이러한 시상의 발전적 전개에서 의미가 건너뛰는 세 지점에 여음구가 나옴으로써[20] 시상의 연결상 간격을 두고 전달되는 의미를 생각할 시간을 가짐으로써 시적 구조와 주제에 대해 음미하도록 유도한다. 길이가 짧고 긴 것

---

19 위의 책, 43면.

20 기존에 〈쌍화점〉의 여음구를 '거듭되는 반전으로 이루어진 연 구조를 가능하게 한'(김진희 앞의 논문, 115쪽) 장치로 이해한 바 있는데, 본고는 이 작품이 '반전'으로 이루어진 것이라 하기 어렵다는 입장에서 시상의 발전적 전개상에서 여음구의 기능을 논하였다.

에 따라 휴지부에서 음미하는 시간에 차등을 둔 것도 수용과 감상의 효과를 의도한 것이라 하겠다.

〈동동〉, 〈청산별곡〉, 〈가시리〉는 같은 후렴구가 각 연 뒤에 반복하여 나온다. 후렴구로써 연이 확실하게 구분되는 한편으로 작품에 따라 그 기능 및 효과가 다르게 나타난다. 감탄사에 타악기와 현악기 구음이 연결된 '아으 動動다리'는 〈동동〉 본사의 열두 달에 걸친 서정적 내용과 정서를 뒷받침하고 있다. 이 후렴구는 각 연 제1행 끝에 나온 여음구 '아으'와 호응하여 님을 그리워하는 애절한 정서를 연장해 준다. 물론 제1연의 송축가가 작품 전체의 주제에서 이탈해 있으나 후렴구는 송축의 주제까지도 후속하는 열두 달의 정서 속으로 이끌고 들어가는 도입의 역할을 한다. 말하자면 '높은 분을 모신 이 자리에서 부르는 노래입니다(제1연), 아아 둥둥 다리, 정월에 홀로 지내는구나(제2연). 아아 둥둥 다리' 식의 의미맥락을 이루는 것이다. 그리하여 이 후렴구는 그것에서 따와 제목을 삼을 만큼 작품의 주제와 정서를 대변하는 기능을 담당하고 있다.

〈청산별곡〉의 '얄리 얄리 얄라(랑)셩 얄라리 얄라'는 표지어 '셩'을 빼면 감탄사와 현악기 구음이 결합, 축약되어 이루어진 후렴구이다. 'ㄹ'음이 'ㅑ, ㅏ, ㅣ'의 모음들에 연결되어 물결이 흐르는 듯 율동감을 형성한다. 각 어절의 첫 음이 '야'인데 이 감탄사로 인해 부드러운 흐름 가운데 탄식의 정서가 배어 나오는 듯한 인상을 준다. 이는 현악기가 연주되어 그 소리가 울려 퍼지는 연행 현장을 반영하는 동시에 유랑 생활의 애환이 그려진 작품 내용에 얽힌 정서를 드러내는 것이라 할 수 있다.

〈가시리〉의 후렴구 '위 증즐가 大平盛代대평셩ᄃᆡ'는 님과의 이별을 그려 낸 본사와는 주제상, 정서상 차이가 워낙 커서 거의 모순된 것처럼 보인다. 이러한 면모가 있는 것은 사실이나 기록된 형태가 연행 상황의 반영이라는 점이 고려되어야 한다. 본사를 통해 이별의 애절한 정서를 전달하는 중에 '아 절씨구 태평한 시대로다.'라는 후렴구가 들어간 것은 노래의 내용과 가창의 현장이 서로 얽히면서 만들어진 것이다. 노래가 불리는 자리는 대개 왕 또는 귀족에 의해 마련된 것이어서 청중으로서는 칭송과 축복의 분위기에 싸여 있게 된다. 들리는 노래의 내용이 애달프기 그지없다 해도 청중이 놓인 환경은 유흥으로 넘쳐난다. 연행의 상황을 배경에 두고 작품의 내용을 감상하는 조건에 있는 것이다. 작품 내용과 연행 상황이 모순된다고 하여도 연향의 유흥적인 분위기 속에서 이별의 주제와 정서에 감동하는 것은 충분히 가능하다. '태평성대에 베풀어진 이 자리에서 인간 보편의 사랑과 이별 노래를 듣고 있노라.'는 설정인 것이다.

〈정석가〉의 후렴구와 〈이상곡〉의 여음구는 유의어로 구성되었다는 점과 함께 〈가시리〉와는 달리 본사의 주제와 밀접하게 관련된다는 점에서 공통성을 지닌다. 〈정석가〉의 '有德유덕ᄒᆞ신 님(믈) 여희ᄋᆞ와 지이다'는 각 연의 마지막 행에 들어가 본사를 이루고 있다. 전 6연 중 제2~5연의 제4행마다 반복되는 이 후렴구는 연향을 베풀어 준 '님'에게 송축과 신의를 표하는 의미를 지니는데 각 연의 제1~3행에 그려진 내용과 연관되어 연이 거듭될수록 그 의미가 증폭, 강화하는 양상을 띤다. 〈이상곡〉의 '霹靂 生陷墮無間벽력(아)ᄉᆡᆼ함타무간'은 '고대셔 싀여딜 내 모미'와 함께 두 번 반복되면서 시상 전개에 관여하고 있다. '곧 사라질 내 몸이'라는 절망의 탄식 앞에 '벼락 맞아, 아, 무간지옥에 떨어지리라.'는 저주가 붙어 있는데 이는 화자가 자책하는 말일 수도 있고 다른 화자가 발화하는 말일 수도 있다. 작품 전반에 걸쳐 구사된 우리말 시어와는 확연히 다른 한자 어구로 되어 있어서 후자 쪽일 가능성이 높다. 이로써 청중으로 하여금 불륜의 사랑을 다룬 작품 주제에 대해 비판적 거리를 갖도록 요구한다.

〈정읍사〉는 다음과 같은 가사로 기록되어 있다.

ᄃᆞᆯ하 노피곰 도ᄃᆞ샤
어긔야 머리곰 비취오시라
어긔야 어강됴리 아으 다롱디리
全 져재 녀리신고요
어긔야 즌 ᄃᆡ를 드ᄃᆡ욜셰라
어긔야 어강됴리
어느이 다 노코시라
어긔야 내 가논 ᄃᆡ 졈그ᄅᆞᆯ셰라
어긔야 어강됴리 아으 다롱디리[21]

제2행의 '어긔야'가 여음구의 서두로 나왔는데 본사 제1, 2행의 주제와 정서를 여음구로 옮겨 오는 듯한 느낌을 준다. 이어서 '어긔야 어강됴리'에 '아으 다롱디리'가 더해져 감탄사-현악기 구음의 교체와 중첩을 통해 청중의 공감을 유도하고 있다. 그런 다음에 본사 제3, 4행으로 넘어가고 제4행의 '어긔야'를 다시 받아서 '어긔야 어강됴리'가 나온다. 여기서는 '아으 다롱디리'를 생략함으로써 공감의 시간을 조금 단축시켰다. 그러고 나서 제5, 6행이 발화되고 다시 한 번 '어긔야 어강됴리'에 '아으 다롱디리'가 더해진 여음구로써 본사의 간절한 정서를 담아서 여운으로 전해 준다.

이 작품은 달에게 화자의 염원을 전하는 방식과 님의 안전을 염려하는 주제가 어우러져 서정적인 성격이 짙게 나타난다. 이러한 특성이 위와 같이 여음구를 통해 더욱 효과적으로 표현된 것이다. 본사의 각 행 사이와 두 행씩의 의미 단락 사이에 들어간 여음구가 작품의 서정성을 심화하는 데 크게 기여하고 있다.

---

21 『악학궤범』, 국립국악원. 2011, 235–236면.

종합해 보건대, 후렴구와 여음구는 각 작품의 시상 전개에 관여하고 의미의 전달 효과를 높이는 데 일정한 역할을 한다. 작품마다 조금씩 다른 문학적 기능을 함으로써 작품이 지닌 개성을 살리는 한편 원작이 불리는 연행 현장의 분위기를 반영하고 있다.

5. 연행적 기능

감탄사가 많이 나오고 악기 구음이 조합된 것이긴 하지만 후렴구와 여음구는 연행의 상황을 반영하여 원작을 편사(編詞)하면서 들어간 구절이라 할 수 있다. 주로 악기의 구음을 가지고 후렴구, 여음구를 구성함으로써 속악 연주라는 배경적 상황을 원작의 노랫말과 함께 의식하며 향유할 수 있는 장치를 마련한 것이다.

〈군마대왕〉의 경우, 작품 전체가 가사 없이 악기 구음만으로 되어 있다.

> 리러루 러리러루 런러리루러루 러리러루 리러루리러리로 로리로라리 러리러 리러루 런러리루러루 러리러루 리러루리러리로

이것은 '오음 악보의 각 음에 가사가 1자씩 배치되어 있어 가사가 악기의 구음임을 알 수 있'는데 '고정형 구음법과 변화형 구음법을 가진 적(笛) 구음을 적은 것'[22]이라고 한다. 이렇게 관악기 구음만으로 이루어진 악보를 통해 속악 공연을 위한 연습이나 실제 공연에서 구음이 사용되었음을 알 수 있다.

관악기의 구음은 앞에서 제시한 〈나례가〉의 후렴구에서도 쓰였다.

---

22 이상규, 앞의 논문, 151면, 155면.

리라리러나 리라리라리

본사의 뒤에 붙은 이 후렴구로 보아 〈나례가〉의 반주 악기 중 하나가 궁중 나례에서 쓰인 각(角)[23]임을 헤아려 볼 수 있다. 궁중의 나례를 본떠 민간에서 공연할 때 노래의 후렴을 관악기 구음으로 가창한 것이다. 이는 속악이 민간에 전파되면서 궁중 속악의 연주 상황이 후렴구에 반영된 사례라 할 수 있다.

현악기 구음만으로 구성된 후렴구는 〈대왕반〉에서 보인다.

디러렁다리 다리러디러리

속악에 편입된 무가로 여겨지는 이 작품에서는 현악기 구음이 후렴으로 불리었다. 〈나례가〉의 예로 미루어 주된 반주 악기가 현악기여서 그 구음이 쓰였을 것으로 추측된다.

현악기 위주의 여음구로는 〈쌍화점〉의 '다로리기디리, 디리둥성 다리러디러 다리러디러 다로러거디러 다로러, 위위 다로러거디러 다로러'가 있다. 앞에서 이것의 문학적 기능에 대해 논했는데 그와 아울러 현악기 위주의 반주 악기 소리를 반영한 연행적 기능도 고려할 필요가 있다. 이 여음구는 현악기 구음이 중심을 이루지만 해금 구음인 '거', 타악기 구음인 '더러둥', 감탄사 '위위' 등에다 『대악후보』에는 '거'가 한 번 더 나오고 관악기 구음 '니'까지 포함되어 있다. 현악기, 관악기, 타악기의 합주로써 노래 반주가 이루어졌음을 짐작할 수 있기에 상당한 규모의 악대를 동반한 연행이었다고 하겠다. 여기에 작품 후반부 2행이 제1, 2화자의 대화로

23 『고려사』 64, 「지」 18, 군례, 季冬大儺儀……鼓角軍 二十爲一隊 執旗四人 吹角四人 持鼓十二人. 여기서 각(角)은 나발을 지칭하나 통소, 피리 등 관악기의 범칭으로 보아도 무방하다.

된 연극적 구성이어서 두 화자의 말을 따로 불렀다면 다양한 반주 악기 소리에 얹혀 가창된 노래로서 복합적, 입체적 공연이 이루어졌을 것이다.

현악기 구음이 여음구로 길게 나오는 작품으로 〈성황반〉이 있다. 전체 5행 중 제4행 뒤에 '다리러 다로리 로마하 디렁디리 대리러 로마하 도람다리러 다로링 디러리 다리렁 디러리'가 나온 다음 제5행이 불리어 한 연이 마무리된다. 현악기 연주의 비중이 높았기 때문에 이러한 여음구가 들어갔을 것이다. 〈내당〉에는 제6행 다음에 '다로럼 다리러'가 나오고 3행이 이어진 뒤에 다시 한 번 '다로럼 다리러'가 붙어 있다. 길이는 짧지만 이 작품도 현악기 위주의 반주가 노래에 반영된 것으로 보인다.

감탄사와 악기 구음이 연결된 여음구가 많은데 〈삼성대왕〉의 경우 '다롱다리 三城大王 다롱다리 三城大王'으로 현악기 구음에 유의어가 이어진 것도 있다. 이로 보면 '다롱디리' 류의 축약형 현악기 구음이 감탄사처럼 불리었다는 것을 알 수 있다. 〈정읍사〉의 '어긔야 어강됴리 아으 다롱디리'가 감탄사, 악기 구음의 구분 없이 감탄의 어조를 유려하게 발화하는 것도 이와 같은 맥락이라 하겠다. 그리하여 악기 구음보다 감탄사 위주로 구성된 후렴구, 여음구들은 노랫말의 일부로서 원작에 동화된 채 가창되면서 문학적 기능과 함께 연행적 기능을 담당한 것으로 보인다. 편사자로서는 원작의 의미 구조, 시상 전개 등을 파악하는 한편으로 속악 공연의 현장 분위기를 감안하여 그에 맞는 후렴구, 여음구를 원작의 노랫말에 넣어 편사하였을 것이다.

연행 방식에서 〈동동〉은 두 기녀가 엎드린 채 동동 만기가 연주되면 고개를 들고 '德으란 곰빅에 받좁고~'의 기구를 부른 다음에 타악기인 아박을 허리띠에 꽂고 일어나 춤을 추고, 여러 기녀가 정월령을 합창하고 동동 중기가 연주되면 이월령에서 십이월령까지 부른다.[24] 이때 후렴구

24 『악학궤범』 5, 「아박」(국립국악원. 2011, 231면). 舞妓二人……跪俛伏 樂奏動動慢機 兩妓小

'아으 動動다리'는 각 연의 의미부와 함께 불리었다. 송축의 기구(제1연)는 월령체의 구(제2~13연)를 부르기에 앞서 의식의 초입에 가창된 것이다. 이렇게 〈동동〉 첫 연과 나머지 열두 연이 구분되어 가창된 것에서 〈가시리〉의 연행 방식도 유추해 볼 수 있다. 애절한 이별의 정서를 그려 낸 본사와 송축의 후렴구를 구분해서 가창하였을 가능성이 높은 것이다. 한두 기녀가 본사를, 여러 기녀가 후렴을 부르는 방식이었을 것 같다. 이는 〈이상곡〉의 연행에도 적용할 만하다. 불륜의 사랑을 표현한 본사와 지옥에 떨어지리라는 저주의 여음구를 각각 다른 사람이 불렀을 법하다. 그리하여 이 작품들의 연행은 〈쌍화점〉 정도는 아니더라도 상당히 입체적인 모습을 띠었을 것으로 짐작된다.

연행에서 반주 악기의 음악 소리에 얹혀 노래가 불리는 중에 후렴구, 여음구의 악기 구음이 본사의 노랫말에 이어져 가창된다. 악기 소리에서 따온 구음들이 노랫말의 의미 전개 속에 끼어들어 기능하는 양상으로 연행되는 것이다. 구음법에서 현악기, 관악기에 공통적으로 '어-우-아-오-이'의 모음이 사용되었는데 이것과 ㄷ, ㄹ음이 결합한 구음이 감탄사의 모음에 연결되어 불린다. 이렇게 ㄷ, ㄹ과 모음이 어우러져 나오는 소리는 그 자체로 청중의 감성을 자극하였을 것이고 가창을 통해 나오는 음운의 연쇄로써 부드러운 율동감을 느끼게 했을 것이다. 그리하여 무의미부의 후렴구, 여음구도 연행 상황에서 의미부의 본사와 더불어 청중의 감흥을 일으키는 역할을 하였다고 생각된다.

연행 현장이 여음구에 반영되어 지역적 특성을 나타내는 경우도 상정해 볼 수 있다. 앞에서 살폈듯이 〈서경별곡〉의 '아즐가'는 평안 방언 '앗쭝/어쭝'과 관련된 말이다. 이로써 생각해 보면, 개경에 있던 국왕이

擧頭 唱起句……訖 跪取牙拍 掛插於帶間 斂手起立足蹈 諸妓唱詞……兩妓舞 樂奏動動中機 諸妓仍唱詞…….

신하들을 이끌고 서경에 행차하여 연향을 베풀었을 때 담당자들이 그 지역의 가요인 〈서경별곡〉을 채집, 편사하여 속악에 올리면서 지역 방언인 '아즐가' 같은 감탄사를 넣어 특색 있게 보이려 했을 수 있다. 이는 후렴구, 여음구가 연행 현장을 반영하는 데에 좀 더 색다른 면모를 띠는 경우라 하겠다.

고려가요 중에는 연향의 분위기와 상황이 반영된 작품들이 상당수 있다.

> 가다니 ᄇᆡ브른 도긔
> 설진 강수를 비조라
> 조롱 곳 누로기 ᄆᆡ와 잡ᄉᆞ와니
> 내 엇디ᄒᆞ리잇고[25]

위의 〈청산별곡〉 제8연은 '강술'을 빚는 곳에 이르러 화자가 누룩 향에 이끌리는 내용이다. 작품의 마지막 연이라서 이로써 가창이 끝나면 좌중에 술 권하는 의미가 확산되었을 것이다. 이는 노래 가사 속에 연향의 분위기가 담겨 있는 양상이라 할 수 있다.

> 술 ᄑᆞᆯ 지븨 수를 사라 가고신ᄃᆡᆫ
> 그 짓 아비 내 손모글 주여이다[26]

〈쌍화점〉 제4연 제1, 2행도 화자가 술집에서 손목 잡힌 사건을 소재로 하였다. 이 연도 작품의 마지막에 배치된 것이니 가창을 마치는 대목

---

25 『악장가사』, 앞의 책, 38면.
26 위의 책, 45면.

에 술과 관련된 가사를 둠으로써 좌중에 술을 권하고 취흥을 고조하려는 의도에 의한 것으로 생각된다.

〈정석가〉의 경우는 연행적 성격이 더욱 뚜렷하다. 제1연부터 '션왕셩딕'에 노는 것이라고 하여 연행의 의의를 천명하였다. 이어지는 제2~6연은 '구은 밤, 한쇼'의 음식 재료, '蓮련ㅅ곶, 바회'의 연회석 주변 풍경, '털릭, 구슬'의 복장과 장신구 등을 소재로 불가능한 상황을 설정하여 '有德유덕ᄒᆞ신 님'을 송축하고 신의를 다짐하는 뜻을 나타내었다. 연회의 음식, 풍경, 호위병과 참가자 등을 다룸으로써 연향의 분위기와 상황을 반영하여 작품의 연행적 성격을 두드러지게 표현한 것이다.

사랑의 노래에서도 연향의 상황이 반영된 예를 찾아볼 수 있다.

> 十二月ㅅ 분디남ᄀᆞ로 갓곤 아으
> 나ᄉᆞᆯ 盤잇 져 다호라
> 니믜 알픠 드러 얼이노니
> 소니 가재 다 므ᄅᆞ습노이다[27]

〈동동〉의 제13연에서 '분디' 나무저로 음식을 담아 쟁반으로 나르는 화자의 모습이 나온다. 이는 연회석의 주방에서 음식상을 차리는 여자 하인 또는 기녀의 형상이다. 연향의 현장뿐 아니라 그 배경의 주방 같은 곳도 소재가 된 것이다.

이와 함께 작품 간 가사의 공유 현상도 연행적 성격의 하나로 볼 수 있다. 〈정석가〉 제6연 '구스리 바회예 디신ᄃᆞᆯ / 긴힛ᄃᆞᆫ 그츠리잇가 / 즈믄 히를 외오곰 녀신ᄃᆞᆯ / 信신잇ᄃᆞᆫ 그츠리잇가'는 〈서경별곡〉의 제2연에 구절 사이, 행 사이에 여음구가 삽입된 채 인용되어 있다. 〈정과정〉의 제5,

27 『악학궤범』, 앞의 책, 232면.

6행 '넉시라도 님은 ᄒᆞᆫᄃᆡ 녀져라 아으 / 벼기더시니 뉘러시니잇가'는 〈만전춘별사〉 제3연에 'ᄒᆞᆫᄃᆡ 녀닛 景경 너기다니'의 경기체가 형식으로 약간 변용되어 인용되었다. 〈이상곡〉의 끝 행 '아소 님하 ᄒᆞᆫᄃᆡ 녀졋 期約긔약이이다'도 〈정과정〉 제5행 '넉시라도 님은 ᄒᆞᆫᄃᆡ 녀져라 아으'를 연상시킨다. 이렇듯 속악의 연주곡들 사이에서 가사의 교섭과 공유 현상이 나타난다. 어느 작품의 가사가 연회에 참석한 청중 사이에서 호응을 많이 얻으면 그것을 다른 작품의 시상 전개와 연행 상황에 맞추어 조금씩 변용해서 인용한 것으로 여겨진다. 이 역시 고려가요가 지닌 연행적 성격의 일단이라 하겠다.

이처럼 고려가요 노랫말의 본사도 연향의 상황과 분위기를 반영하는 바에야 악기의 구음이 많이 들어간 후렴구와 여음구는 더욱 그러한 양상을 보일 수밖에 없다. 그리하여 위에서 살핀 바처럼 작품마다 개성을 지닌 채 후렴구와 여음구에 그 연행적 성격이 드러나는 것이다.

6. 결론

본고는 고려가요의 후렴구와 여음구가 전반적으로 어떻게 구성되어 있는지 살펴보았다. 이를 바탕으로 후렴구, 여음구가 원작의 가사에서 갖는 문학적 기능과 연행 상황의 반영에 따른 연행적 기능에 대해 논하였다.

악기 구음은 'ㄷ-ㄹ' 연결구가 많은데 이는 'ᄃᆞ랭, ᄃᆞᄅᆞ랭'에서 유래한 것으로 여겨진다. 감탄사 여음구 중에서 '나ᄂᆞᆫ'은 '-ᄂᆞᆫ, -르는, -ᄅᆞᄂᆞᆫ'의 어미를 독립시킨 듯하고 '아즐가, 증즐가, 어ᄉᆞ와'는 공통 어근 '아즐*/어즐*/어슬*'에서 나온 말로 '얼씨구, 절씨구'에 해당한다고 생각된다. 〈청산별곡〉의 후렴구는 감탄사와 현악기 구음이 결합된 '야+ᄃᆞ라리'에서 'ㄷ>

ㄹ'의 음운 변화, '라'나 '리'의 축약된 형태로 이해한다. 그리고 '얄라(랑)셩, 두어렁셩, 덩더둥셩, 더러둥셩'의 '셩'은 '성(聲)'을 의미하는 표지어로 보인다. 이러한 후렴구와 여음구는 악기의 구음이 주된 구성 요소이지만 작품별로 여러 가지 구성 방식을 취하고 있다. 감탄사만으로 된 것도 있고 현악기 구음 위주로 된 것도 있는데 주된 것은 감탄사에 현악기 구음, 관악기 구음, 유의어가 연결된 것이다.

후렴구와 여음구는 원작의 시상 전개와 의미 구조 속에서 일정한 기능을 담당한다. 〈서경별곡〉과 〈쌍화점〉에 쓰인 여음구는 주요 시어의 반복을 통한 강조, 진술 방식과 시상의 전환, 긴장감과 대화 간격의 확보 등에 기여하고 있다. 〈동동〉, 〈청산별곡〉, 〈가시리〉는 같은 후렴구가 각 연 뒤에 반복되어 나온다. 〈동동〉의 후렴구는 그것에서 제목을 따올 만큼 주제와 정서 구현에 관여하고, 〈청산별곡〉에서는 작품 내용에 얽힌 정서를 표현하는 동시에 연향의 유흥적 분위기를 고조하는 역할을 하며, 〈가시리〉의 경우 본사와는 어긋나긴 하지만 태평성대의 연향에서 인간 보편의 주제를 노래한다는 설정 위에 문학적 기능을 하고 있다.

유의어로써 본사의 한 행을 이루는 〈정석가〉의 후렴구는 연이 진행될수록 '님'에 대한 송축과 신의의 뜻이 증폭하는 양상을 보인다. 〈이상곡〉의 여음구도 유의어로 구성되어 자책과 절망감을 강화해 준다. 〈정읍사〉의 여음구는 본사의 그리움의 정서와 어우러져 작품의 서정성을 심화하고 있다.

후렴구와 여음구는 연행의 상황을 반영하여 원작을 편사하는 중에 들어간 구절이다. 악기의 구음으로 구성하여 속악의 연주 상황을 원작의 가사와 함께 향유할 수 있도록 한 것이다. 관악기 구음은 〈군마대왕〉, 〈나례가〉에 쓰였고 현악기 구음은 〈대왕반〉, 〈성황반〉, 〈내당〉에 나온다. 〈쌍화점〉은 현악기 위주의 여음구로 이루어졌으나 관악기, 타악기 구음도 포함되고 작품 후반부의 대화 상황도 나타나 상당한 규모의 악대 편성에 따른 복합적, 입체적 공연이 이루어졌을 것으로 보인다.

〈정읍사〉, 〈삼성대왕〉에 나오는 '다롱디리' 같은 축약형 현악기 구음은 감탄사처럼 가창되어 노랫말의 일부로 수용되었다. 〈동동〉의 제1연과 나머지 연을 따로 가창했듯이 〈가시리〉의 후렴구, 〈이상곡〉의 여음구도 본사와 구분 지어 다른 사람이 불렀을 것으로 생각된다. 〈서경별곡〉의 여음구 '아즐가'는 연행 현장인 서경의 방언을 사용하여 특색 있는 모습을 연출한 것으로 보인다. 술 노래, 기녀의 존재, 다른 작품 가사의 인용 등에서 연향의 상황과 분위기가 나타나는 본사와 함께 후렴구, 여음구도 연행적 성격을 뚜렷이 드러내고 있다.

이와 같이 고려가요의 후렴구와 여음구는 작품 내·외적으로 문학적, 연행적 기능을 지니고 있다. 고려가요는 연행의 상황을 반영한 기록으로 전해지므로 이에 대한 검토가 더욱 정밀하게 이루어져야 한다. 국악에 대한 이해가 많이 부족하여 국악 연주를 통한 연행과 작품 본사, 후렴구, 여음구의 관계를 구체적으로 논하지 못한 점은 본고의 한계이다.

참고 문헌

1. 〈서경별곡〉의 구성과 시적 정조(情調)

권재선, 「서경별곡 어석」, 『영남어문학』 7, 영남어문학회, 1980.

김명준, 「서경별곡의 구조적 긴밀성과 그 의미」, 『한국시가연구』 8, 한국시가학회, 2000.

______, 『악장가사 주해』, 다운샘, 2004.

김창룡, 「서경별곡 연구」, 『동방학지』 69, 연세대 국학연구원, 1990.

김창원, 「고려시대 '평양'이라는 공간의 탄생과 고려가요의 서정－서경별곡을 중심으로 하여－」, 『국제어문』 47, 국제어문학회, 2009.

박종기, 『새로 쓴 오백년 고려사』, 휴머니스트, 2020.

박혜숙, 「서경별곡 연구의 쟁점」, 『한국고전시가작품론』 1, 집문당, 1992.

서재극, 「서경별곡의 "네가시럼난디" 재고」, 『어문학』 27, 한국어문학회, 1972.

송태윤, 「고려가요 서경별곡의 텍스트성 연구」, 『한국언어문학』 82, 한국언어문학회, 2012.

신은경, 「서경별곡과 정석가의 공통 삽입가요에 대한 일고찰」, 『국어국문학』 96, 국어국문학회, 1986.

신재홍, 「정석가의 소재와 구조 고찰」, 『고전문학과 교육』 55, 한국고전문학교육학회, 2024.

양주동, 『여요전주』, 을유문화사, 1947.

양태순, 「서경별곡의 종합적 고찰」, 『국어국문학』 139, 국어국문학회, 2005.

유동석, 「고려가요 서경별곡에 대한 새 풀이」, 『한국민족문화』 14, 부산대 한국민족문화연구소, 1999.

유효석, 「서경별곡의 편사의식」, 『고려가요연구의 현황과 전망』, 집문당, 1996.

이등룡, 『여요석주』, 한국학술정보, 2010.

이윤선, 「서경별곡의 텍스트언어학적 고찰」, 『어문학』 114, 한국어문학회, 2011.
이정선, 「서경별곡의 창작배경을 통해 본 신해석」, 『한국시가연구』 27, 한국시가학회, 2009.
이진규, 「서경별곡의 창작과 형성기반 연구」, 『국제언어문학』 40, 국제언어문학회, 2018.
임재욱, 「서경별곡 '강-배' 비유의 현대적 계승과 변용」, 『한국시가연구』 48, 한국시가학회, 2019.
임재욱, 「서경별곡에 나오는 '대동강'과 '배' 상징성」, 『한국시가연구』 24, 한국시가학회, 2008.
임주탁, 「서경별곡의 텍스트 독법과 생성 문맥」, 『한국민족문화』 19·20, 부산대 한국민족문화연구소, 2002.
전규태, 「서경별곡 연구」, 『고려시대의 가요 문학』, 새문사, 1982.
정상균, 『한국중세시문학사연구』, 한신문화사, 1986.
조동일, 『한국문학통사』 2, 제3판; 지식산업사, 1994.
조하연, 「담론 구조를 통해 본 서경별곡의 성격과 그 교육적 의의」, 『고전문학과 교육』 22, 한국고전문학교육학회, 2011.
조해숙, 「서경별곡, 그 영원한 사랑의 시편을 읽는 방법」, 『관악어문연구』 46, 서울대 국어국문학과, 2021.
조하연, 「서경별곡 '빅타들면' 구절의 사후과잉확신 편향(hindsight bias)에 대한 고찰」, 『문학치료연구』 17, 한국문학치료학회, 2010.
최용수, 「서경별곡 고」, 『어문학』 48, 한국어문학회, 1986.
허왕욱, 「서경별곡의 시적 구조와 화자」, 『문학교육학』 11, 한국문학교육학회, 2003.

2. 〈가시리〉의 이별 정서와 대중성

『시용향악보』, 대제각, 1988.
국립국어원, 『표준국어대사전』.
__________, 「우리말샘」, 『표준국어대사전』.

강대구, 「가시리 연구」, 『청람어문교육』 14, 청람어문학회, 1995.

강헌규, 「가시리 신석을 위한 어문학적 고찰 – '가시리 평설'에의 의의(疑義)를 중심으로」, 『국어국문학』 62·63, 국어국문학회, 1973.
고선미, 「고려속요 가시리의 현대적 변용 양상」, 『구보학보』 16, 구보학회, 2017.
김명준, 『악장가사 주해』, 다운샘, 2004.
김진희, 「한국시가의 전통과 가시리」, 『열상고전연구』 44, 열상고전연구회, 2015.
김형규, 『고가주석』, 백영사, 1955.
남광우, 「고려가요 주석상의 문제점에 관하여」, 『고려가요의 언어와 문학』, 형설출판사, 1975.
민중서림 편집국 편, 『한한대자전』 제3판; 민중서림, 2013.
박병채, 『고려가요의 어석 연구』, 이우출판사, 1980.
양주동, 『여요전주』, 정정판; 을유문화사, 1955.
염은열, 「학교 바깥 고전시가의 변용가 향유에 대한 교육적 성찰 – 가시리를 예로」, 『문학치료연구』 23, 한국문학치료학회, 2012.
염은열, 『공감의 미학 – 고려속요를 말하다』, 역락, 2013.
오수엽, 「외상과 기표, 그 변증법적 주체화로서의 가시리 고찰 – 트라우마의 상징화에 대한 정신분석학적 관점을 바탕으로–」, 『문학치료연구』 59, 한국문학치료학회, 2021.
윤재근, 「가시리 표현의 재고」, 『문화비평』 12, 아한학회, 1972.
이정선, 「가시리의 편사와 문학적 해석」, 『한국언어문화』 41, 한국언어문화학회, 2010.
임성규, 「고려 속요에 나타난 애정관 – 가시리를 중심으로 –」, 전남대 교육대학원, 석사 논문, 1981.
임재욱, 「고려가요 가시리와 증보고금보 소재 시조 가시리의 비교」, 『어문학』 122, 한국어문학회, 2013.
임주탁, 「고려가요의 텍스트와 맥락 – 가시리와 쌍화점을 중심으로」, 『국문학연구』 35, 국문학회, 2017.
______, 「가시리의 독법과 해석의 방향」, 『국어교과교육연구』 2 국어교과교육학회, 2001.
전규태, 「고려속요의 연구」, 건국대 대학원, 박사 논문, 1974.
정운채, 「작품서사 분석을 통한 진달래꽃의 '역겨워'와 가시리의 '선하면'에 대한 이해」, 『문학치료연구』 15, 한국문학치료학회, 2010.

정혜원, 「가시리 소고」, 『한국고전시가작품론』 1, 집문당, 1992.
지헌영, 『향가여요신석』, 정음사, 1947.

3. 〈정과정〉의 시적 문맥과 정서(情緖)

국립국어원, 『표준국어대사전』.
__________, 「우리말샘」, 『표준국어대사전』.
성현 외, 『악학궤범』, 영인본; 대제각, 1988.
유창돈, 『이조어사전』, 11판; 연세대출판부, 1995.
임 춘, 『서하집』 1(한국고전번역원, 『한국고전종합DB』).
차주환 역, 『고려사 악지』, 을유문화사, 5판; 1986.
한글학회, 『우리말큰사전』, 4판; 어문각, 1995.

강길운, 「정과정의 노래 신석」, 『현대문학』 68, 현대문학사, 1960. 8.
권영철, 『정과정가 신연구』, 형설출판사, 1974.
김명준, 「정과정과 향가의 거리」, 『우리문학연구』 14, 우리문학회, 2001.
김선기, 『고려가요의 해석과 이론』, 역락, 2013.
김완진, 『향가와 고려가요』, 서울대출판부, 2000.
김태준 교주, 『고려가사』, 학예사, 1939.
김택규, 「정과정의 발상」, 『어문학』 30, 한국어문학회, 1974.
김형규, 『고가주석』, 백영사, 1955.
남광우, 「고려가요 주석상의 문제점(1)－학자간에 이견 있는 것을 중심으로」, 『어문연구』 33, 한국어문교육연구회, 1982.
______, 「고려가요 주석상의 문제점(3)－학자간에 이견 있는 것을 중심으로」, 『어문연구』 35, 한국어문교육연구회, 1982.
박병채, 『고려가요어석연구』, 선명문화사, 1968.
박지홍, 「주석 고려가요」, 『현대문학』 75, 현대문학사, 1961. 3.
서재극, 「정과정곡 신석시도－주로 '믈힛'을 중심으로」, 『어문학』 6, 한국어문학회, 1960.
송태윤, 「정과정의 텍스트성 연구」, 『인문학연구』 30, 조선대 인문학연구소, 2003.

신경숙, 「정과정 연구」, 『한성어문학』 1, 한성대학교, 1982.
양주동, 『여요전주』, 을유문화사, 1947.
______, 『여요전주』 7판; 을유문화사, 1963.
양태순, 『고려가요의 음악적 연구』, 이회문화사, 1997.
엄국현, 「정과정 연구」, 『한국문학논총』 15, 한국문학회, 1994.
여기현, 「정과정의 향유 양상과 '접동새'의 문학적 변용」, 『반교어문연구』 27, 반교어문학회, 2009.
유동석, 「고려가요 정과정의 노랫말에 대한 새 해석」, 『한국문학논총』 26, 한국문학회, 2000.
유인선, 「정과정 어휘 해석에 대한 소고」, 『제29차 동북아시아문화학회 국제학술대회 발표자료집』, 동북아시아문화학회, 2014.
유해춘, 「정과정가의 의미와 형상화」, 『문학과 언어』 11, 문학과 언어연구회, 1990.
윤덕진, 「정과정의 성립 과정 - 악곡 구조와 가사 배열을 통하여 봄」, 『한국시가문화연구』 34, 한국시가문화학회, 2014.
이경희, 「정과정의 정서와 공간」, 『고려시가의 정서』, 개문사, 1985.
이수곤, 「정과정의 창작 성격에 대한 시론적 고찰」, 『한국문학이론과 비평』 33, 한국문학이론과 비평학회, 2006.
이호섭, 「정과정(진작)의 노랫말과 음악의 결합양상」, 『한국시가연구』 42, 한국시가학회, 2017.
전규태 주해, 『고려가요』, 정음사, 1968.
정경주, 「정서의 생애와 충신연주지사로서의 정과정」, 『부산한문학연구』 8, 부산한문학회, 1994.
정무룡, 「정과정 평석」, 『문화전통논집』 4, 경성대학교 향토문화연구소, 1996.
정재호, 「정과정에 대하여」, 『고려시대의 가요문학』, 새문사, 1982.
지헌영, 『향가여요신석』, 정음사, 1947.
최철·박재민, 『석주 고려가요』, 이회문화사, 2003.
최홍원, 「고전문학 제재의 교과서 수용과 교육적 인식에 대한 통시적 고찰 - 정과정의 교과서 수용사 탐색을 중심으로」, 『국어문학』 65, 국어문학회, 2017.
황병익, 「고려시대 부산문화의 중핵, 정과정」, 『항도부산』 20, 부산시 시사편찬위원회, 2004.

4. 〈청산별곡〉의 주제와 의미 맥락

유창돈, 『이조어사전』 11판; 연세대 출판부, 1995.

강명혜, 「현실안주의 노래로서의 청산별곡」, 『온지논총』 3, 온지학회, 1997.
권재선, 「청산별곡 어석고」, 『한국사회사업대학논문집』 7, 한국사회사업대학, 1977.
김대행, 「고려시가의 문학적 성격」, 『고려가요연구의 현황과 전망』, 집문당, 1996.
김복희, 「청산별곡의 신화적 의미」, 『고려시가의 정서』, 개문사, 1986.
김상억, 「청산별곡연구」, 『국어국문학』 30, 국어국문학회, 1965.
김완진, 「청산별곡에 대하여」, 『고전문학을 찾아서』, 문학과지성사, 1976.
김재용, 「청산별곡의 재검토」, 『서강어문』 2, 서강어문학회, 1982.
김쾌덕, 「고려속가의 사회배경적 연구」, 부산대 대학원, 박사 논문, 1987.
김태곤 외, 『한국의 신화』, 시인사, 1988.
김학성, 『한국고전시가의 연구』, 원광대출판국, 1980.
김형규, 『고가주석』, 백영사, 1955.
나정순, 「청산별곡 연구－그 해석의 새로운 관점」, 『국어국문학』 110, 국어국문학회, 1993.
민 찬, 「청산별곡 3연의 새와 학무」, 『한국언어문학』 66, 한국언어문학회, 2008.
박노준, 「청산별곡 재조명」, 『한국학논집』 7, 한양대 한국학연구소, 1985.
박미영, 「청산별곡에 나타난 유랑민의 정서」, 경남대 교육대학원, 석사 논문, 1995.
박병욱, 「청산별곡의 신연구」, 경기대 대학원, 석사 논문, 1985.
박병채, 『새로 고친 고려가요어석연구』, 국학자료원, 1994.
박재민, 「청산별곡의 어석에 대한 재고」, 『한국시가연구』 32, 한국시가학회, 2012.
박진태, 「청산별곡과 서경별곡의 구조－대칭·대립성을 중심으로」, 『국어교육』 46, 한국국어교육연구회, 1983.
서수생, 「청산별곡 소고」, 『교육연구지』 1, 경북대 사범대, 1963.
서재극, 「여요 주석의 문제점 분석－동동·청산별곡을 중심으로－」, 『어문학』 19, 한국어문학회, 1968.
서철원, 「청산별곡의 구성 방식과 향가와 속요의 전통」, 『비평문학』 38, 한국비평문학회, 2010.
설보라, 「해금」, 『네이버 악기백과』, 음악사연구회.

성현경, 「청산별곡 고」, 『국어국문학』 58·59·60, 국어국문학회, 1972.

성호경, 「청산별곡의 '에정지'에 대하여」, 『한국시가의 유형과 양식연구』, 영남대 출판부, 1995.

송정헌, 「청산별곡 구조와 통석」, 『개신어문연구』 21, 개신어문학회, 2004.

신관룡, 「고려시대 불교의 사회복지활동 연구」, 한국교원대, 석사 논문, 1998.

신동욱, 「청산별곡의 평민적 삶의식」, 『고려시대의 가요문학』, 새문사, 1982.

양주동, 『여요전주』, 을유문화사, 1947.

엄경흠, 「경상도 상여소리와의 비교를 통한 청산별곡의 이해」, 『한국시가연구』 16, 한국시가학회, 2004.

엄국현, 「청산별곡 연구」, 『인제논총』 12, 인제대, 1996.

염은열, 『공감의 미학, 고려속요를 말하다』, 역락, 2013.

윤강원, 「청산별곡 연구－그 올바른 이해와 완전한 향수를 위하여」, 대유공전출판부, 1981.

이미영, 「고려속요의 정서와 교육」, 숙명여대 교육대학원, 석사 논문, 2003.

이승명, 「청산별곡 연구」, 『고려시대의 언어와 문학』, 형설출판사, 1975.

이인모, 「청산별곡 내용의 재검토」, 『국어국문학』 61, 국어국문학회, 1973.

이정선, 「청산별곡의 공간과 구조를 통해 본 현실인식」, 『한국언어문화』 48, 한국언어문화학회, 2012.

이종덕, 「청산별곡의 한 해석」, 『한말연구』 11, 한말연구학회, 2002.

이현희, 「악학궤범의 국어학적 고찰」, 『진단학보』 77, 진단학회, 1994.

임재욱, 「남녀상열지사로 본 청산별곡」, 『어문연구』 46, 한국어문교육연구회, 2018.

임주탁, 「청산별곡의 독법과 해석」, 『한국시가연구』 13, 한국시가학회, 2003.

전병민, 「청산별곡 연구」, 서원대 교육대학원, 석사 논문, 2000.

정기철, 「청산별곡 5·6연의 뒤바뀜 문제에 대한 연구」, 『한국언어문학』 45, 한국언어문학회, 2000.

정병욱, 『한국고전시가론』, 신구문화사, 1977.

정병헌, 「청산별곡의 이미지 연구 서설」, 『국어교육』 49, 한국국어교육연구회, 1984.

정재찬, 「청산별곡에 대한 시교육적 접근」, 『고전문학 어떻게 가르칠 것인가』, 집문당, 1994.

정새호, 「청산별곡의 새로운 이해 모색」, 『국어국문학』 139, 국어국문학회, 2005.

조법종, 「청산별곡에 나타난 새와 사슴의 한국고대 종교문화적 전통」, 『한국고대사연구』 14, 한국고대사학회, 1998.
주영하, 『조선의 미식가들』, 휴머니스트, 2019.
최미정, 『고려속요의 전승 연구』, 계명대출판부, 1999.
최용수, 「청산별곡고」, 『어문학』 49, 한국어문학회, 1988.
최정윤, 「청산별곡의 의미와 향유 의식」, 『한국문학이론과 비평』 33, 한국문학이론과 비평학회, 2006.
최홍원, 「고전문학 텍스트의 경험적 자질 탐색－청산별곡을 대상으로」, 『국어교육』 147, 한국어교육학회, 2014.
한상길, 「고려시대 불교의 사회복지사업」, 대구대 대학원, 석사 논문, 1988.
허남춘, 「청산별곡의 당대성과 현재성」, 『한국언어문화』 28, 한국언어문화학회, 2005.
황병익, 「청산별곡 8연의 의미 재론」, 『민족문화논총』 45, 영남대 민족문화연구소, 2010.

5. 〈이상곡〉의 분절과 해석

『악장가사』, 한국학문헌연구소, 1973.
국립국어원, 『표준국어대사전』.
국사편찬위원회, 『조선왕조실록』, 1956.
____________, 『고려사』(한국사데이터베이스).
이형상, 『악학편고』, 형설출판사, 1976.
국립국악원, 『대악후보(전)』, 은하출판사, 1989.
한글학회, 『우리말큰사전』, 1992.

강명혜, 「이상곡 연구」, 『한국언어문화』 13, 한국언어문화학회, 1995.
김완진, 『향가와 고려가요』, 서울대출판부, 2000.
김학성, 『국문학의 탐구』, 성균관대출판부, 1987.
남광우, 「고려가요 주석상의 문제점에 관하여」, 『고려시대의 언어와 문학』, 형설출판사, 1975.

민 찬, 「이상곡의 시적 정황 및 독법의 논리」, 『인문학연구』 86, 충남대 인문과학연구소, 2012.
박경주, 『한국 시가문학의 흐름』, 월인, 2009.
박노준, 「이상곡과 윤리성의 문제」, 『고려가요의 연구』, 새문사, 1990.
박병채, 『고려가요의 어석연구』, 선명문화사, 1973.
박재우, 「중앙 정치의 구조와 운영」, 『고려시대사』 1, 푸른역사, 2017.
성호경, 『고려시대 시가 연구』, 태학사, 2006.
성호주, 「속요」, 『국문학신강』, 새문사, 1985.
신재홍, 『향가의 해석』, 집문당, 2000.
양주동, 『여요전주』, 을유문화사, 1947.
유창균, 「한국시가형식의 기조」, 『대구대논문집』 6, 대구대, 1966.
윤성현, 『속요의 아름다움』, 태학사, 2007.
이임수, 「이상곡에 대한 문학적 접근」, 『어문학』 41, 한국어문학회, 1981.
장덕순, 『한국문학사』, 동화문화사, 1981.
장사훈, 『국학논고』, 서울대출판부, 1966.
장효현, 「이상곡 어석의 재고」, 『어문논집』 22, 고려대 국어국문학연구회, 1981.
______, 『한국 고전문학의 시각』, 고려대출판부, 2010.
정기호, 「이상곡 이해를 위한 몇 문제」, 『한국고전시가작품론』, 집문당, 1992.
최미정, 「이상곡의 종합적 고찰」, 『고려가요연구의 현황과 전망』, 집문당, 1996.
최용수, 『고려가요연구』, 계명문화사, 1993.

6. 〈쌍화점〉의 장소성과 대화 맥락

국립국어원, 『표준국어대사전』.

강명혜, 「풍요의 노래로서의 쌍화점 – 쌍화점 연구 II」, 『고전문학연구』 11, 한국고전문학회, 1996.
강석중, 「쌍화점 소고」, 『한국고전시가작품론』 1, 집문당, 1992.
고정희, 「쌍화점의 후대적 변용과 문학치료적 함의」, 『문학치료연구』 5, 한국문학치료학회, 2006.

김기영, 「쌍화점의 내외 공간과 화자의 이중성 고찰」, 『어문연구』 43, 어문연구학회, 2003.

김대행, 「쌍화점과 반전의 의미」, 『고려시가의 정서』, 개문사, 1985.

김명준, 『악장가사 주해』, 다운샘, 2004.

김석회, 「쌍화점의 발생 및 수용에 관한 전승사적 고찰」, 『어문논지』 6·7, 충남대 국어국문학과, 1990.

김유경, 「쌍화점 연구」, 『열상고전연구』 10, 열상고전연구회, 1997.

김태환, 「쌍화점 결구 "덦거츠니"의 재해석」, 『한국학』 35-2, 한국학중앙연구원, 2012.

도연우, 「쌍화곡과 쌍화점의 관계 고찰 및 쌍화점 해석의 극적 맥락 검토」, 『국문학연구』 46, 국문학회, 2022.

박노준, 「쌍화점의 재조명」, 『고려가요의 연구』, 새문사, 1990.

박덕유, 「쌍화점의 운율 및 통사구조 연구」, 『어문연구』 29-2, 한국어문교육연구회, 2001.

박병채, 『고려가요의 어석 연구』, 이우출판사, 1978.

박상영, 「쌍화점의 담론 특성과 그 문학사적 함의」, 『국어국문학』 159, 국어국문학회, 2011.

송정헌, 「쌍화점의 '우뭇용'에 대한 연구」, 『논문집』 20, 충북대, 1980.

안병희, 「여요이제」, 『한글』 127, 한글학회, 1960.

양주동, 『여요전주』, 을유문화사, 1955.

어강석, 「고려가요 쌍화점의 재해석」, 『고전과 해석』 30, 고전문학한문학연구학회, 2020.

여운필, 「쌍화점 연구」, 『국어국문학』 92, 국어국문학회, 1984.

여증동, 「쌍화점 고구(기삼) - 대본 해석을 중심으로」, 『국어국문학』 53, 국어국문학회, 1971.

______, 「쌍화점 고구(기이) - 무대 해석을 중심으로 충렬왕조」, 『국어국문학』 47, 국어국문학회, 1970.

______, 「쌍화점 노래 연구」, 『고려시대의 가요문학』, 새문사, 1982.

윤영옥, 『고려시가의 연구』, 영남대출판부, 1991.

이강한, 「충렬왕의 생애와 쌍화점」, 『쌍화점, 다섯 개의 시선』, 다인아트, 2010.

이기문, 「한자의 석에 관한 연구」, 『동아문화』 11, 서울대 동아문화연구소, 1972.

이도흠, 「고려속요의 구조분석과 수용의미 해석－쌍화점과 동동을 중심으로」, 『한국시가연구』 1, 한국시가학회, 1997.

이영태, 「소통의 즐거움을 위한 장치, 쌍화점」, 『쌍화점, 다섯 개의 시선』, 다인아트, 2010.

이완형, 「쌍화점의 삼각형 욕망 구조」, 『대동문화연구』 105, 성균관대 대동문화연구원, 2019.

이정선, 「고려가요에 나타난 소문의 시적구현양상과 화자의 태도－쌍화점·정과정을 중심으로」, 『한국민족문화』 71, 부산대 한국민족문화연구소, 2019.

______, 「쌍화점의 구조를 통해 본 성적 욕망과 그 의미」, 『대동문화연구』 71, 성균관대 대동문화연구원, 2010.

이형대, 「고려가요·사설시조·대중가요와 에로티즘의 표정」, 『고전시가 엮어 읽기』 상, 태학사, 2003.

정병욱, 「쌍화점고」, 『한국고전시가론』, 신구문화사, 1979.

정병헌, 「쌍화점과 장소」, 『벽사이우성선생정년기념 국어국문학논총』, 여강출판사, 1990.

정운채, 「쌍화점과 쌍화곡의 편향과 강호가도의 논의 재고」, 『고려가요연구의 현황과 전망』, 집문당, 1996.

______, 「쌍화점의 주제」, 『논문집』 49, 한국국어교육연구회, 1993.

______, 「악장가사의 쌍화점과 시용향악보의 쌍화곡과의 관계 및 그 문학사적 의미」, 『인문과학논총』 26, 건국대 인문과학연구소, 1994.

최동국, 「쌍화점의 성격 연구」, 『문학과 연어』 5, 문학과언어연구소, 1984.

최미정, 「쌍화점의 해석」, 『한국문학사의 쟁점』, 집문당, 1986.

최용수, 『고려가요연구』, 계명문화사, 1993.

최은숙, 「쌍화점 관련 텍스트에 나타난 소문의 구성 양상과 기능」, 『동양고전연구』 39, 동양고전학회, 2010.

최철·박재민, 『석주 고려가요』, 이회문화사, 2003.

하윤섭, 「정치적 텍스트로서의 쌍화점」, 『고전문학과 교육』 41, 한국고전문학교육학회, 2019.

허남춘, 「쌍화점의 우물 용과 삿기광대」, 『반교어문연구』 2, 반교어문학회, 1990.

황보관, 「쌍화점의 시상구조와 소재의 의미」, 『한국고전연구』 19, 한국고전연구학회, 2009.

7. 〈동동〉의 해석과 선어(仙語)의 의미

『악학궤범』, 국립국악원, 2011.
강인구 외 역주, 『역주 삼국유사』 I-V, 이회문화사, 2002-2003.
국립국어원, 「우리말샘」, 『표준국어대사전』.
동아대 고전연구실 역주, 『고려사』, 태학사, 1987.
민족문화추진회, 『국역 신증동국여지승람 』 1-7, 1985.
신재홍 역주, 『화랑세기』, 태학사, 2009.
유재영 역주, 『보한집』, 원광대학교출판국, 1981.
이석호 역, 『동경잡기』, 대양서적, 1978.
정구복 외 역주, 『역주 삼국사기』 1-5, 한국정신문화연구원, 1997-1999.
조동원 외 공역, 『고려도경』, 황소자리, 2005.
한글학회, 『우리말큰사전』, 어문각, 1992.
한국학연구원, 『원본 향약채취월령·속자고·속문고·차자고』, 대제각, 1987.

김명호, 「고려가요의 전반적 성격」, 『한국시가문학연구』, 신구문화사, 1983.
김완진, 「고려가요의 물명-국어학적 고찰」, 『향가와 고려가요』, 서울대출판부, 2000.
남광우, 「고려가요 주석상의 문제점에 대하여」, 『고려시대의 언어와 문학』, 형설출판사, 1975.
박노준, 「동동의 한 이해」, 『고려가요의 연구』, 새문사, 1990.
박병채, 『고려가요 어석연구』, 선명문화사, 1968.
박재우, 「중앙 정치의 구조와 운영」, 『고려시대사』 1, 푸른역사, 2017.
박진태, 「동동과 쌍화점의 구조」, 『대구어문논총』 2, 대구대, 1984.
박혜숙, 「동동의 님에 대한 일고찰」, 『국문학연구』 10, 효성여대, 1987.
서재극, 「노래 동동에서 본 고려어」, 『고려시대의 언어와 문학』, 형설출판사, 1975.
______, 「여요 주석의 문제점 분석-동동·청산별곡을 중심으로」, 『어문학』 19, 한국어문학회, 1968.
신복룡, 『한국정치사』 4판; 박영사, 2003.
신은경, 「동동의 형성과정 및 작자층에 대한 재검토」, 『국어국문학』 123, 국어국문학회, 1999.

신재홍, 「이상곡의 분절과 해석 - 향가와 관련하여」, 『국어교육』 140, 한국어교육학회, 2013.

_____, 「화랑의 순유와 향가」, 『중세 여행 체험과 문학교육』, 월인, 2012.

_____, 『향가의 미학』, 집문당, 2006.

_____, 『향가의 해석』, 집문당, 2000.

안동준, 「고려노래 '선어'와 민간전승 도교음악」, 『배달말』 29, 배달말학회, 2001.

양주동, 『여요전주』, 을유문화사, 1955.

엄국현, 「동동 연구」, 『인제논총』 13, 인제대, 1997.

이도흠, 「고려속요의 구조분석과 수용의미 해석」, 『한국시가연구』 1, 1997.

이영태, 「동동의 송도와 선어」, 『민족문학사연구』 36, 민족문학사학회, 2008.

이혜구, 「고려의 동동과 돈황곡 십이월상사」, 『한국음악서설』 4판; 서울대출판부, 1982.

임기중, 「고려가요 동동고」, 『고려가요연구』, 정음문화사, 1984.

임재욱, 「11·12월 노래에 나타난 동동 화자의 정서적 변화」, 『고전문학연구』 36, 한국고전문학회, 2009.

정병욱·이어령, 『고전의 바다』, 현암사, 1977.

정병욱, 『한국고전시가론』, 신구문화사, 1979.

조규익, 「송도 모티프의 연원과 전개양상」, 『고전문학연구』 32, 2007.

최미정, 「죽은 님을 위한 노래 - 동동」, 『고려가요·악장연구』, 태학사, 1997.

최재남, 「상부가로서 동동의 상실체험」, 『경남어문논집』 6, 경남대 국문과, 1993.

최진원, 『국문학과 자연』, 증보판; 성균관대출판부, 1981.

한글학회, 『우리말큰사전』, 어문각, 1992.

허남춘, 「궁중악과 송도」, 『고려가요·악장연구』, 태학사, 1997.

황병익, 「동동 '새셔가만ᄒᆞ애라'와 한림별곡 '뎡쇼년(鄭少年)'의 의미 재론」, 『정신문화연구』 109, 한국학중앙연구원, 2007.

_____, 「동동 송도지사 개효선어의 의미 고찰」, 『고전문학연구』 37, 한국고전문학회, 2010.

8. 〈정석가〉의 소재와 구조

국립국어원, 『표준국어대사전』.
국립민속박물관, 『한국민속대백과사전』.
음악사연구회, 『네이버 악기백과』.
서　긍, 『선화봉사 고려도경』(국사편찬위원회, 『한국사데이터베이스』).
이규경, 『오주연문장전산고』「인사편 · 기용류」, 악기(한국고전번역원, 『한국고전종합DB』).
이인상, 『능호집』 3(한국고전번역원, 『한국고전종합DB』).
이제현, 『익재난고』 4, 「소악부」(한국고전번역원, 『한국고전종합DB』).
정약용, 『경세유표』 2(한국고전번역원, 『한국고전종합DB』).
＿＿＿, 『아언각비』 2(한국고전번역원, 『한국고전종합DB』).
정　온, 『동계집』 4(한국고전번역원, 『한국고전종합DB』).
허　목, 『기언』 45(한국고전번역원, 『한국고전종합DB』).

김명준, 『악장가사 주해』, 다운샘, 2004.
김미영, 「정석가의 의미소통구조에 관한 연구」, 『연세어문학』 26, 연세대 국어국문학과, 1994.
김상억, 「정석가 고」, 『고려가요연구』, 새문사, 1982.
김태준, 『고려가사』, 학예사, 1939.
김학성, 『한국고전시가의 연구』, 원광대 출판국, 1980.
박노준, 『고려가요의 연구』, 새문사, 1990.
박병채, 『고려가요의 어석연구』, 이우출판사, 1978.
박재민, 「정석가 발생시기 재고」, 『한국시가연구』 14, 한국시가학회, 2003.
＿＿＿, 「정석가 주석 재고와 문학적 향방(1) - '삼동, 삭삭기'를 중심으로」, 『고전과 해석』 12, 고전문학한문학연구학회, 2012.
＿＿＿, 「정석가 주석 재고와 문학적 향방(2) - '딩아 돌하'를 중심으로」, 『고전문학연구』 41, 한국고전문학회, 2012.
박진태, 「만전춘별사와 정석가의 구조」, 『인문과학연구』 2, 대구대 인문과학연구소, 1983.
박진훈, 「토지 소유와 중세적 토지 지배 관계」, 『고려시대사2 - 사회와 문화』, 푸른

역사, 2017.
신은경, 「서경별곡과 정석가의 공통 삽입가요에 대한 일고찰」, 『국어국문학』 96, 국어국문학회, 1986.
양주동, 『여요전주』, 을유문화사, 1947.
유경환, 「정석가의 원형적 상징성」, 『새국어교육』 66, 한국국어교육학회, 2003.
유종국, 「정석가의 편사에 대한 양식비평적 고찰」, 『국어문학』 43, 국어문학회, 2007.
유창돈, 『이조어사전』, 연세대출판부, 1995.
윤성현, 「정석가의 구조와 의미형상 기법」, 『동방학지』 101, 연세대 국학연구원, 1998.
윤영옥, 『고려시가의 연구』, 영남대 출판부, 1991.
윤철중, 「정석가 연구」, 『상명대학교 논문집』 10, 상명대, 1982.
이경자, 「정석가 신고」, 『어문학』 75, 한국어문학회, 2002.
이계양, 「정석가 연구」, 『인문과학연구』 17, 조선대 인문과학연구소, 1995.
이규호, 「정석가식 표현과 시간의식」, 『국어국문학』 92, 국어국문학회, 1984.
이대규, 「고려가요 정석가 해석」, 『국어국문학』 35, 부산대 국어국문학과, 1998.
이성주, 「사회의식에서 본 정석가」, 『인문학연구』 7, 가톨릭관동대 인문과학연구소, 2004.
이정선, 「정석가의 소재의 의미와 구조로 본 사랑과 그 한계」, 『영남학』 29, 경북대 영남문화연구원, 2016.
임주탁, 「정석가의 문학적 성격」, 『고전문학연구』 11, 한국고전문학회, 1996.
______, 「정석가의 함의와 생성 문맥」, 『한국문학논총』 35, 한국문학회, 2003.
조하연, 「정석가의 구조와 상상력」, 『선청어문』 40, 서울대 국어교육과, 2012.
최용수, 『고려가요연구』, 계명문화사, 1993.
최진아, 「무속의 물질문화 연구」, 한국학중앙연구원, 박사 논문, 2008.

9. 〈만전춘별사〉의 궁원 풍경과 서정성

『악장가사』, 대제각, 1988.
민족문화추진회, 『국역 신증동국여지승람 』 1-7, 1985.

일 연, 『삼국유사』, 동국대출판부, 1982.
정구복 외 역주, 『역주 삼국사기』 1-5, 한국정신문화연구원, 1997-1999.

강명혜, 「궁중속악적 측면에서 살펴본 여요의 의미와 가능」, 『한국시가연구』 1, 한국시가학회, 1997.
김성문, 「만전춘별사의 시적 문맥과 정서 표출 양상 연구」, 『우리문학연구』 21, 우리문학연구회, 2007.
김학성, 『국문학의 탐구』, 성균관대출판부, 1987.
나정순, 「고려 가요에 나타난 성과 사회적 성격」, 『한국고전여성문학연구』 6, 한국고전여성문학회, 2003.
박노준, 『고려 가요의 연구』, 새문사, 1990.
______, 『향가여요의 정서와 변용』, 태학사, 2001.
성현경, 「만전춘별사의 구조」, 『고려시대의 언어와 문학』, 형설출판사, 1975.
신재홍, 『향가의 해석』, 집문당, 2000.
여증동, 「만전춘별사 가극론 시고」, 『진주교논문집』 1, 진주교대, 1967.
윤성현, 『속요의 아름다움』, 태학사, 2007.
윤영옥, 『신라시가의 연구』, 형설출판사, 1982.
______, 「만전춘 별사의 재음미」, 『고려 가요연구의 현황과 전망』, 집문당, 1996.
이임수, 「여요 만전춘의 문학적 복원」, 『문학과 언어』 2, 문학과언어연구회, 1982.
임주탁, 「역사적 생성 문맥을 고려한 만전춘별사의 독법과 해석」, 『한국시가연구』 11, 한국시가학회, 2002.
전규태, 「만전춘별사 고」, 『고려시대의 가요문학』, 새문사, 1982.
정동오, 『한국의 정원』, 민음사, 1986.
정 민, 「한시와 고려 가요 4제」, 『고전시가 엮어 읽기·상』, 태학사, 2003.
정병욱, 『한국고전시가론』, 신구문화사, 1977.
주남철, 『한국의 정원』, 고려대출판부, 2009.
최미정, 『고려 속요의 전승 연구』, 계명대출판부, 1999.
최정여, 『한국고시가연구』, 계명대출판부, 1989.
현혜경, 「만전춘별사에 나타난 화합과 단절」, 『고려시가의 정서』 220. 개문사, 1985.
황병익, 「만전춘별사 5연의 어휘 재고」, 『한국시가연구』 16, 163-175. 한국시가학회, 2004.

10. 후렴구·여음구의 구성과 기능

『시용향악보』, 대제각, 1988.

『악장가사』, 한국학문헌연구소, 1973.

『악학궤범』, 국립국악원. 2011.

국립국악원, 『대악후보(전)』, 은하출판사, 1989.

국립국어원, 「우리말샘」, 『표준국어대사전』.

국사편찬위원회, 『고려사』(한국사데이터베이스).

강명혜, 「여음을 통한 고려가요의 의미 연구(1) - '다로러 다리'류를 중심으로」, 『동방학』 12, 한서대 동양고전연구소, 2006.

김용숙, 「속요의 여음에 관한 연구-유형과 기능을 중심으로」, 『군산수대연보』 18-2, 1984.

김지은, 「음성상징으로 본 고려속요의 여음연구」, 중앙대 대학원, 석사 논문, 2010.

김진희, 「고려가요 여음구와 반복구의 문학적·음악적 의미」, 『한국시가연구』 31, 한국시가학회, 2011.

박춘규, 「여대 속요의 여음 연구 - 여음의 운율과 활용적 기능을 중심으로」, 『어문논집』 14, 중앙어문학회, 1979.

송정숙, 「한국고시가의 여음연구」, 『국어국문학연구』 6, 1980.

양주동, 『여요전주』, 을유문화사, 1947.

양태순, 「음악적 측면에서 본 고려가요 - 정과정을 중심으로」, 『한국고전시가의 종합적 고찰』, 민속원, 2003.

______, 「정과정(진작)과 성황반에 대하여」, 『한국고전시가의 종합적 고찰』, 민속원, 2003.

이병기, 「시용향악보의 한 고찰」, 『한글』 115, 한글학회, 1955.

이상규, 「국악기 구음법의 사적 고찰」, 서울대 대학원, 박사 논문, 2003.

임동규, 「고려가요의 여음 연구」, 단국대 교육대학원, 석사 논문, 1989.

정병욱, 「악기의 구음으로 본 여음구」, 『관악어문연구』 2, 서울대 국어국문학과, 1977.

조흥욱, 「고려가요에 사용된 감탄사의 악보에서의 의미와 그 변모 양상에 대하여」, 『한신논문집』 3, 한신대, 1986.

전경욱, 「고려속요의 구음과 '라리련'·'라리라'의 관련 양상」, 『민족문화연구』 60, 고대 민족문화연구원, 2013.

진동혁, 「고려가요의 여음구」, 『수도논문집』 4, 수도여사대, 1969.

홍종진, 「금합자보에 나타난 적보와 그 음악」, 『국악교육』 34, 한국국악교육학회, 2012.

황희영, 「한국시가여음고」, 『국어국문학』 18, 국어국문학회, 1957.

고려가요 작품론

초판 1쇄 인쇄 2025년 11월 3일
초판 1쇄 발행 2025년 11월 13일

지은이 신재홍
펴낸이 박성복
펴낸곳 도서출판 월인
주소 01047 서울특별시 강북구 노해로25길 61
등록 1998년 5월 4일 제6-0364호
전화 (02) 912-5000
팩스 (02) 900-5036
홈페이지 www.worin.net
전자우편 worinnet@hanmail.net

ISBN 978-89-8477-753-8 93810

값은 뒤표지에 있습니다.